Sabine Meyer

Donald Trump

Sabine Meyer

DONALD TRUMP

Gier nach Macht und Geld

Originalausgabe
1. Auflage 2016
© 2016 CBX Verlag UG (haftungsbeschränkt)
Joseph-Dollinger-Bogen 13
80807 München
info@cbx-verlag.de

Lektorat: Ulla Bucarey und Henriette Jabbour
Korrektorat: Matthias Kutschera
Umschlaggestaltung: Nina Knollhuber
Coverfoto: (c) Zack Seckler / Corbis
Satz: Sina Georgi
Druck und Bindung: CPI books GmbH, Leck
Printed in Germany
ISBN 978-3-945794-74-6

Inhaltsverzeichnis

1. Warum ich unbedingt ein Buch über Donald Trump schreiben musste

Eigentlich gab es drei Auslöser dieses Buch zu schreiben – eine Reise nach New York, die Schlagzeilen um die Präsidentschaftskandidatur von Donald J. Trump und das überraschende Angebot von meinem Verlag, über den Unternehmer zu schreiben. Drei völlig voneinander unabhängige Dinge, die dazu führten, dass dieses Werk entstanden ist. Es handelt sich nicht um eine Biografie, auch wenn viele Stationen aus dem Leben von Trump detailliert beschrieben werden – und auch keine vollständige Wiedergabe des Lebenslaufes. Ich habe einfach ein paar Punkte herausgepickt, die mir wichtig erschienen, um den Mann, der so viele Schlagzeilen macht, und seine Denkweise ein bisschen zu verstehen. Es ist aber auch kein politisches Buch, obwohl politische Zusammenhänge und der Präsidentschaftswahlkampf in den USA thematisiert werden. Es ist ein Buch über einen Mann, der ins Weiße Haus einziehen will und auf dem Weg dorthin hemmungslos austeilt und beleidigt. Und es ist ein Versuch zu verstehen, warum so viele Amerikaner hinter dem prominenten Unternehmer stehen und seine diskriminierenden und rechtsradikalen Parolen unterstützen.

Begonnen hat dieses Projekt eigentlich im April 2015, als ich mit meiner Familie ein paar traumhafte Tage mitten in Manhattan verbracht habe. New York ist eine quirlige und aufregende Stadt. Vieles, was wir gesehen haben, kannten wir aus Spielfilmen und Serien und doch war es ein wahnsinnig spannendes Erlebnis. Die Stadt war so unglaublich inspirierend und voller Leben. Begegnungen und Gespräche mit zauberhaften Menschen machten den Aufenthalt perfekt. Kurz und gut: New York hat unsere Herzen im Sturm erobert. Und gleichzeitig wurde unser Interesse am ganzen Land, den Menschen und der Politik verstärkt.

Bei den endlosen Spaziergängen und Besichtigungstouren durch Manhattan führte der Weg natürlich auch über die berühmte Fifth Avenue mit ihren teuren Läden. Geld scheint dort überhaupt keine Rolle zu spielen, beinahe jedes bekannte Luxuslabel präsentiert in der Gegend seine Kollektionen. Dort hat auch der berühmte Juwelier Tiffany & Co. sein Domizil und wurde von uns mit leuchtenden Augen besichtigt. Und da wir schon einmal vor Ort waren, sahen wir uns natürlich auch in dem Wolkenkratzer gleich nebenan einmal um. Trump Tower – den Namen hatten wir alle schon einmal gehört. Und auch Donald Trump war uns ganz vage ein Begriff. Für uns war er ein schillernder Milliardär, der sich bis nach ganz oben gearbeitet hat und auf eine gewisse Art den berühmten „American Dream" verkörpert. Irgendwo im Hinterkopf war ein Mann mit einer seltsamen Frisur und wechselnden Ehefrauen abgespeichert, der einige Häuser in New York gebaut hatte, die bis heute seinen Namen tragen. Der Mann musste unglaublich reich sein. Das war mein gesamtes Wissen über Donald Trump, als ich den Trump Tower betrat, ein 202 Meter hohes Gebäude mit 68 Etagen und einem imposanten Atrium. Unglaublich beeindruckend oder einfach nur protzig – das liegt im Auge des Betrachters. Das Gebäude wirkt, als habe sich der Milliardär selbst ein Denkmal gesetzt, war mein Gedanke, als ich zum ersten Mal in der Eingangshalle stand. Zahlreiche Spiegel, Wände aus rosa-braunem Marmor und viel Gold verströmen prunkvollen Kitsch. Ein Wasserfall, der normalerweise über drei Stockwerke hinweg die Wand heruntergleitet – als wir dort waren, lag er wohl wegen Wartungsarbeiten auf dem Trockenen und war damit sehr unspektakulär –, setzt dem ganzen Bild noch die Krone auf. All das hatte viel Geld gekostet, das sahen wir – und das sollten wir auch sehen. Die Läden sind edel, aber nur wenige Kunden verirrten sich hierher. Es wurden Luxusartikel und natürlich auch Produkte rund um den Hausherren – wie beispielsweise seine zahlreichen Bücher – verkauft.

Im Trump Tower wohnen bis heute Millionäre, Milliardäre, arabische Prinzen, Schauspieler und natürlich der Donald Trump selbst. Der Immobilienmogul residiert dort mit seiner aktuellen Familie – seiner dritten Ehefrau Melania und dem gemeinsamen Sohn Barron William. Die drei Trumps bewohnen ein gigantisches Penthouse, das sich über drei Etagen erstreckt und einen atemberaubenden Blick über Manhattan und den Central Park bietet. Auch wenn mir die 90er-Jahre-Ausstattung des Trump Towers nicht gefiel, war ich sehr beeindruckt, dass ein Mensch seinen Traum von einem Wolkenkratzer mitten in Manhattan so umgesetzt hatte. Doch da New York so viel mehr zu bieten hat, waren Donald Trump und sein Tower für mich nach kurzer Zeit schon wieder vergessen.

Wirklich mein Interesse weckte Donald Trump erst, als er im Juni 2015 seine Kandidatur für das Amt des US-Präsidenten verkündete – mitten in seinem protzigen Trump Tower. Dort setzte er sich in Szene und erklärte, dass er Amerika wieder zu einer Großmacht machen werde. Als erfolgreicher Geschäftsmann traute er sich das selbstverständlich zu. Bei uns in Deutschland zählt Donald Trump neben Hillary Clinton und Jeb Bush zu den bekanntesten Kandidaten, die sich ins Rennen um den Platz im Weißen Haus begeben haben. Sowohl Clinton, Gattin des ehemaligen US-Präsidenten

Bill Clinton und frühere US-Außenministerin, als auch Bush, Sohn und Bruder der einstigen US-Präsidenten George H. W. und George W. Bush, bringt man auf jeden Fall mit Politik in Verbindung. Anders sieht es dagegen bei Donald Trump aus. Ernsthafte Politik gehörte bis jetzt nicht zu den Betätigungsfeldern des Immobilienmoguls – auch wenn sein Name im Vorfeld von früheren Präsidentschaftswahlen mehrfach durch die Presse gegeistert war. Wirkliche politische Ambitionen hatte es bis zu dem Zeitpunkt nicht gegeben. Schlagzeilen hatte der Unternehmer in der Vergangenheit eher mit Skandalen rund um seine Firma und sein Privatleben gemacht. Alle Politexperten waren sich am Anfang an einig: Der Kandidat Donald Trump verschwindet ganz schnell wieder in der Versenkung und spielt im Rennen um die Position des Präsidentschaftskandidaten der Republikaner keine Rolle. Er wird zunächst für ein wenig Unterhaltung sorgen, muss dann aber Platz für die „echten" Politiker machen.

Nachdem ich den Protz und Kitsch im Trump Tower gesehen hatte, fand ich die Kandidatur von Donald Trump jedoch ziemlich spannend. Ich wollte wissen, warum der Unternehmer wissentlich in Kauf nahm, sich durch seine Kandidatur lächerlich zu machen. Mein Interesse an Donald Trump war geweckt und hält bis heute an. Was ist das für ein Mann, der in den letzten Jahrzehnten ein

Immobilienimperium aufgebaut hat und jetzt behauptet, dass er die Vereinigten Staaten von Amerika besser als jeder andere regieren kann? Warum macht er das? Glaubt er wirklich so sehr an sich selbst? Ist er ein überheblicher Narzisst? Oder möchte er einfach nur seinen Marktwert und Bekanntheitsgrad steigern? Wie kommt ein Mann, der von Politik gar keine Ahnung hat, auf die Idee, er könnte Präsident werden – selbst wenn mit Ronald Reagan schon einmal ein Schauspieler die USA regieren durfte.

In der Vergangenheit hatte ich mich nie intensiv mit den Vorwahlkämpfen in den Vereinigten Staaten beschäftigt, aber die Bewerbung von Donald Trump machte mich wirklich neugierig. Schon seine Antrittsrede irritierte mich. Er beleidigte ganze Bevölkerungsgruppen und machte sich damit von Anfang an bei vielen Mitbürgern ziemlich unbeliebt. Mit seinen polarisierenden Formulierungen geriet er auch sofort in den Fokus der Medien. Trump wurde zum populärsten Kandidaten der Republikaner, obwohl andere als Favoriten ins Rennen gegangen waren. Seit seiner Kandidatur im Juni 2015 verging kaum ein Tag, an dem der Immobilienmogul nicht für Schlagzeilen sorgte. Die vermeintlichen Favoriten gaben auf oder sind nur noch farblose Randfiguren im Kampf um die republikanische Präsidentschaftskandidatur.

Im Laufe der Zeit wurden die Beleidigungen von Donald Trump immer massiver und seine Ansichten immer diskriminierender. Die Ablehnung vieler amerikanischer Bürger und Medien nahm stetig zu. Selbst die Parteiführung der Republikaner äußerte sich entsetzt über die teilweise rechtsradikalen Aussagen des Unternehmers. Doch unerwartet viele Menschen waren auch begeistert von Trumps Parolen. Der pöbelnde Immobilien-Tycoon hatte sich an die Spitze der republikanischen Kandidaten gesetzt und baute seinen Vorsprung von Woche zu Woche aus. Bei jedem neuen Skandal sind sich die Experten einig, dass sich Trump wohl endgültig ins Abseits geschossen hat. Doch das Gegenteil ist der Fall. Es war erschreckend, dass so viele US-Bürger signalisierten, dass sie mit Trumps Gedankengut einverstanden sind, seine Ansätze unterstützen und glauben, dass er ein ganzes Land führen kann. Wie ist es möglich, dass ein Mann wie Donald Trump so viele Menschen von sich und seinen Fähigkeiten überzeugen kann? Obwohl seine Pläne sehr unausgegoren sowie unlogisch erscheinen und vielfach nicht umsetzbar sind, findet der Unternehmer besonders bei weißen Männern mittleren Alters eine breite Zustimmung. Die sogenannte „Silent Majority" – also die schweigende Mehrheit – schlägt sich zu großen Teilen auf seine Seite. Sie fühlt sich von ihm verstanden und vertreten.

Dieses Phänomen ist nicht leicht zu verstehen. Gerade hier in Deutschland sind wir sehr vorsichtig geworden, wenn ein Mensch mit Stammtischparolen um sich wirft, einzelne Bevölkerungsgruppen diskriminiert und massiv Ängste schürt. Wie kann es sein, dass sich in einem Land wie den USA so viele Bürger von diesen Verbalattacken angesprochen fühlen? (Anmerkung der Autorin: Diese Zeilen waren sicherlich zutreffend, als sie im Herbst 2015 geschrieben wurden. Die politische Entwicklung im Frühjahr 2016 zeigt jedoch, dass solche Parolen auch hier immer mehr auf fruchtbaren Boden stoßen)

Wie können sich die Menschen mit einem protzigen Selbstdarsteller identifizieren? Je mehr ich mich mit diesem Thema auseinandersetzte, desto spannender wurde die ganze Sache für mich. Ich wagte mich daher an ein kleines Experiment: Kann ich herausfinden, was für ein Mensch dieser Donald Trump ist? Wie ist er? Wie denkt er? Was sind seine Ziele? Wie erreicht er seine Ziele? Warum verhält er sich, wie er sich verhält? Und wie ist er dahin gekommen, wo er jetzt ist? Ich wusste, dass ich unbedingt mehr über diesen Mann erfahren will, der entgegen aller Prognosen die Massen begeistert. Der Mann, der Barack Obama im Weißen Haus beerben möchte und glaubt, dass er dessen Job so viel besser machen kann als alle anderen Kandidaten.

Der Mann, der vor Selbstbewusstsein nur so strotzt, mit seinem Vermögen prahlt und protzt. Der Mann, der wie ein Elefant im Porzellanladen Freund und Feind beleidigt und diffamiert. Will Donald Trump wirklich Präsident werden oder ist der ganze Wahlkampf nur eine obskure Marketingstrategie?

Auf der Suche nach Antworten fing ich an, Informationen zusammenzutragen, um mir meine eigene Meinung über Donald Trump bilden zu können. Ich las Bücher – auch einige von Trump selbst –, forschte im Internet, grub alte Zeitungsartikel aus und erfuhr dabei eine Menge interessanter Details über den Unternehmer. In einer Zeit, in der die digitalen Medien auch Kleinigkeiten für die Ewigkeit archivieren und für die breite Masse verfügbar machen, ist es gar nicht so schwer, ein Gesamtbild über eine Person des öffentlichen Lebens zu erhalten, obwohl man diese nicht persönlich kennt. Donald Trump selbst nutzt Twitter, Facebook und Co. wie kein anderer Kandidat im US-Präsidentschaftswahlkampf. Er erreicht mit den sozialen Medien innerhalb von Minuten seine Anhänger und die, die es noch werden sollen. Am Anfang meiner Recherche hatte ich tatsächlich noch eine gewisse Bewunderung für den Ehrgeiz und die Energie des Immobilienmoguls aufbringen können. Es wirkte sehr mutig, wie er sich als Laie dem Politzirkus und den Medien entgegenstellte.

Doch im Laufe der Zeit wuchs mein Entsetzen – nicht nur über Donald Trump und dessen Aussagen sondern auch über die vielen Amerikaner, die einen Mann unterstützen, der offen sagt, dass er ein Einreiseverbot gegen Muslime erlassen möchte. Und das ist nur ein Beispiel von zahllosen abstrusen und gefährlichen Hirngespinsten, die Trump verbreitet.

Die Präsidentschaftskandidatur von Donald Trump entwickelt sich trotz oder gerade wegen seiner krassen Aussagen ganz anders, als es die Experten vorausgesagt hatten. Auf jeden Fall ist der New Yorker motiviert bis in die Haarspitzen seiner immer wieder für Erheiterung sorgenden Frisur. Für ihn zählt nur der Sieg. Nur Zweiter zu werden, das kann und will er nicht akzeptieren. Als er nach der dritten Fernsehdebatte der Republikaner in den Umfrageergebnissen erstmals hinter seinem afroamerikanischen Kontrahenten Ben Carson lag, jammerte er. „Es ist schrecklich, Zweiter zu sein", sagte er auf einer Wahlkampfveranstaltung im Oktober 2015 in Sioux City in Iowa. „Ich weigere mich zu sagen, dass ihr eure Ärsche hochkriegen sollt. Nein, das sage ich nicht. Aber sorgt dafür, dass ich hier gewinne!"[1]

---

1 Kolb, Matthias: Trump: „Es ist schrecklich, Zweiter zu sein" – 28.10.2015
http://www.sueddeutsche.de/politik/donald-trump-im-wahlkampf-es-ist-schrecklich-zweiter-zu-sein-1.2711691

Die Recherchen über Donald Trump haben mir auf jeden Fall sehr viel Spaß gemacht, auch wenn ich bis heute vielen Aussagen und Aktionen nur fassungslos gegenüberstehe. Aus einzelnen Puzzlesteinen entstand für mich das Bild eines Mannes, der immer mehr will – mehr Macht, mehr Geld, mehr Ansehen. Donald Trump will gewinnen. Und selbst wenn der 45. Präsident der Vereinigten Staaten nicht den Namen Trump tragen sollte, ist seine Kampagne in Sachen Selbstmarketing ein voller Erfolg. Aus der Ferne entstand für mich ein ziemlich klares Bild von dem Unternehmer. Und ich bin mir jetzt sicher: Meine Stimme bekäme Donald Trump nicht.

2. Donald Trump will Präsident werden

Am 16. Juni 2015 war es soweit. Der Immobilienmogul Donald Trump verkündete, dass er für die US-Präsidentschaftswahl im Jahr 2016 kandidieren wolle. Es war nicht das erste Mal, dass der Mann mit der lustigen Frisur (offiziell ist es kein Toupet) öffentlich mit diesem Gedanken spielte. Mehrfach – zuletzt für die Präsidentschaftswahl 2012 – hatte Donald Trump seinen Namen bereits in den Ring geworfen, sagte seine Kandidatur aber immer wieder frühzeitig ab bzw. ließ das Projekt einfach im Sande verlaufen. 1996 stellte er sich vor, für die Republikaner ins Rennen zu gehen. 2000 wollte er mit der Reform Party zur Wahl antreten. Während des Präsidentschaftswahlkampfs 2012 stellte Trump die amerikanische Staatsbürgerschaft von Barack Obama – und damit dessen Legitimation Präsident zu sein – in Frage.

US-Entertainer wie David Letterman machten sich in den letzten Jahren immer wieder über eine mögliche Kandidatur von Donald Trump lustig. Die Macher der „Simpsons" gingen im März 2000 sogar so weit, dass sie in die erfolgreiche Zeichentrickserie eine fiktive Präsidentschaft von Donald Trump einbauten, die zum

Staatsbankrott führte.[2]

Zwei Tage nach seinem 69. Geburtstag machte sich Donald Trump im Juni 2015 selbst ein verspätetes Geschenk und präsentierte sich als Kandidat für die US-Präsidentschaftswahl im November 2016. Dabei hatte er sich zunächst noch nicht entschieden, ob er für die Republikaner in den Ring steigen oder ob er als unabhängiger Kandidat sein Glück versuchen wird. Zu einem späteren Zeitpunkt reihte sich Trump in die Riege der bereits zahlreichen republikanischen Bewerber ein und schloss schließlich eine unabhängige Kandidatur aus. Er unterschrieb sogar ein entsprechendes Dokument und erklärte anschließend, dass der beste Weg sei, einfach die republikanische Kandidatur zu gewinnen. „Deshalb werde ich der Republikanischen Partei und den konservativen Grundsätzen, für die sie steht, meine absolute Loyalität versprechen."[3]

2 Günther, Markus: Das Geheminis des Trumpismus – 04.08.2015
http://www.faz.net/aktuell/politik/ausland/amerika/das-geheimnis-von-donald-trumps-erfolg-13730711.html
3 Zeit Online: Trump schwört Republikanern die Treue – 04.09.2015
http://www.zeit.de/politik/ausland/2015-09/usa-wahlen-donald-trump-kandidatur

Welche Voraussetzungen muss ein Mensch mitbringen, um sich für das Amt des US-Präsidenten zu bewerben?

Es gibt nicht viele Voraussetzungen, die ein Mensch erfüllen muss, um sich für das Amt des Präsidenten der Vereinigten Staaten von Amerika zu bewerben. Er muss nachweisen können, dass er seit seiner Geburt die US-Staatsbürgerschaft besitzt. Außerdem muss er mindestens 35 Jahre alt sein und das Formular II der Federal Election Commission (FEC) ausfüllen. Mehr muss man nicht machen, um offizieller Kandidat zu werden. So mogelten sich in der Vergangenheit schon einige Witzbolde in die Kandidatenlisten und sorgten im Wahlkampf zeitweise für Erheiterung. In der Regel traten diese Menschen als unabhängige Kandidaten an. Und in der Regel verschwanden sie – wenn sich das Interesse der Bevölkerung an dem Gag gelegt hatte - auch ganz schnell wieder von der Bildfläche.

Ivanka Trump präsentiert ihren Vater als Präsidentschaftskandidat

Der Unternehmer und Multimilliardär Donald Trump meinte seine Bewerbung für die US-Präsidentschaftswahl 2016 jedoch völlig ernst. Er zelebrierte die Bekanntgabe seiner Kandidatur mediengerecht und holte sich dazu seine Familie als Verstärkung ins Boot. Während Trump als Hauptperson im Hintergrund mit Ehefrau Melania wartete, glitt seine älteste Tochter Ivanka – aus der Ehe mit Ivana Trump – als Erste die Rolltreppe ins geräumige Atrium des Trump Tower hinunter. Lange blonde Haare, ein perfektes Make-up, ein schlichtes, figurbetontes Kleid in Cremeweiß und ein strahlendes Lächeln – so postierte sich Ivanka auf dem Podium, hinter ihr standen – ganz patriotisch – acht Sternenbanner. Dann stellte sie den Anwesenden einen ganz besonderen Mann vor: ihren Vater.

Ivanka lobte ihn ausführlich als guten Vater und als perfekten Mann für das Amt im Weißen Haus. „He thinks big" – er denkt groß – sei einer der Vorzüge, die ihn ihrer Meinung nach für die Aufgabe prädestinieren. Seine Weigerung „Nein" als Antwort zu akzeptieren, gehöre ebenfalls zu den erwähnenswerten Eigenschaften von Donald Trump, meinte sie. Die interessanteste und im Nachhinein auch amüsanteste Stelle ihrer Rede war aber sicherlich, als Ivanka stolz verkündete: „Mein Vater ist das Gegenteil von politisch korrekt. Er sagt, was er meint und er meint, was er sagt." Im weiteren Verlauf des Wahlkampfes sagte Donald Trump nämlich eine ganze Menge Dinge, die politisch nicht korrekt waren. Ein Skandal jagte den nächsten. Sowohl die inländische als auch die ausländische Presse überschlug sich mit Kritik an den Aussagen von Trump. Wenn er das alles wirklich so meint, wie er es sagt, kann einem bei der Aussicht, dass dieser Mann tatsächlich zum Präsidenten der USA gewählt werden könnte, nur angst und bange werden.

Donald Trump präsentiert sich selbst

Nach den lobenden Worten von Ivanka betrat „The Donald" selbst das Podium. Theatralisch winkend fuhr er die lange Rolltreppe in das Atrium seines Wolkenkratzers herunter. Seine anwesenden Fans jubelten ihm euphorisch zu. Böse Zungen behaupteten, dass einige von ihnen gekauft seien. Es hätte einen Casting-Aufruf gegeben, hieß es beispielsweise im Internet.[4] Musikalisch untermalt wurde Trumps Einmarsch von Neil Youngs „Rockin´ in the free world". Keine gelungene Wahl, denn der Text des Songs passte überhaupt nicht zu den politischen Vorstellungen des Immobilienmoguls. Zudem hatte man verpasst, sich die Einwilligung des kanadischen Sängers für den Einsatz des Songs im Wahlkampf zu holen. Neil Young war nicht begeistert, denn er unterstützte im Wahlkampf den demokratischen Kandidaten Bernie Sanders.

Aber von solchen Kleinigkeiten ließ sich Trump nicht aufhalten. Er hatte viel Größeres vor. An Selbstbewusstsein

---

4 Couch, Aaron/ McDermott, Emmet: Donald Trump Campaign Offered Actors $50 to Cheer for Him at Presidential Announcement – 17.06.2015 http://www.hollywoodreporter.com/news/donald-trump-campaign-offered-actors-803161

mangelte es Donald Trump nicht, als er lautstark verkündete: „So, ladies and gentlemen, I am officially running for president of the United States, and we are going to make our country great again" – „Meine Damen und Herren, ich bewerbe mich offiziell für das Amt des Präsidenten der Vereinigten Staaten und wir werden dieses Land wieder großartig machen."[5] Dabei machte er dramaturgisch wirkungsvolle Pausen, damit sein Fanclub gebührend jubeln konnte.

In seinem rund einstündigen Auftritt holte Donald Trump zu einem Rundumschlag gegen die Regierung, den amtierenden Präsidenten und das ganze Land aus. Seiner Meinung nach sind die USA am Ende. Aber er versprach Rettung: „Sadly the American dream is dead [...] But if I get elected president I will bring it back bigger and better and stronger than ever before" – „Der ‚American Dream' ist tot [...] Aber wenn ich zum Präsidenten gewählt werde, dann werde ich ihn größer, besser und stärker als jemals zuvor zurückbringen."[6]

5 Diamond, Jeremy: Donald Trump jumps in: The Donald´s latest White House run is officially on – 17.06.2015 – Stand: 07.01.2016 http://edition.cnn.com/2015/06/16/politics/donald-trump-2016-announcement-elections/
6 Diamond, Jeremy: Donald Trump jumps in: The Donald´s latest White House run is officially on – 17.06.2015 – Stand: 07.01.2016 http://edition.cnn.com/2015/06/16/politics/donald-trump-2016-announcement-elections/ (Übersetzung der Autorin)

Und dann legte er richtig los. Das Wort „ich" war die wichtigste Vokabel in seiner peinlichen Verkaufsveranstaltung. Zählungen ergaben, dass Donald Trump das Wort insgesamt 195 Mal in seiner Rede benutzte. Rechnete man noch Formulierungen wie „mir" und „mich" hinzu, kam man sogar auf 257 Selbstreferenzen in einer Ansprache, in der es doch eigentlich um das Land gehen sollte. „Ich bin wirklich reich"[7], tönte er und hielt dabei seine Vermögensübersicht in die Runde. Nach eigener Aussage soll er 8.737.540.000 Dollar besitzen – verteilt auf Immobilien, verschiedene Investments und einige Schönheitskonkurrenz-Unternehmen. Nur mal so am Rande erwähnt: Die Summe, die Trump angab, war ungefähr doppelt so hoch, wie vom Wirtschaftsmagazin „Forbes" geschätzt.

Der Grund für die Probleme der Vereinigten Staaten von Amerika lagen für Donald Trump auf der Hand. „Wir siegen nicht mehr", erklärte der Unternehmer. China und Japan übertrumpften die USA in allen wirtschaftlichen Aspekten. „Ich schlage China ständig in allem", behauptete er vollmundig. Und dann kam die Aussage, die im Nachhinein mächtige Wellen schlug. Mexiko, wetterte Trump, schicke seine übelsten Gestalten über die Grenze. „Sie bringen Drogen, sie bringen

---

7 Milbank, Dana : Donald Trump´s festival of narcissism – 16.06.2015 – Stand: 07.01.2016 https://www.washingtonpost.com/opinions/donald-trumps-festival-of-narcissism/2015/06/16/fd006c28-1459-11e5-9ddc-e3353542100c_story.html

Kriminalität, sie sind Vergewaltiger, und einige, nehme ich an, sind auch nette Leute."[8]

Kreuz und quer arbeitete Donald Trump dann zahlreiche andere Problemfelder ab. Er kritisierte die aktuelle Politik und ließ sich beispielsweise über die Arbeitslosigkeit, das Bruttoinlandsprodukt, Obamacare und den Islamischen Staat (IS) aus. Eine Lösung für die Probleme hatte er auch parat: Donald Trump – also ich, ich, ich ...

Für absolute Erheiterung – nicht bei seinen anwesenden Fans – aber beim staunenden Fernsehpublikum sorgten seine im Anschluss angepriesenen Qualifikationen für das Amt des US-Präsidenten. Trump bezeichnete sich als „wahrhaft großen Führer", der „die Marke Amerika" großartig machen werde. Und dann fügte er hinzu: „Ich habe die besten Golfplätze der Welt. Einen direkt am Weißen Haus."[9]

Die meisten Politexperten in den USA hatten zunächst über die Kandidatur von Donald Trump gelacht und den Immobilienmogul nicht ernst genommen. Die Umfrageergebnisse überzeugten sie jedoch bald vom Gegenteil.

---

8 Youtube: Donald Trump Presidential Announcement Full Speech 6/16/15. Hochgeladen: 16.06.2015 https://www.youtube.com/watch?v=q_q61B-DyPk (Übersetzung der Autorin)
9 Pitzke, Marc: Donald Trumps Präsidentschaftskandidatur: Ich, ich, ich – 16.06.2015 – Stand: 07.01.2016 http://www.spiegel.de/politik/ausland/donald-trump-kandidiert-fuer-us-wahl-ich-ich-ich-a-1039159.html

Der selbstverliebte Geschäftsmann sprach mit seinen Parolen scheinbar erstaunlich vielen Amerikanern aus dem Herzen. Ganz im Gegensatz zu den Erwartungen der Politexperten führt Donald Trump das Kandidatenfeld der Republikaner bis heute an – zeitweise mit großem Vorsprung. Daran änderten auch seine – immer wieder aufs Neue – provozierenden Aussagen nichts. Zur Überraschung vieler hatte Donald Trump plötzlich große Chancen, zum offiziellen Präsidentschaftskandidaten der Republikaner ernannt zu werden. Trump selbst hat natürlich auch politische Vorbilder. In seinem 2008 erschienen Buch „Gib niemals auf!" beantwortete er 24 Fragen, die ihm oft in seiner zahlreichen Fanpost gestellt werden. Die Antwort auf die Frage, welche Persönlichkeiten der Geschichte er bewundere, lautete folgendermaßen: „Eine davon ist Abraham Lincoln, weil er in der schwierigsten Phase unserer Geschichte Präsident unseres Landes war. Außerdem war er Autodidakt und hat jahrelang gegen Widrigkeiten kämpfen müssen, bevor er Präsident wurde. Eine andere ist Winston Churchill, der in einem entscheidenden Moment der Weltgeschichte, dem Zweiten Weltkrieg, eine Führungspersönlichkeit war. Er war ein großartiger Redner, der mit seinen Ansprachen Tausende von Menschen begeisterte, und er hat den Literaturnobelpreis für seine historischen Schriften erhalten."[10]

---

10 Trump, Donald: Gib niemals auf! – Wie ich meine größten Herausforderungen in Triumphe verwandelte (2008) – S. 62

3. Donald im Wahlkampf

3.1 Wie funktioniert der Wahlkampf in den USA?

Wenn in Deutschland eine Bundestagswahl ansteht, dann haben sich die Parteien im Vorfeld schon entschieden, wer ihr Spitzenkandidat und somit „das Gesicht" der Partei sein soll. Erhält eine Partei die absolute Mehrheit bzw. führt eine regierungsfähige Koalition an, wird der zuvor ausgewählte Spitzenkandidat zum Bundeskanzler ernannt. Die Partei wählt also den potenziellen Regierungschef aus.

Ganz anders ist die Situation in den USA. Alle vier Jahre wird dort der Präsident gewählt. Dieser darf nur einmal wiedergewählt werden, so verlangt es der 22. Zusatzartikel der Verfassung. Nach der zweiten Amtsperiode muss daher auch die Partei, die bisher den Präsidenten stellt, einen neuen Kandidaten präsentieren. Die Wahl des passenden Kandidaten ist dabei – ganz anders als in Deutschland – sehr spannend und zieht das Interesse der Medien und der Bevölkerung auf sich. Bei den sogenannten Vorwahlen können die US-Bürger aktiv in die Kandidatenkür der Parteien eingreifen. In einigen Bundesstaaten dürfen nur Parteimitglieder abstimmen, in anderen Bundesstaaten ist die Vorwahl für jeden offen. In der Regel küren die Parteien den Bewerber zum Präsidentschaftskandidaten, der bei den Vorwahlen die meisten Bundesstaaten für sich gewinnen bzw. die meisten Stimmen erzielen konnte. Die US-Bürger können somit viel direkter Einfluss auf die Wahl des Präsidenten nehmen, als es für uns in Deutschland bei der Wahl des Bundeskanzlers möglich ist.

Schon rund 1½ Jahre vor der eigentlichen Präsidentschaftswahl geht der Wahlkampf in den USA in die heiße Phase. Ambitionierte US-Bürger, Politiker, Unternehmer und manchmal auch einfach nur Menschen, die im Fokus der Medien stehen, bewerben sich offiziell um das höchste Amt im Staat. Bei den beiden großen Parteien – den Demokraten und Republikanern – gibt es so manchmal zehn oder mehr Männer und Frauen, die ins Rennen um den Einzug ins Weiße Haus gehen. Dem breiten Publikum dürfen sich diese Bewerber in unterhaltsamen Fernsehdebatten präsentieren.

Im Anschluss an die verbalen Auseinandersetzungen werden Zahlen zur Beliebtheit der einzelnen Kandidaten veröffentlicht. Nicht immer liegt dabei derjenige mit dem qualifiziertesten Programm in Führung. Manchmal hat auch der Bewerber mit dem größten Unterhaltungswert die Nase vorn.

Danach geht es folgendermaßen weiter: Im Rahmen der Vorwahlen, die sich über mehrere Monate ziehen, entscheiden sich die Parteien für einen Kandidaten. Auf den nationalen Parteitagen im Sommer des Wahljahres nominieren die Delegierten ihren Kandidaten. Am „Election Day", dem Dienstag nach dem ersten Montag im November, ist es dann soweit. Die Amerikaner wählen – nein, nicht den Präsidenten – sondern die sogenannten Wahlmänner. Die Anzahl der Wahlmänner, die jeder Bundesstaat stellen darf, richtet sich nach der Einwohnerzahl. Das bedeutet, bevölkerungsreiche Staaten wie Kalifornien, New York oder Texas haben die meisten Wahlmänner. Im Wahlkampf sind sie daher am interessantesten und werden von den Bewerbern hart umkämpft.

Wenn ein Kandidat in einem Bundesstaat auch nur eine einzige Stimme mehr hat als sein Gegner, bekommt er alle Wahlmännerstimmen des Staates zugesprochen. Mehr als einen Monat nach dem „Election Day" treten dann die Wahlmänner zusammen und wählen den neuen US-Präsidenten bzw. Vize-Präsidenten. Dabei zählt die einfache Mehrheit – man kann es auch „the winner takes it all" nennen.

Wenn ein Bewerber in den elf bevölkerungsreichsten Bundesstaaten der USA die Wahl gewinnt, verfügt er bereits über die Mehrheit der 538 Wahlmännerstimmen.

Wie die anderen 39 Bundesstaaten entscheiden, ist dann völlig egal. Die Mehrheit der Amerikaner kann sich also für einen Kandidaten entscheiden und trotzdem wird ein anderer zum Präsidenten ernannt. Diese kuriose Situation gab es beispielsweise im Jahr 2000. Der Demokrat Al Gore bekam rund 600.000 Wählerstimmen mehr als sein Kontrahent. Als Präsident wurde jedoch der Republikaner George W. Bush vereidigt.

Ein geschickter Wahlkampf in den Schlüsselstaaten kann also einen Kandidaten zum Präsidenten machen, den die Mehrheit der US-Bürger gar nicht haben will. Für die „Exoten" unter den Kandidaten bietet dieses System vielversprechende Möglichkeiten. Auch wenn sie über keinerlei politischen Background verfügen, können sie die Wähler in den wichtigsten Bundestaaten mit Stammtischparolen sowie zielgerichteter Überzeugungsarbeit auf ihre Seite ziehen.

Warum ich an dieser Stelle so weit ausholle? Ich möchte aufzeigen, dass Donald Trumps Kandidatur von Anfang an ernst genommen werden muss. Viel Geld – wie viel auch immer es tatsächlich sein mag –, polemische Rhetorik und ein unerschütterliches Selbstbewusstsein stehen seit Beginn des Wahlkampfes auf der Habenseite des Unternehmers. Und ein unglaublicher Ehrgeiz gepaart mit der Gier nach Macht und Erfolg – Donald Trump will gewinnen.

3.2 Donald lässt kein Fettnäpfchen aus

Seitdem Donald Trump seine Präsidentschaftskandidatur verkündet hat, vergeht kaum ein Tag, an dem es keine Schlagzeilen über den Unternehmer gibt. Zu fast jedem aktuellen Thema tut er seine Meinung kund, sorgt mit seinen Kommentaren und provozierenden Aussagen immer wieder für großes Entsetzen und Fassungslosigkeit. Auf der anderen Seite trifft er aber bei vielen Amerikanern auf Zustimmung. Bei den obligatorischen TV-Debatten im Vorfeld der Kandidatenkür der Parteien richtet sich die Aufmerksamkeit der Zuschauer stets auf den ehrgeizigen Mann mit der unorthodoxen Frisur. Der populäre Platz im Zentrum der Kandidaten ist für Donald Trump reserviert und das Fernsehpublikum dankt es den Sendern mit Rekordeinschaltquoten. Die Vorstellung der Bewerber der Republikaner hat – Donald Trump sei Dank – einen enormen Unterhaltungswert bekommen.

Schon in der ersten TV-Debatte beim Fernsehsender FOX im August 2015 sorgte Donald Trump mit seinem Verhalten für großes Aufsehen. Bei der Frage von Moderator Chris Wallace, ob er bei einer Niederlage im Vorwahlkampf eine Kandidatur als unabhängiger Bewerber definitiv ausschließen könne, antwortete der

Immobilienmogul: „Ich werde zum gegenwärtigen Zeitpunkt dieses Versprechen nicht geben."[11] Mit dieser Aussage – oder ist es vielleicht sogar eine Drohung – stieß er bei der Parteiführung der Republikaner auf wenig Begeisterung. Als unabhängiger Kandidat könnte Trump dem republikanischen Kandidaten viele Stimmen aus dem konservativen Lager und dem rechten Flügel wegnehmen.

Zudem nutzte Trump die Debatte auch für eine Stellungnahme zum Thema Einwanderung. Bei der Bekanntgabe seiner Kandidatur hatte er bereits mit empörenden Vorurteilen gegenüber Mexikanern für große Aufregung gesorgt. Statt seine Aussagen zu relativieren, legte Trump noch nach. „Wir müssen eine Mauer bauen. Und sie muss schnell gebaut werden", verkündete der Unternehmer.[12] Dafür erntete er vom anwesenden Publikum allerdings nicht nur Buh-Rufe sondern auch Applaus.

Moderatorin Megyn Kelly sprach den selbstsicheren Kandidaten dann auf sein Verhältnis zu Frauen an und warf ihm vor, dass er Frauen beleidige und mit

11 Zeit Online: Trump dominiert TV-Debatte der Republikaner – 07.08.2015 – Stand: 07.01.2016 http://www.zeit.de/politik/ausland/2015-08/usa-debatte-trump-wahlkampf
12 Stern: TV-Debatte der US-Repubikaner: Donald Trump fordert Mauerbau an Mexikos Grenze – 07.08.2015 – Stand: 07.01.2016 http://www.stern.de/politik/ausland/trump-erntet-buh-rufe-bei-tv-debatte-um-us-praesidentschaft-6373902.html

Schimpfworten wie „fette Schweine" und „Schlampen" titulieren würde. Donald Trump versuchte sich mit einem Witz zu retten, doch Kelly ließ nicht locker und führte ihn gekonnt vor. Trump revanchierte sich am nächsten Tag, indem er in einem Interview erklärte: „Da tropft Blut aus ihren Augen, Blut aus ihrer Wo-auch-immer." Wahrscheinlich wollte er damit auf Menstruationsbeschwerden anspielen, unter denen die Moderatorin seiner Ansicht nach wohl gelitten haben muss. Nicht sehr professionell, Mister Trump – auch wenn Sie diese Interpretation natürlich umgehend dementierten.

Später setzte Donald Trump seinen Rundumschlag gegen Frauen jedoch in einem Interview fort und beleidigte Carly Fiorina, die einzige weibliche Bewerberin im umfangreichen Kandidatenfeld der Republikaner. „Schauen Sie sich ihr Gesicht an", zitierte man ihn im berühmten Musikmagazin „Rolling Stone". Die ehemalige HP-Managerin konterte souverän und machte sich in der nächsten Fernsehdebatte über den Geschäftsmann lustig.[13]

Im weiteren Verlauf des Wahlkampfes erklärt Donald Trump, dass er alle Syrer zurückschicken wolle und kritisiert die Flüchtlingspolitik von Angela Merkel.

---

13 Knowles, David: Rolling Stone: Donald Trump Mocked Carly Fiorina´s Looks – 10.09.2015 http://www.bloomberg.com/politics/articles/2015-09-10/rolling-stone-donald-trump-mocked-carly-fiorinas-looks

Außerdem fordert er nach den terroristischen An-schlägen in Paris im November 2015 tatsächlich mehr Waffen für die US-Bürger. Im Rahmen einer Fernseh-sendung trauert der Unternehmer brutalen Diktatoren wie Saddam Hussein und Muammar al-Gaddafi hin-terher. Dem Vietnam-Veteranen und republikanischen Politiker John McCain spricht Trump öffentlich den Status eines Kriegshelden ab. Er möchte Moscheen überwachen lassen und ein temporäres Einreiseverbot für Muslime durchsetzen. Der Immobilienmogul wirft aber auch Steuerfreiheiten für Geringverdiener in den Raum. Donald Trump sagt, was er denkt, und polari-siert damit. Viele Menschen sind empört und protestie-ren gegen seine Pläne. Auf jeden Fall fischt er aber mit seinen Aussagen potenzielle Wähler aus allen Ecken. Und immer, wenn seine Umfragewerte nach einer sei-ner verbalen Entgleisungen deutlich fallen, gelingt es ihm doch wieder, Menschen auf seine Seite zu ziehen und seinen Vorsprung weiter auszubauen. Seine Ge-genkandidaten – sowohl aus der eigenen Partei als auch aus dem demokratischen Lager – attackiert der Unternehmer wiederholt mit Aussagen, die deutlich un-ter die Gürtellinie gehen. Und trotzdem – oder gerade deswegen – bekommt Trump große Aufmerksamkeit und ist einer der aussichtsreichsten und interessan-testen Bewerber im Kampf um das Weiße Haus. Fa-zit: Donald Trump meint es ernst. Er will Präsident der

Vereinigten Staaten werden.

Und Millionen von Amerikanern sehen ihm dabei gespannt zu. Nur mal so am Rande erwähnt: Laut amerikanischen Marktforschungsunternehmen Nielsen verfolgten die erste TV-Debatte der Demokraten beim Fernsehsender CNN 15,8 Millionen Menschen. Die Debatte zwischen Hillary Clinton und ihren vier Konkurrenten überstieg damit deutlich das bisherige Rekordergebnis von 10,7 Millionen Zuschauern im Jahr 2008. Damals hatte Clinton mit Barack Obama bei ABC diskutiert. Donald Trump kann über solche Einschaltquoten jedoch nur müde lächeln. Die beiden ersten Debatten der republikanischen Kandidaten bei FOX News und CNN erreichten zusammen rund 47 Millionen Zuschauer.[14] Das vorrangige Interesse des Fernsehpublikums galt dabei ganz sicher nicht Bewerbern wie Jeb Bush oder Ben Carson. Donald Trump versteht es im gegenwärtigen Wahlkampf wie kein Zweiter, das Interesse der Medien und der Bürger auf sich zu ziehen. Häufig ganz nach dem Motto: „Lieber eine schlechte Presse als gar keine Presse."

---

14 Tagesanzeiger: Donald Trump schlägt Hillary Clinton – 15.10.2015
   http://www.tagesanzeiger.ch/ausland/amerika/donald-trump-schlae-
   gt-hillary-clinton/story/24738146

4. Donald und die Frauen

4.1 Donald und Ivana

Im gegenwärtigen US-Wahlkampf stolpert man immer wieder über das wirre Frauenbild des Selbstdarstellers Donald Trump. Seine Aussagen über das weibliche Geschlecht sind diskriminierend und beleidigend. Frauen nimmt Trump nicht ernst, sondern reduziert sie gern auf das Äußere. Dabei lässt sich sicherlich nicht abstreiten, dass der Immobilien-Tycoon Frauen mag. Schließlich ist er zum dritten Mal verheiratet. Seit 2005 ist das slowenische Model Melania Knauss auch rechtlich die Frau an seiner Seite. Zudem werden ihm zahlreiche Beziehungen und kurzzeitige Affären vor und während seiner früheren Ehen nachgesagt.

Den größten Bekanntheitsgrad hat aber sicherlich Ivana, Trumps erste Ehefrau. Sie ist die Mutter seiner drei ältesten Kinder Donald jr., Ivanka und Eric. Donald Trump lernte das damals 27-jährige Model Ivana Zelnickova 1976 in New York kennen. Über ihre Vergangenheit gibt es unterschiedliche Angaben und widersprüchliche Geschichten. Mal heißt es, Ivana Trump sei in der ehemaligen Tschechoslowakei geboren. Dann wird wiederum erzählt, sie sei gebürtige

Österreicherin.[15] Zu dem Zeitpunkt als Ivana Donald Trump traf, war sie bereits verheiratet. Ihr Ehemann war der Österreicher Alfred Winkelmayr. Gerüchten zufolge war diese Ehe aber nur geschlossen worden, um Ivana die Tür zum Goldenen Westen zu öffnen. In den 1970er Jahren war es für Menschen aus dem sogenannten Ostblock noch nicht selbstverständlich, dass sie durch die Welt reisen.

Ivana soll als Mitglied des tschechischen Ski-Teams an den Winterspielen 1972 in Sapporo teilgenommen haben. Belegen lässt sich Ivanas Geschichte allerdings nicht – ganz im Gegenteil. Petr Pomezny, der ehemalige Generalsekretär des Nationalen Olympischen Komitees von Tschechien, erklärte auf Nachfragen, dass ihm eine Frau mit dem Namen Ivana Zelnickova nicht bekannt sei: „Wer ist diese Ivana? Und warum fragen die Leute nach ihr? Wir haben viele Male gesucht und viele, viele Leute befragt." Eine Ivana Zelnickova war also nicht bekannt und wohl auch kein Mitglied der Olympiamannschaft gewesen.[16] Warum diese Geschichte immer wieder erzählt wird, ist unklar.

---

15 D´Antonio, Michael: Never Enough – Donald Trump and the Pursuit of Success (2015) – S. 119
16 van Meter, Johnathan: That's Why the Lady is a Trump – Spy Magazine – 30.06. 2013 – vgl.: https://en.wikipedia.org/wiki/Ivana_Trump – Stand: 20.10.2015

Aber auch wenn Ivana keine Spitzensportlerin war, auf dem Laufsteg und bei den Ausflügen in die abendliche Glitzerwelt von New York machte die Frau mit den blonden Haaren eine gute Figur und fiel dem jungen Donald Trump auf. Kennengelernt hatten sich die beiden im Maxwell's Plum. Diese Location im überladenen Art-Nouveau-Dekor – gleichzeitig Restaurant und Single-Bar – zog seit Mitte der 1960er Jahre ein breites Publikum an. Stars wie Cary Grant, Barbra Streisand und Warren Beatty gingen dort ein und aus.[17] Und auch der aufstrebende Unternehmer Trump besuchte den Ort sehr gerne und ließ seine Blicke schweifen. Eines Abends entdeckte er dann wohl Ivana, die mit ein paar Freunden in Manhattan unterwegs war. Und kurze Zeit später waren Donald und Ivana ein Paar. Schon am Silvesterabend 1976 machte Donald seiner Freundin einen Heiratsantrag und im April 1977 wurde geheiratet. Sowohl das Maxwell´s Plum als auch die Ehe von Donald und Ivana sind mittlerweile Geschichte.

Auch wenn alles sehr schnell ging und aus dem Liebespaar innerhalb weniger Monate ein Ehepaar wurde, wollte Donald Trump auf Nummer sicher gehen. Entsprechende Ratschläge erhielt er von Roy Cohn. Der Anwalt war in Fachkreisen durch seine Zusammenarbeit

---

17 Miller, Bryan: Maxwell's Plum, a 60's Symbol, Closes – 11.07.1988
 – Stand: 07.01.2016 http://www.nytimes.com/1988/07/11/nyregion/
 maxwell-s-plum-a-60-s-symbol-closes.html?pagewanted=all

mit Senator Joseph McCarthy bekannt geworden, der als Namensgeber für die McCarthy-Ära nicht unumstritten war. Anfang der 1950er Jahre hatten Denunziationen und antikommunistische Verschwörungstheorien für ein angespanntes politisches Klima in den USA gesorgt.

Und genau dieser Anwalt empfahl Donald Trump, von Ivana zu verlangen, dass sie vor der Hochzeit einen Ehevertrag unterschreibt. Die junge Frau erwies sich jedoch schon zu diesem Zeitpunkt als erstaunlich geschäftstüchtig und weigerte sich, ihre Unterschrift unter das vorgelegte Schriftstück zu setzen. Der Ehevertrag wurde dann tatsächlich in ihrem Sinne geändert. Ivana sollte im Falle einer Scheidung eine größere Summe erhalten als zunächst geplant.[18] Ganz auf einen Ehevertrag zu verzichten, stand für Donald aber völlig außer Frage. Für ihn zählt ein Ehevertrag bis heute zu den ganz wichtigen Themen, die unbedingt vor einer Hochzeit geklärt werden müssen. Auch in seinen Büchern geht er immer wieder auf dieses Thema ein.

In seinem Buch „Wie man reich wird" widmet Donald Trump diesem Punkt sogar ein ganzes Kapitel. Jedem, der gerade ans Heiraten denkt, gibt er dort mit auf den Weg: „Ein Ehevertrag bedeutet nicht, dass man seine

---

18 D´Antonio, Michael: Never Enough – Donald Trump and the Pursuit of Success (2015) – S. 122

Braut nicht für immer lieben wird. Er bedeutet auch keine Zweifel über ihre Integrität oder über die Beziehung als solche. Er bedeutet lediglich die Anerkennung der Tatsache, dass das Leben, vor allem das Liebes- und das Geschäftsleben, manchmal sehr kompliziert sein kann. Jeder hat das Recht, sein Vermögen zu schützen [...].“[19] Das Buch erschien im Jahr 2004 – also zwölf Jahre nach der Scheidung von Ivana. In „Nicht kleckern, klotzen!“, das 2008 in Deutschland erschien, breitet er dieses Thema noch einmal aus und weist auf die Wichtigkeit eines Ehevertrages hin.

Nachdem Ivana den Ehevertrag unterschrieben hatte, stand der Hochzeit nichts mehr im Wege. Am 9. April 1977 gaben sich Donald Trump und seine Verlobte vor mehr als 200 Gästen in der Marble Collegiate Church das Jawort. Ivanas Familie aus der Tschechoslowakei konnte angeblich aus Kostengründen nicht vollzählig an der Trauung teilnehmen. Lediglich ihr Vater Milos war als Vertreter der Familie angereist und begleitete seine Tochter bei dem wichtigen Schritt. Zudem waren ein paar Freunde von Ivana anwesend. Der Großteil der Hochzeitsgäste kam aber aus Donalds Dunstkreis. So waren beispielsweise der New Yorker Bürgermeister Abe Beame sowie einige weitere Politiker bei dem

---

19 Trump, Donald J./ McIver, Meredith: Wie man reich wird – Ansichten und Einsichten eines Multimilliardärs (2004) – S. 109

Fest dabei.[20] Freunde in der Politik zu haben, schadet sicherlich nie. Bereits Donalds Vater hatte solche wichtigen Kontake gepflegt.

Noch im gleichen Jahr – am Silvestertag – wurde Donald jr., das erste Kind des Ehepaares, geboren. Die junge Familie zog in ein Acht-Zimmer-Appartement an der Fifth Avenue. Die Presse war dort häufig zu Gast, denn die Trumps zeigten gerne, was sie hatten. In den nächsten zwölf Jahren wurden Donald und Ivana Trump zum Symbol für die aufstrebende New Yorker Gesellschaft, die vom Boom der 1980er Jahre profitierte. Der Geldadel und die alteingesessene New Yorker High Society akzeptierten das schillernde Paar jedoch weniger. Ein tschechisches Ex-Model und ein neureicher Bauunternehmer waren zu der Zeit nicht gesellschaftsfähig.

Das Paar bekam im Laufe der Jahre noch zwei weitere Kinder. Tochter Ivanka wurde 1981 geboren und Eric erblickte 1984 das Licht der Welt. Aber Ivana kümmerte sich nicht nur um ihre Kinder, sondern unterstützte ihren Mann auch in geschäftlichen Belangen. Trump weitete zu der Zeit sein Imperium aus. Der Sohn eines Bauunternehmers setzte nicht mehr nur auf Immobilien, sondern stieg auch in andere Branchen ein. Unter

---

20 D´Antonio, Michael: Never Enough – Donald Trump and the Pursuit of Success (2015) – S. 123

anderem investierte Donald Trump in eine Fluggesellschaft, versuchte sich im Hotelbusiness und entdeckte die Welt der Spielkasinos für sich.

Als preisgünstige Mitarbeiterin stand ihm dabei Ehefrau Ivana zur Seite. Wegen ihres guten Geschäftssinns wurde sie von Donald zur Vizepräsidentin der Holding-Gesellschaft Trump Organization sowie zur Chefin des New Yorker Plaza Hotels ernannt. Finanziell lukrativ waren diese Jobs für Ivana allerdings nicht. Ihr Gehalt betrug sage und schreibe einen Dollar pro Jahr. Allerdings machte Donald Trump seiner Ehefrau die Zusage, dass er ihr jeden Garderobenwunsch erfüllen würde.[21]

Dabei durfte Ivana jedoch nicht wirklich frei über ihre Oberbekleidung entscheiden. So ließ sich der Journalist Thomas Hüetlin Ende 2003 sehr scharfzüngig über Ivanas Outfits in den 1980er Jahren aus: „Er [Donald Trump] hatte ihr eine Garderobe diktiert, welche im New York der Achtziger ‚Powerdressing' hieß. Kostüme mit Schultern breit wie zum Eishockey und Röcke kurz wie vom Straßenstrich. Dazu mehr Perlen und Gold als am Hof von Nero – kurz bevor Rom brannte. ‚Sieh niemals älter aus als 28', hatte Donald befohlen und seiner Frau den symbolischen Lohn von einem Dollar pro Jahr bezahlt. Kurz: Ivana ist so etwas wie die am miesesten

---

21 Der Spiegel: Wärme für Ivana – 19.02.1990 – Stand: 07.01.2016
   http://www.spiegel.de/spiegel/print/d-13507425.html

verdienende Nutte auf dem amerikanischen Kontinent, noch dazu eine die betrogen wird. Wenn sie wissen will, mit wem, muss Ivana nur die Titelseite der ‚New York Post' anschauen. Dort prämierte eine Schauspielerin namens Marla Maples ihre Liaison mit Donald als ‚Best Sex I've Ever Had'."[22]

Durch sein Verhalten – die Forderung nach übertriebener aufreizender Kleidung und die lächerliche Bezahlung für ihre Arbeit – degradierte Donald Ivana. Seine öffentlich bekannten Seitensprünge müssen Ivana zudem tief gedemütigt und verletzt haben. Aber Donald Trump hatte trotzdem ganz sicher nicht damit gerechnet, dass Ivana das Ende der Ehe nicht kampflos hinnehmen würde. Ivana wollte Geld. Sie forderte deutlich mehr Geld, als ihr laut Ehevertrag zustand.

Das Ehe-Aus kam beim Skiurlaub zum Jahreswechsel 1989/1990 im Promi-Wintersportort Aspen. Ivana traf dort auf Marla Maples, die nicht besonders erfolgreiche Schauspielerin, die lautstark mit ihrer intimen Beziehung zu Donald Trump geprahlt hatte. Die gehörnte Ehefrau stellte die Geliebte in aller Öffentlichkeit zur Rede. Die Reaktion von Donald auf das lautstarke

22 Hüetlin, Thomas: Tschechien. In der Welt von Ivana Trump hat man es gern blond und glitzernd wie eine Schachtel Konfekt. – 29.12.2003 – Stand: 07.11.2015 http://www.spiegel.de/spiegel/kulturspiegel/d-29585875.html

Zusammentreffen der beiden Frauen war für Ivana ein weiterer Schlag ins Gesicht. Statt sich auf die Seite seiner Frau zu stellen, verfrachtete er sie und die drei gemeinsamen Kinder zurück nach New York. Er selbst kehrte so schnell wie möglich zurück nach Aspen – zu Miss Maples.

Die Medien überschlugen sich und schlachteten den folgenden Scheidungskrieg genüsslich aus. Nicht nur in Amerika, auch in Europa war das einst so strahlende Glamour-Paar bekannt. Und so berichteten neben der US-Regenbogenpresse auch sämtliche europäischen Klatschblätter über das unschöne Ende der Ehe von Donald und Ivana Trump.

Ivana nahm Donalds Verhalten aber nicht einfach hin. Belogen, betrogen und gedemütigt begann sie, um ihre finanzielle Absicherung für die Zukunft zu kämpfen. Es war Anfang der 1990er Jahre. Nach dem Boom des vorhergehenden Jahrzehntes entwickelten sich die Immobiliengeschäfte sowie auch andere Projekte für den ehrgeizigen Donald Trump in die falsche Richtung. Der Unternehmer war zu dem Zeitpunkt nicht gerade gut bei Kasse und es war für ihn höchst problematisch, Ivana auszuzahlen. Doch als Trump am Boden lag, sein Reichtum sich auflöste und ihm die Gläubiger im Nacken saßen, fuhr Ivana gnadenlos ihre perfekt manikürten

Krallen aus. Sie verlangte ihr Geld – und zwar sofort. Trotz Ehevertrag musste Donald Trump seiner Ex-Frau eine große Summe zahlen. „Die große Blondine bekam angeblich 20 Millionen Dollar zugesprochen sowie ein 14-Millionen-Dollar-Anwesen im US-Bundesstaat Connecticut und fünf Millionen Dollar ‚Hausgeld'. Damit nicht genug: Jährlich, so wurde kolportiert, musste der Milliardär seiner Ex 350.000 Dollar zahlen, die gebürtige Tschechin durfte all ihren Schmuck behalten, und zur Hälfte gehört ihr ‚Mar-a-Lago'. Donald Trump hatte aus der ehemaligen Sommerresidenz in Palm Beach (Florida) einen exklusiven Club gemacht."[23]

Dass sie sich gegen ihren verlogenen Ex-Mann so unnachgiebig zeigte, machte Ivana Trump plötzlich zum Vorbild von Millionen Frauen, die von ihren Ehemännern genauso schlecht behandelt wurden. Unzählige Briefe trudelten bei der kämpferischen Ivana ein. Und wieder einmal zeigte Frau Trump Geschäftssinn. Sie antwortete wirklich jeder dieser Frauen und machte aus den entsprechenden Adressen eine Mailingliste, die sie später nutzte, um ihre Modekollektion und ihren eigenen Shoppingkanal zu promoten. Scheinbar hatte Ivana in den zwölf Ehejahren einiges von ihrem geschäftstüchtigen Gatten gelernt. Den Frauen schrieb

---

23 Wolfram, Björn: Ivana Trump: Liebes-Comeback mit Milliardär Donald. 12.11.2014 – Stand: 07.01.2015 http://www.bunte.de/stars/ivana-trump-liebes-comeback-mit-milliardaer-donald-109441.html

sie: „Handelt eure Rechte vor der Hochzeit aus, es sei denn der Typ, den ihr heiratet, ist 90 Jahre alt, braucht eine Gehhilfe und hat einen schlimmen Husten." Außerdem hieß es: „Wenn nichts mehr zu retten ist, Scheidung. Aber plündert vorher seinen Geldbeutel noch einmal richtig aus. Kauft ein neues Auto, füllt eure Kleiderschränke und den Kühlschrank."[24]

Auch heute noch sieht man Ivana Trump hin und wieder in den Klatschblättern. Dabei geht es in der Regel jedoch nur um neue Affären oder neue Ehemänner – viermal war Ivana bis heute verheiratet. Sie präsentiert sich immer noch sehr gerne in der Öffentlichkeit. Bei einem Bummel im Hafen von St. Tropez habe ich sie vor einigen Jahren mal auf ihrer Yacht gesehen. Die meisten anwesenden Yachtbesitzer versuchten, die Schaulustigen zu ignorieren und ihre Privatsphäre so gut es geht zu schützen. Ganz anders sah es bei Ivana Trump aus. Sie stand – perfekt gestylt – an der Reeling, winkte den vielen staunenden Touristen zu und posierte für die zahlreichen Kameras, während die riesige Yacht langsam Richtung Meer entschwand. Es gefiel ihr scheinbar sehr, so im Mittelpunkt zu stehen.

---

24 Hüetlin, Thomas: Tschechien. In der Welt von Ivana Trump hat man es gern blond und glitzernd wie eine Schachtel Konfekt. 29.12.2003 – Stand: 07.11.2015 http://www.spiegel.de/spiegel/kulturspiegel/d-29585875.html

4.2 Donald und Marla

Die Schauspielerin Marla Maples wurde 1963 im US-Bundesstaat Georgia geboren. Als sie den 39-jährigen Donald Trump 1985 bei einem Promi-Tennisturnier in Atlantic City traf, war sie gerade einmal 21 Jahre alt. Donald war zu diesem Zeitpunkt mit Ivana verheiratet und die beiden zelebrierten ihr Eheleben in aller Öffentlichkeit. Das Glamour-Paar präsentierte sich gerne und stellte seinen Reichtum und Luxus zur Schau. Es gab damals immer wieder mal Gerüchte, dass Donald sich auch für andere Frauen interessiere und sich auch mit ihnen treffe. Aber die Trumps traten in der Öffentlichkeit noch als harmonisches Paar auf.

Doch dann lernte der Immobilienunternehmer Marla näher kennen. Er verabredete sich mit ihr zu einem Lunch, der fünf Stunden gedauert haben soll. Dabei redeten die beiden über ihre Familien, seinen Job und viele andere Dinge. Die beiden waren sich sehr zugetan, aber für Marla war klar, dass sie keine Beziehung mit einem verheirateten Mann eingehen will. Sie betonte, dass sie nicht nur jemand sein wolle, der einem Mann die Langeweile vertreibt.[25] Marla und Donald trafen sich aber wohl noch öfter und vertieften ihre Beziehung. Nachdem

---

25 D´Antonio, Michael: Never Enough – Donald Trump and the Pursuit of success (2015) – S. 188

Ivana und Marla zum Jahreswechsel 1989/1990 in Aspen lautstark und vor zahlreichen Zeugen aufeinandergetroffen waren, hatte Donald eine Entscheidung getroffen. Und von diesem Zeitpunkt an war Marla Maples die Frau an seiner Seite. Der Immobilienunternehmer wurde 1991 von Ivana geschieden und musste dieser eine nicht geringe Geldsumme überweisen. Die Medien verfolgten das ganze Spektakel sehr aufmerksam. Das Leben im Scheinwerferlicht, das Donald Trump so sehr zu lieben scheint, hatte damals schon seine Schattenseiten und ließ keine Privatsphäre zu.

Im Oktober 1993 wurde Tiffany, die gemeinsame Tochter von Donald Trump und Marla Maples, geboren. Zwei Monate nach der Geburt des Mädchens heiratete das Paar. Und natürlich bestand der Unternehmer wieder auf einem Ehevertrag. Gerüchten zufolge sollte die Höhe der Abfindungssumme für Marla im Falle einer Scheidung abhängig von der Dauer der Ehe sein. Wenn diese Aussage zutrifft, war es für Donald Trump aus wirtschaftlichen Überlegungen sicherlich von Vorteil, dass die Ehe bereits im Juni 1999 wieder geschieden wurde. Statt einer überschaubaren Summe hätte der Tycoon bei einer späteren Scheidung einen vorher festgelegten – aber nicht öffentlich bekannten – beachtlichen Prozentsatz seines Vermögens an Marla übertragen müssen. Marla soll dem Ehevertrag erst wenige Tage vor der Hochzeit zugestimmt haben. Nach seiner Erfahrung mit Ivana, die ihn trotz Ehevertrag um mehr als 25 Millionen Dollar erleichtert haben soll, sorgte Donald Trump dafür, dass es diesmal keine Schlupflöcher gab.

Zum Zeitpunkt der Hochzeit von Donald und Marla verdichteten sich bereits die Gerüchte um eine dramatische finanzielle Schieflage bei dem Immobilienunternehmer. Die Medien berichteten über massive Zahlungsschwierigkeiten. Das hielt Trump jedoch nicht davon ab, auch seine zweite Hochzeit ausgiebig und in großem Rahmen zu zelebrieren. Mehr als 1.000 Gäste waren dabei, als er und Marla sich trauen ließen. Howard Stern, ein in den USA für seine spitze Zunge berühmter Radio- und Fernsehmoderator, gab der Ehe „vielleicht vier Monate".[26] Ein bisschen länger hielt die Verbindung bekanntermaßen aber doch und Marla stand auch zu ihrem Mann, als dessen finanzielle Probleme größer wurden.

Das Paar trennte sich schließlich 1997. Die Scheidung wurde jedoch erst deutlich später – im Jahr 1999 – rechtskräftig. Zwei Jahre lang hatte Marla vergebens um eine höhere Abfindung gekämpft. Vor dem zuständigen

---

26 Rhein-Zeitung: Donald und Marla Trump trennen sich. 05.05.1997
– Stand: 21.11.2015 http://archiv.rhein-zeitung.de/on/97/05/05/
topnews/trump.html

Gericht erklärte die zweite Mrs. Trump, dass sie den Ehevertrag unterschrieben habe, ohne ihn vorher zu lesen. Donald Trump hätte ihr mündlich deutlich mehr Geld versprochen, behauptete sie.[27] Beweisen konnte sie die Vereinbarung nicht und so entschied das Gericht zugunsten des Immobilienmoguls. Marla Maples, die Mutter von Trumps Tochter Tiffany, bekam die im Ehevertrag vereinbarte Summe von zwei Millionen Dollar. Für einen bekennenden Milliardär ein absolut lächerlicher Betrag, aber Donald Trump stellte wieder einmal seine Geschäftstüchtigkeit unter Beweis. Aus seinen Fehlern bei Ivana hatte er offensichtlich gelernt.

Nach der Trennung von Marla erblickte man Donald Trump oft in Begleitung von hübschen jungen Frauen, häufig waren es Models. Gesehen wurde er beispielsweise mit Carla Bruni, der späteren Gattin des ehemaligen französischen Staatspräsidenten Nicolas Sarkozy. Eine Anekdote am Rande ist da sicherlich Trumps Interesse für Prinzessin Diana. Der so sehr auf Außenwirkung bedachte Donald soll Diana nach ihrer Scheidung von Prinz Charles mit teuren Blumenbouquets regelrecht überschüttet haben. Die BBC-Moderatorin Selina Scott, eine Freundin der Prinzessin, erzählte, dass Diana nicht wusste, wie sie reagieren sollte. Bei einem

---

27 Spiegel Online: Scheidung: Millionär Trump spart bei Abfindung.
  09.06.1999 – Stand: 21.11.2015 http://www.spiegel.de/panorama/
  scheidung-millionaer-trump-spart-bei-abfindung-a-26289.html

gemeinsamen Abendessen habe Diana sie um Rat gebeten. „Was soll ich tun? Von ihm bekomme ich Gänsehaut", soll Diana gesagt haben. Für Trump sei die Prinzessin von Wales die ultimative Trophäenfrau gewesen, meinte Scott. Er habe sich mit Diana an seiner Seite schmücken wollen.[28]

Auch Donald Trump selbst äußerte sich zu diesem Thema. In seinem Buch „The Art of Comeback" schrieb er 1997 kurz nach dem tragischen Unfalltod der Prinzessin: „In Bezug auf Frauen bereue ich nur eine Sache – niemals die Chance gehabt zu haben, mit Lady Diana Spencer auszugehen."[29] Für sein Image wäre eine Liaison mit der Prinzessin sicherlich ein Triumph gewesen und hätte Donald Trump den Weg in die Kreise des alteingesessenen Geldadels von New York geebnet. Seine Stellung in der Stadt hätte sich damit deutlich verbessert. In den wirtschaftlich schwierigen 1990er Jahren wäre diese Entwicklung für den angeschlagenen Donald Trump eine höchst willkommene Unterstützung gewesen.

---

28 Perry, Simon: Donald Trump Hoped Princess Diana Would Be His `Trophy Wife,´ Says British TV Anchor – 17.08.2015 – Stand: 21.11.2015 http://www.people.com/people/package/article/0,,20395222_20945703,00.html

29 Bild: Er bombadierte sie mit Blumen: Trump wollte Lady Diana erobern – 17.08.2015 – Stand: 22.11.2015 http://www.bild.de/politik/ausland/politik-ausland/wollte-prinzessin-dianas-herz-erobern-42210348.bild.html

Doch aus Donald Trump und Prinzessin Diana wurde bekanntlich niemals ein Paar. Und Marla Maples, die mit ihrer Tochter Tiffany nach der Scheidung nach Kalifornien zog, fühlt sich scheinbar auch noch viele Jahre später zu ihrem großmauligen Ex-Mann hingezogen. Das erzählte sie 2013 zumindest Oprah Winfrey. Die berühmte amerikanische Talkmasterin lädt in ihre Talkshow „Where are they now" Menschen zum Gespräch ein, die vor Jahren für Schlagzeilen sorgten. Die Ex-Promis dürfen erzählen, wie ihr Leben außerhalb des Rampenlichts weitergegangen ist. „Ich liebe Donald immer noch", lautete Marla Maples Statement, als sie dort zu Gast war.[30]

Im November 2015 veröffentlichte Donald Trump sein neuestes Buch. In „Crippled America" zeigt der Präsidentschaftskandidat, wie er das Land, das seiner Meinung nach völlig am Ende ist, wieder aufbauen will. Er überschüttet sich selbst mit Lobeshymnen und präsentiert stolz seine ausgezeichnete finanzielle Situation. Umso mehr erstaunt sein Schuldeingeständnis in Bezug auf seine gescheiterten Ehen. Er sei vielleicht ein guter Vater gewesen, aber kein guter Ehemann. Er habe immer zu viel gearbeitet, um ein guter Ehemann

---

30 Huffington Post: Marla Maples On Ex-Husband Donald Trump:
I Still Love Him (VIDEO) – 05.08.2013 – Stand: 21.11.2015
http://www.huffingtonpost.com/2013/08/05/marla-maples-donald-trump_n_3697930.html

für seine Frauen zu sein. „Ich trage die Schuld", verkündet er.[31] Das ist doch mal eine erstaunliche Einsicht für einen Mann, der in den eigenen Augen immer der Beste ist.

31 Postinett, Axel: Donald Trumps neues Buch – Ich, Ich, Ich – 04.11.2015 – Stand: 21.11.2015 http://www.handelsblatt.com/politik/international/donald-trumps-neues-buch-ich-ich-ich/12538938.html

4.3 Donald und Melania

Seine dritte Ehefrau Melania Knauss traf Donald Trump im Kit Kat Club in Manhattan. In der angesagten Location fand 1998 eine Party zur Fashion Week statt. Der Raum war voll mit schönen Frauen, aber das slowenische Model Melania – 1970 im damaligen Jugoslawien geboren – soll Donald sofort aufgefallen sein. So hatte er selbst einmal erzählt: „Ich liebe die Frauen – vor allem europäische Frauen. Sie sind außergewöhnlich. Jemand mit Sex-Drive macht auch bessere Geschäfte." Dass es ihn nicht im Geringsten stört, wenn man seiner Freundin auf den Hintern blickt, soll er ebenfalls geäußert haben.[32] Aber vielleicht stört es ja die derzeitige Frau an seiner Seite. Im Gegensatz zu Ivana, die sich nach wie vor gerne in der Öffentlichkeit präsentiert, gilt Melania als eher zurückhaltend. Sie stehe nicht gerne im Mittelpunkt, berichtete Mirjana Jelancic, eine ehemalige Schulfreundin. Nicht im Fokus der Öffentlichkeit zu sein, wenn man Donald Trump datet, ist sicher nicht leicht. Zumal der Unternehmer zeitweise gerne öffentlich über das gemeinsame Sexleben berichtete. Wenn man jedoch mit einem Präsidentschaftskandidaten

---

32 Die Welt: „The Donald"-Fakten – Einwanderersohn Trump bevorzugt Frauen aus Osteuropa – 21.07.2015 – Stand: 21.07.2015 http:// www.welt.de/politik/ausland/article144292522/Einwanderersohn-Trump-bevorzugt-Frauen-aus-Osteuropa.html

verheiratet ist, dürfte es fast unmöglich sein, sich gänzlich von den Medien fernzuhalten, denn vielleicht ist Melania ja bald die neue First Lady.[33] Und damit ist sie für die Journalisten aus aller Welt natürlich hochinteressant.

Auch die dritte Hochzeit von Donald Trump im Januar 2005 wurde wieder sehr opulent gefeiert. Medienberichten zufolge kostete Melanias Brautkleid von Dior mehr „als eine durchschnittliche Familie in den USA für ihr Haus ausgibt". Die Trauungszeremonie fand in der episkopalen Kirche Bethesda-by-the-Sea in Palm Beach statt. Donalds Kinder aus seinen ersten beiden Ehen leisteten alle ihren Beitrag zum Gelingen der Veranstaltung. Tiffany, die Tochter aus der Verbindung mit Marla Maples, streute Blumen, während die älteste Tochter Ivanka einen Bibelvers vorlas. Ivankas Brüder, Donald jr. und Eric, ebenfalls aus der Ehe mit der Tschechin Ivana, standen ihrem Vater zur Seite. Nach der Trauung soll das frischvermählte Paar fast eine halbe Stunde vor der Kirche für Fotografen und Fans posiert haben.[34]

---

33 Jordan, Mary: Meet Melania Trump, a new model for first lady – 30.09.2015 – Stand: 07.01.2016 https://www.washingtonpost.com/politics/meet-melania-trump-a-new-model-for-first-lady/2015/09/30/27ad0a9c-6781-11e5-8325-a42b5a459b1e_story.html

34 Focus Online: Trump-Hochzeit – Maybach, Dior und weiße Rosen – 23.01.2005 – Stand: 07.01.2016 http://www.focus.de/finanzen/news/trump-hochzeit_aid_90753.html

Gefeiert wurde anschließend in Trumps Anwesen Mar-a-Lago. Dort ließ es das Ehepaar richtig krachen. Der hauseigene Ballsaal war aufwendig dekoriert worden. Neben einer riesigen Hochzeitstorte gab es eine gigantische Band. Es fehlte an nichts, was man für Geld kaufen kann, hieß es am nächsten Tag sowohl in der „New York Times" als auch in Floridas „Sun-Sentinel". Bei den Gästen sah es etwas anders aus. Weder Prinz Charles, noch Arnold Schwarzenegger, der damalige Gouverneur von Kalifornien, oder Henry Kissinger, der ehemalige Außenminister der Vereinigten Staaten, waren der Einladung zu Donald Trumps dritter Hochzeit gefolgt.

Dafür ließen sich New Yorks ehemaliger Bürgermeister Rudy Giuliani und das deutsche Top-Model Heidi Klum auf der Party sehen. Besonders interessant dürfte in diesem Zusammenhang aber sein, dass auch die damalige US-Senatorin Hillary Clinton auf der Gästeliste stand. Bei einer TV-Debatte wurde Trump darauf angesprochen. „Ich habe zu Hillary Clinton gesagt, komm zu meiner Hochzeit, und sie kam zur Hochzeit. Sie hatte keine Wahl, weil ich gespendet hatte", erklärte der geschäftstüchtige Milliardär. „Ich gebe jedem aus Geschäftsgründen. Ich gebe etwas, und zwei, drei Jahre später, wenn ich sie brauche und anrufe, dann stehen sie mir zur Verfügung", überraschte er das Publikum.[35]

Trumps Hochzeitsfeierlichkeiten stießen auf großes Medieninteresse. So pompös und glamourös wird selbst in den USA nur selten gefeiert. Auch die wunderschöne Braut schien den Tag im Rampenlicht zu genießen. Roger Stone, der ehemalige politische Berater von Donald Trump, ist der Meinung, dass Melania „die glamouröseste First Lady seit Jackie Kennedy"[36] werden könnte und stößt damit sicherlich auch in der Öffentlichkeit auf Zustimmung. Auch wenn ihr Englisch von einem starken Akzent geprägt ist, kann sie mit vier Sprachen auftrumpfen. Eine im Ausland geborene First Lady gab es schon lange nicht mehr in den Vereinigten Staaten. Im Jahr 1825 zog die aus London stammende Louisa Adams als Ehefrau von John Quincy Adams ins Weiße Haus ein. Eine dritte Ehefrau als Präsidentengattin wäre übrigens eine absolute Premiere. Bisher konnte ausschließlich Ronald Reagan eine Ex-Frau vorweisen.

---

35 Wergin, Clemens : Donald Trumps unerwartet schnelle Selbstdemontage – 07.08.2015 http://www.welt.de/politik/ausland/article144924270/Donald-Trumps-unerwartet-schnelle-Selbstdemontage.html
36 Jordan, Mary: Meet Melania Trump, a new model for first lady – 30.09.2015 – Stand: 07.01.2016 https://www.washingtonpost.com/politics/meet-melania-trump-a-new-model-for-first-lady/2015/09/30/27ad0a9c-6781-11e5-8325-a42b5a459b1e_story.html

Die Rolle der Stil-Ikone á la Jackie Kennedy wollen die Trump-Gegner Melania jedoch scheinbar nicht einfach zugestehen. Die Anhänger von Trumps Konkurrenten Ted Cruz haben im Rahmen des Wahlkampfes ein wenig in Melanias Vergangenheit gekramt und einige Fotos des ehemaligen Models medienwirksam zutage gefördert. Kurz vor den Vorwahlen im erzkonservativen Bundesstaat Utah im März 2016 stellte die Anti-Trump-Gruppe „Make America Awesome" ein Bild der augenscheinlich unbekleideten Ehefrau von Donald Trump ins Netz. Das Bild, das im Jahr 2000 bei einem Fotoshooting der britischen GQ entstanden war, beschrifteten sie mit: „Meet Melania Trump. Your next First Lady. Or, you could support Ted Cruz on Tuesday" – also: „Gestatten: Melania Trump. Ihre zukünftige First Lady. Oder Sie unterstützen Ted Cruz am Dienstag". Trump war sehr erbost über den Angriff auf seine Frau und beschuldigte Cruz via Twitter, die Quelle der Attacke zu sein.[37] Und auch wenn Melania Trump ihren Körper sicher nicht verstecken muss, möchten viele konservative Amerikaner ihre First Lady sicherlich nicht in einer so aufreizenden Pose sehen.

Dabei versucht Melania, weitgehend im Hintergrund zu bleiben, redet nicht viel in der Öffentlichkeit und gibt

---

37 GQ: Ted Cruz's Supporters are using our Melania Trump Photos, and Donald Trump is angry"– 23.03.2016 http://www.gq-magazine.co.uk/article/donald-trump-melania-trump-gq-photo-shoot

kaum Interviews. Ihren Ehemann unterstützt sie aber, so gut sie kann, und hält ihm den Rücken frei. Der ist viel unterwegs, sein Job hat für ihn stets höchste Priorität. Melania kümmert sich währenddessen um den gemeinsamen Sohn Barron William, der 2006 geboren wurde. Um den potenziellen Wählern aber einen kleinen Einblick in die Welt der Trumps zu geben, lud die Familie im September 2015 im Rahmen der Präsidentschaftskandidatur zum Interview in den Trump Tower ein. In Trumps Büro stellten sich der Präsidentschaftskandidat und seine Ehefrau den Fragen von Redakteuren des Magazins „People". Melania Trump präsentierte sich als attraktive, perfekte und brave Ehefrau ohne eigene Ambitionen – sie erfüllte damit jegliche konservative Geschlechterklischees. Donald Trump scheint mit dieser Rollenverteilung sehr zufrieden zu sein. „Er ist, wer er ist", sagte Melania über ihren Ehemann. „Wenn du ihm einen Rat gibst, wird er ihn vielleicht annehmen, doch dann handelt er doch so, wie er will." Dann fügte sie noch hinzu: „Man kann Menschen nicht verändern. Lasst sie sein, wie sie sind."[38] So ist zu erwarten, dass Melania Trump ihrem Mann als First Lady sicherlich schmückend zur Seite stehen, sich aber wohl nicht in seine Arbeit als Präsident einmischen würde.

---

38 Cagle, Jess/ Triggs, Charlotte: At home with Donald Trump and his family – 30.09.2015 – Stand: 07.01.2016 http://www.people.com/article/people-magazine-home-donald-trump-family (Übersetzung der Autorin)

Ganz anders als beispielsweise Hillary Clinton, die für die Wahl 2016 als Kandidatin der Demokraten für den Posten im Weißen Haus antritt. Hillary Clinton unterstützte und beriet ihren Mann Bill, der von 1993 bis 2001 das Amt des Präsidenten der Vereinigten Staaten innehatte, auch in politischen Fragen. Und bekanntlich arbeitete sie auch immer an ihrer eigenen politischen Karriere. Von 2009 bis 2013 war sie Außenministerin der USA.

Am 16. Juni 2015, als Donald Trump im Foyer des Trump Tower seine Kandidatur für die Wahl zum US-Präsidenten bekanntgab, war Melania selbstverständlich an seiner Seite. Und auch zur ersten Debatte der Republikaner in Cleveland begleitete die dritte Mrs. Trump den Immobilien-Tycoon. Das Wort ergriffen und ein Loblied auf den Präsidentschaftskandidaten gesungen hat aber eine andere: Ivanka, Trumps Tochter aus seiner ersten Ehe mit Ivana.

Um ihren Mann zu unterstützen wagte sich Melania Trump in jüngerer Zeit aber auch schon etwas mehr an die Öffentlichkeit und gab ein paar Interviews. So erzählte sie beispielsweise in einem CNN-Video, dass Donald Trump im Geschäft zwar wie ein General sei. Privat sei er hingegen ganz anders und sie führten eine gleichwertige Beziehung.[39] Trump ist von seiner Frau als First Lady übrigens absolut überzeugt. In einem weiteren CNN-Interview erklärte er dem Moderator Chris Cuomo, dass Melania bereit sei, die First Lady der USA zu werden. Sie würde sich gerne um Gesundheitsangelegenheiten von Frauen kümmern. Und Melania steht offensichtlich voll und ganz hinter Donald und seinen Ambitionen. „Meine Frau sagte mir, bevor ich mich zu meiner Kandidatur entschloss: ‚Wenn du kandidierst, wirst du auch gewinnen'", erklärte Donald Trump.[40]

39 CNN: Meet the potential first lady: Melania Trump (VIDEO) – 12.08.2015 – Stand: 07.01.2016 http://edition.cnn.com/videos/us/2015/08/13/melania-trump-profile-kaye-dnt-ac.cnn
40 Merholz, Anne: Trump will Amerika gegen ISIS & Co. aufrüsten – Mit uns legt sich keiner mehr an – 16.08.2015 – Stand: 07.01.2016 http://www.bild.de/politik/ausland/donald-trump/will-amerika-gegen-isis-und-co-aufruesten-42252490.bild.html

4.4 Donald und sein Frauenbild

Bisher drei Ehefrauen und zahlreiche Dates mit schönen Models und Co. zeigen, dass Donald Trump Frauen eigentlich mag. Aber offensichtlich liegen ihm eher die Frauen, die mit ihrer eigenen Meinung etwas zurückhaltender sind. Oder vielleicht Frauen, die sich seiner Meinung gerne anschließen und bewundernd zu ihm aufschauen. Optische Aspekte spielen dabei aber sicherlich auch eine große Rolle. Donald Trumps Ehefrauen kamen zumindest allesamt aus Model- bzw. Schauspielerkreisen.

Probleme scheint Trump dagegen mit Frauen zu haben, die sich auf Augenhöhe mit ihm befinden bzw. intellektuell überlegen sind. Immer wieder berichten die Medien, dass Donald Trump Frauen beleidigt und verbal unter der Gürtellinie angreift. Wenn diese Entgleisungen einem Privatmann passieren, könnte man vielleicht kopfschüttelnd darüber hinwegsehen und über die dummen Kommentare milde lächeln. Ein Mann, der Präsident aller US-Amerikaner werden möchte, sollte sich eigentlich davor hüten, ein solches Frauenbild an den Tag zu legen. Schon in der Vergangenheit – also bevor er seine Präsidentschaftskandidatur bekannt gab – ließ Donald Trump einige unschöne Kommentare

vom Stapel, die in der breiten Öffentlichkeit für Verär-
gerung sorgten und auch einige Konsequenzen nach
sich zogen. Zu einem ausgewachsenen Skandal wei-
teten sich diese Aussagen aber erst aus, nachdem
er sich entschieden hatte, für das Amt des Präsidenten zu kandidieren. Donald Trump benutzt beispielsweise sehr gerne seinen Twitter-Account, um seine
Meinung zu verbreiten. Mittlerweile (Mitte März 2016)
mehr als 7 Millionen Follower kommen so in den
„Genuss" seiner Spitzen über Frauen, die nicht seinem Schönheitsideal entsprechen.

So twitterte Donald Trump über die bekannte Journalistin Arianna Huffington, die sich in ihrer Huffington
Post häufiger kritisch über den Immobilienunternehmer
äußert. Huffington sei unattraktiv – von außen und von
innen. Er verstehe vollkommen, warum ihr früherer Ehemann sie für einen Mann verlassen hat, ätzte Trump
absolut unprofessionell.[41]

Aber auch gegen Stars wie Cher und Bette Midler –
beides nicht mehr ganz junge, aber populäre Sängerin-
nen und Schauspielerinnen – teilte Donald Trump aus.
Während Bette Midler eine extrem unattraktive Frau
ist, wage Trump dennoch nicht, das zu sagen, weil er
darauf bestehe, immer politisch korrekt zu sein – und

---

41 Twitter: @realDonaldTrump – 28.08.2012 (Übersetzung der Autorin)

Cher sollte mehr Zeit für ihre Familie und ihre sterbende Karriere aufbringen, ließ er seine Fangemeinde über Twitter wissen. Die zum damaligen Zeitpunkt 81-jährige Schauspielerin Kim Novak verletzte und beleidigte er ebenfalls über Twitter. Nach ihrem Auftritt bei der Oscarverleihung im Jahr 2014 hatte Trump der Frau geraten, ihren Schönheitschirurgen zu verklagen.[42] Dass Donald Trump sich privat eher zu jüngeren Frauen hingezogen fühlt, ist seine ganz persönliche Entscheidung. Frauen, die seinem Schönheitsideal nicht entsprechen, jedoch öffentlich zu beleidigen, ist einfach nur diskriminierend und arrogant. Da hilft es auch nichts, wenn er sich halbherzig entschuldigt. In einem Interview mit der „New York Times" erklärte er, dass er den Tweet lieber nicht gesendet hätte. „That was done in fun, but sometimes you do things in fun and they turn out to be hurtful, and I don't like doing that", meinte er.[43] Er habe es einfach nur aus Spaß geschrieben. Aber manchmal können Dinge, die man aus Spaß macht, andere verletzen und das mag Donald Trump ja gar nicht.

---

42 Abendzeitung München: Wegen Beleidigungen – Nach bizarrem Oscar-Auftritt: Kim Novak tagelang im Haus – 18.04.2014 – Stand: 07.01.2016 http://www.abendzeitung-muenchen.de/inhalt.wegen-beleidigungen-nach-bizarrem-oscar-auftritt-kim-novak-tagelang-im-haus.f404d591-353c-4091-97c6-5adc93555581.html
43 Inside Edition: Trump Says He Regrets Mean Kim Novak Tweet, She Responds: 'Too Bad Bullies Don't Think Before They Speak' – 06.10.2015 http://www.insideedition.com/headlines/12253-trump-says-he-regrets-mean-kim-novak-tweet-she-responds-too-bad-bullies-dont-think

Einer Kolumnistin der „New York Times" erklärte Trump, dass er Frauen großartig fände, um anschließend einen Seitenhieb auf Heidi Klum loszulassen. Genau die Heidi Klum, die einer der Ehrengäste auf Trumps dritter Hochzeit war, scheint jetzt seine Anforderungen nicht mehr ganz zu erfüllen. „Heidi Klum. Leider ist sie auch keine zehn mehr", informierte der Präsidentschaftskandidat die Journalistin über sein persönliches Ranking. Heidi Klum zeigte sich übrigens souverän und zog mit einem kleinen Twitter-Video Donald Trump und seine überflüssige Aussage ins Lächerliche.[44]

Besonders große Aufmerksamkeit der Medien zog aber Donald Trumps verbale Auseinandersetzung mit der Talkshow-Moderatorin Rosie O´Donnell im Jahr 2007 auf sich. Als Mitinhaber der Miss Universe Organization nahm Trump unter anderem an der Organisation der Miss-USA-Wahl 2006 teil. Die damalige Siegerin Tara Conner geriet durch Drogenkonsum sowie häufigen Männerbesuch in den Fokus der Kritik. Donald Trump war jedoch der Meinung, dass Miss Conner eine zweite Chance verdiene. Die Miss USA wurde nicht entthront, obwohl sie sich nicht den Regeln entsprechend verhalten hatte. Rosie O´Donnell kritisierte Trumps Nachsicht öffentlich und meinte, er ließe Tara Conner zu viel

---

44 Spiegel Online: Model vs. Mogul: Klum kontert Trump – 18.08.2015
http://www.spiegel.de/panorama/leute/heidi-klum-kontert-donald-trump-mit-twitter-video-a-1048565.html

durchgehen. Doch der ging mit dieser Kritik nicht besonders souverän um.

In seinem Buch „Nicht kleckern, klotzen!" berichtete er darüber: „Ich beschloss, sie so heftig anzugreifen, dass sie den Tag bedauern sollte, an dem sie beschlossen hatte, mich anzugreifen." Den zahlreichen Medienvertretern, die ihn um eine Erklärung baten, sagte er: „Rosie O´Donnell ist widerlich, innerlich wie äußerlich. Sehen Sie sie mal an, sie ist eine Schlampe [...]."[45] Er bezeichnete O´Donnell als degeneriert, als Schwein und fügte noch einige andere Gemeinheiten an. Der Streit zwischen Trump und O´Donnell zog sich über Jahre hin und wird mittlerweile sogar in Lehrbüchern zum Thema Medienethik behandelt. Besonders erschreckend daran ist, dass Donald Trump diese Bemerkungen nicht einfach nur im Affekt gemacht hat. Er scheint auch noch stolz auf diese verbale Entgleisungen zu sein und brüstet sich damit, dass er schon auf der Highschool gelernt habe, wie man mit Gegnern umgeht. „Deshalb sage ich den Menschen immer: ‚Übt Vergeltung!' [...] Wenn man nicht quitt wird, ist man ein Schlappschwanz!"[46] Etwas später heißt es dann: „Im Geschäftsleben müssen Sie es Menschen, die Sie

45 Trump, Donald/ Zanker, Bill: Nicht kleckern, klotzen! – Der Wegweiser zum Erfolg aus der Feder eines Milliardärs (2008) – S. 176f
46 Trump, Donald/ Zanker, Bill: Nicht kleckern, klotzen! – Der Wegweiser zum Erfolg aus der Feder eines Milliardärs (2008) – S. 179

abgezockt haben, immer heimzahlen [...] Wenn jemand Sie angreift, zaudern Sie nicht. Zielen Sie auf die Halsschlagader. Schlagen Sie massiv zurück."[47] Gibt es tatsächlich Menschen, die glauben, dass ein Mann mit diesen Vorstellungen Präsident der Vereinigten Staaten werden und wichtige politische Entscheidungen treffen sollte? Mir machen solche Aussagen Angst und lassen mich an der Qualifikation von Donald Trump für das Präsidentenamt zweifeln.

Aber spätestens im August 2015 wurde offensichtlich, dass Donald Trump Frauen wirklich nicht den angemessenen Respekt entgegenbringt. Zur Prime Time strahlten die Fox News eine Debatte der aussichtsreichsten Kandidaten der Republikaner aus. Dabei fiel Donald Trump wieder einmal total aus der Rolle.

Megyn Kelly, die Nachrichtenchefin von Fox News und eine der drei Moderatoren des Abends, interviewte alle anwesenden Kandidaten. Sie stellte dabei natürlich auch Fragen zu heikleren Themen. Sie sprach Donald Trump dabei auf seine frauenfeindlichen Äußerungen in der Vergangenheit an. „Stimmt es, dass Sie Frauen, die Sie nicht mögen, als fette Säue, Hunde, Schlampen und widerliche Tiere bezeichnet haben?", fragte sie den Immobilienmogul. Trump versuchte, sich mit einem

---

47 Trump, Donald/ Zanker, Bill: Nicht kleckern, klotzen! – Der Wegweiser zum Erfolg aus der Feder eines Milliardärs (2008) – S. 182

flachen Witz zu retten. Er habe nur Rosie O´Donnell so genannt, verkündete er. Aber Kelly hatte sich ausgezeichnet vorbereitet und hakte erbarmungslos nach: „Fürs Protokoll: Es war nicht nur Rosie O'Donnell. Auf Ihrem Twitter-Account finden sich viele abwertende Kommentare über das Aussehen von Frauen. Zu einer Kandidatin Ihrer Sendung ‚The Apprentice' haben Sie gesagt, Sie würden sie gerne auf den Knien sehen." Und vor 24 Millionen Fernsehzuschauern fragte Megyn Kelly den blamierten Präsidentschaftskandidaten dann noch: „Meinen Sie wirklich, so sollte sich ein Mann verhalten, den wir als Präsidenten wählen sollen?"[48]

Diesen verbalen Angriff konnte Donald Trump nicht auf sich sitzen lassen und trat am nächsten Tag in einem Interview mit CNN kräftig nach. Seine Aussage rief eine Welle der Empörung in den USA hervor. Er habe das Blut aus den Augen der Moderatorin triefen sehen und sonst woher, äußerte Trump und schrieb Kellys Attacke damit scheinbar Menstruationsbeschwerden zu.[49] Der Unternehmer erklärte zwar im Nachhinein, dass er

---

48 Thomas, Inga Catharina: Diese Fox-Frau fährt den Republikanern gern über den Mund – 10.08.2015 http://www.welt.de/politik/ausland/article145036491/Diese-Fox-Frau-faehrt-den-Republikanern-gern-ueber-den-Mund.html

49 Thomas, Inga Catharina: Diese Fox-Frau fährt den Republikanern gern über den Mund – 10.08.2015 http://www.welt.de/politik/ausland/article145036491/Diese-Fox-Frau-faehrt-den-Republikanern-gern-ueber-den-Mund.html

Kellys Nase gemeint habe,[50] doch das machte es auch nicht besser: Der Schaden war angerichtet und ein Aufschrei ging durch die Medien. Viele Journalisten waren sich einig, dass Trump mit diesem Angriff den Bogen überspannt hätte und seine Präsidentschaftskandidatur damit wahrscheinlich Geschichte sei. Die Umfrageergebnisse sanken tatsächlich um ein paar Prozentpunkte, erholten sich jedoch schnell wieder und Trump blieb trotz frauenfeindlicher Aussagen die unangefochtene Nr. 1 unter den republikanischen Bewerbern.

In einem Interview mit dem US-Magazin „Rolling Stone" ließ Donald Trump sich dann über seine Mitbewerberin um das Amt des Präsidenten der Vereinigten Staaten aus. Carly Fiorina, die ehemalige CEO von Hewlett-Packard, trat ebenfalls für die Republikaner an. Carly sei ein bisschen gemein zu ihm gewesen, meinte Trump. „Sei vorsichtig, Carly! Sei vorsichtig! Aber ich kann nichts zu ihr sagen, weil sie eine Frau ist [...] ich habe versprochen, dass ich nicht sagen werde, dass sie Hewlett-Packard zugrunde gerichtet hat. Ich würde das nie sagen [...]", griff er seine Mitbewerberin indirekt an.[51]

---

50 n-tv: „Es. Gibt. Keine. Entschuldigung." Trump beleidigt Moderatorin sexistisch – 08.08.2015 http://www.n-tv.de/politik/Trump-beleidigt-Moderatorin-sexistisch-article15682471.html
51 Solotaroff, Paul: Trump seriously: On the Trail with the GOP´s Tough Guy – 09.09.2015 http://www.rollingstone.com/politics/news/trump-seriously-20150909 (Übersetzung der Autorin)

Trump spielte damit auf Fiorinas Zeit bei Hewlett-Packard von 1999 bis 2005 an. In dieser Zeit verloren Tausende von Mitarbeitern ihren Job, daher waren Fiorina und ihre Konsolidierungsmaßnahmen allgemein nicht sehr beliebt. Die Aktienkurse des Unternehmens stürzten in dieser Zeit ab und Gewinnprognosen wurden verfehlt. Das Wirtschaftsmagazin „Fortune" kürte Fiorina allerdings in den Jahren 2000 bis 2005 sechs Mal zur mächtigsten Frau der Wirtschaft. Zu einem späteren Zeitpunkt im Gespräch mit dem „Rolling Stone"-Magazin legte Donald Trump noch einmal nach. „Schau dir dieses Gesicht an!", schrie er. „Wird irgendjemand dafür stimmen? Kannst du dir das vorstellen, als Gesicht des nächsten Präsidenten?!"[52]

Carly Fiorina hatte jedoch scheinbar aus ihrem Wahldebakel im Jahr 2010 gelernt. Damals trat sie gegen die Demokratin Barbara Boxer bei der Wahl eines neuen Senators für Kalifornien an. Wenige Wochen vor der Wahl wurde ein Video veröffentlicht. Carly Fiorina soll in der Zeit der großen Entlassungswelle bei Hewlett-Packard sowohl fünf Firmenjets geordert als auch eine Luxusjacht gekauft haben. Die Menschen waren empört und Fiorinas Umfragewerte stürzten dramatisch ab, nachdem das belastende Video ausgestrahlt worden war. Die

---

52 Süddeutsche Zeitung: Donald Trump im US-Wahlkampf – „Schau dir das Gesicht an!" – 10.09.2015 http://www.sueddeutsche.de/politik/us-wahlkampf-schau-dir-das-gesicht-an-1.2641868

Wahl gewonnen hatte damals Barbara Boxer. Bei der zweiten Fernsehdebatte der republikanischen Bewerber für das Präsidentenamt im September 2015 schien Fiorina deutlich besser auf Gegenwind vorbereitet zu sein. Denn obwohl die einzige weibliche Bewerberin in den Reihen der republikanischen Präsidentschaftsanwärter bisher recht blass im Wahlkampf gewirkt hatte, konterte sie jetzt beim Sender CNN ganz souverän gegen Donald Trump und seine diversen Vorwürfe.

In dieser Debatte brachte sie Donald Trump aus dem Konzept und konnte damit ihre Umfragewerte deutlich verbessern. So wurde Fiorina gefragt, ob es gefährlich sei, wenn ein Mann wie Trump seine Hände an den Nuklear-Code im Weißen Haus bekäme. „Er ist ein Entertainer", kanzelte sie den ambitionierten Immobilienentwickler ab. „Ob so jemand die Hände an den roten Knopf bekommt, ist nicht meine Entscheidung sondern die der Wähler." „Ich bin auch Entertainer", reagierte Donald Trump, „aber ich bin in erster Linie Geschäftsmann. Und das ist es, was dieses Land braucht."[53]

Zu Trumps Entgleisungen im Rolling-Stone-Interview bezüglich ihres Aussehens antwortete Fiorina kühl

53 Roloff, Heiko: TV-Debatte im US-Vorwahlkampf: Alle gegen Donald Trump – 17.09.2015 http://www.bild.de/politik/ausland/us-wahlen/tv-debatte-praesidentschaftswahlkampf-alle-gegen-donald-trump-42609348.bild.html

und ohne den Mitbewerber auch nur anzusehen: „Ich glaube, die Frauen im Land haben sehr klar gehört, was Mister Trump gesagt hat."[54] Damit verwandelte sie Trumps persönliche Beleidigung in einen Affront gegen alle amerikanischen Frauen und somit gegen die Hälfte seiner potenziellen Wähler.

Donald Trump versuchte, den Schaden zunächst zu begrenzen, und warf ein: „Sie hat ein schönes Gesicht." Zu einem späteren Zeitpunkt erklärte er sogar, dass er mit seiner Kritik nur ihre Persönlichkeit gemeint habe. Mit Blick auf Fiorinas Zeit als CEO bei Hewlett-Packard ergänzte er dann jedoch: „Ich kann nur sagen, meine Firmen dürfte sie nicht führen." Carly Fiorina konterte erneut und erwähnte Trumps vier Pleiten.[55] Nach der Debatte waren die meisten Experten wieder einer Meinung. Mit solchen skandalösen Aussagen dürfte sich der Unternehmer wohl selbst erledigt haben. Die Umfragewerte sanken und stiegen – entgegen aller Erwartungen – doch wieder an und Donald Trump blieb trotz allem die Nr. 1 der republikanischen Kandidaten.

---

54 Roloff, Heiko: TV-Debatte im US-Vorwahlkampf: Alle gegen Donald Trump – 17.09.2015 http://www.bild.de/politik/ausland/us-wahlen/tv-debatte-praesidentschaftswahlkampf-alle-gegen-donald-trump-42609348.bild.html
55 Medick, Veit: US-Republikanerin Carly Fiorina: Die Frau, die Donald Trump ausbremste – 18.09.2015 http://www.spiegel.de/politik/ausland/carly-fiorina-die-frau-die-donald-trump-ausbremste-a-1053495.html

Trumps Verhältnis zu Hillary Clinton

Erstaunlich zahm verhielt sich Trump zu Beginn des Wahlkampfes gegenüber Hillary Clinton. Grund dafür könnte die enge Freundschaft zwischen Ivanka Trump und Chelsea, der Tochter der demokratischen Spitzenkandidatin, gewesen sein. Zudem war Hillary Clinton einer der Ehrengäste bei Donalds dritter Hochzeit mit Melania Knauss. Jedenfalls unterstützte der Kandidat der Republikaner die ehemalige US-Außenministerin in der Vergangenheit auch finanziell im Wahlkampf. Aber im Laufe der Zeit wurde der Ton zwischen den beiden deutlich rauer. Hillary Clinton unterhielt die Nation und nahm Donald Trump mit einem kleinen Sketch bei Jimmy Fallon auf den Arm. Unter anderem kündigte sie darin an, auch zu Trumps nächster Hochzeit wieder zu kommen.[56] Auf Donald Trumps Twitter-Account soll es dagegen zeitweise einen Tweet gegeben haben, der eindeutig unter die Gürtellinie ging. Allerdings soll dieser von Trump und seinem Team schnellstens wieder gelöscht worden sein. Donald Trump retweetete angeblich folgenden Beitrag einer amerikanischen Studentin – das zumindest berichteten einige Medien: „Wenn Hillary Clinton ihren Ehemann nicht befriedigen kann, was lässt sie glauben, dass sie Amerika befriedigen

---

56 Merica, Dan: Hillary Clinton sits down with Jimmy Fallon playing Donald Trump – 17.09.2015 http://edition.cnn.com/2015/09/16/politics/hillary-clinton-jimmy-fallon-donald-trump/

kann?"[57] Dies konnten damals rund 2,85 Millionen Follower für einige Minuten lesen. Die eindeutige Anspielung auf die Affäre des früheren US-Präsidenten Bill Clinton mit seiner Praktikantin Monica Lewinsky sorgte für große Empörung. Ein Angestellter sei für diesen Retweet verantwortlich, der Unternehmer habe ihn sofort gelöscht, nachdem er ihn gesehen habe, lautete das offizielle Statement von Trumps Team zu dem Vorfall.[58]

Diese Formulierung ging dann wohl sogar dem Neu-Politiker mit dem Faible für aufsehenerregende Auftritte zu weit oder er fürchtete, dass die Wogen der Empörung in diesem Fall doch zu hoch schlagen würden.

Für Erheiterung sorgte zwischenzeitlich Donald Trumps Kommentar zu Hillary Clintons Styling. Denn ausgerechnet der Mann, über dessen Frisur immer wieder geredet und gelacht wird, machte sich über die Haare der demokratischen Präsidentschaftskandidatin lustig. In einem Interview stichelte der Bauunternehmer: „Sie hat eine

---

57 Martosko, David: Claim that Hillary Clinton 'can't satisfy her husband' winds up on Donald Trump's Twitter account after staffer retweets it – 17.04.2015 http://www.dailymail.co.uk/news/article-3043861/ Claim-Hillary-Clinton-t-satisfy-husband-winds-Donald-Trump-s-Twitter-account-staffer-retweets-it.html (Übersetzung der Autorin)
58 Martosko, David: Claim that Hillary Clinton 'can't satisfy her husband' winds up on Donald Trump's Twitter account after staffer retweets it – 17.04.2015 http://www.dailymail.co.uk/news/article-3043861/ Claim-Hillary-Clinton-t-satisfy-husband-winds-Donald-Trump-s-Twitter-account-staffer-retweets-it.html

neue Frisur, haben Sie das heute bemerkt?" Der Radio-moderator Mark Levin konterte in Anspielung auf Trumps Föhnfrisur, dass sie ja vielleicht eine Perücke trage. „So muss es sein", antwortete Donald Trump und bezeichne-te den Anblick als „schockierend"[59]. Es ist schon traurig aber eben auch sehr bezeichnend, dass die Optik sei-ner weiblichen Konkurrenten für Donald Trump immer wieder Thema ist. Er selbst scheint mit seinem Ausse-hen aber mehr als zufrieden zu sein. Doch das äußere Erscheinungsbild sollte wohl kaum das entscheidende Kriterium bei der Wahl eines Kandidaten sein.

Doch Donald Trump schoss sich weiter auf die demo-kratische Spitzenkandidatin ein. Der für seine frauen-feindlichen Sprüche so kritisierte Unternehmer, warf Hillary Clinton tatsächlich Sexismus vor. Nachdem die Demokratin angekündigt hatte, ihren Mann Bill mit auf ihre Wahlkampftour nehmen zu wollen, reagierte Trump mit dem Vorwurf, sie würde ihren Mann instrumentalisie-ren. Dabei ist es durchaus üblich, dass männliche Be-werber von ihren Ehefrauen im Wahlkampf unterstützt und begleitet werden.[60] Dass er selbst der perfekte Vertreter der amerikanischen Frauen als Präsident

59 Frankfurter Allgemeine Zeitung: Donald Trump spottet über Hillary Clintons Frisur – 12.11.2015 http://www.faz.net/agenturmeldungen/dpa/donald-trump-spottet-ueber-hillary-clintons-frisur-13909024.html
60 Spiegel Online: Interview mit Fox News – Trump bezichtigt Hillary Clin-ton des Sexismus – 27.12.2015 http://www.spiegel.de/politik/ausland/usa-trump-aeussert-sexismus-vorwurf-an-clinton-a-1069635.html

wäre, versuchte Trump dann noch in einem Tweet zu verdeutlichen. „I will do far more for women than Hillary, and I will keep our country safe, something which she will not be able to do - no strength/stamina!"[61] Donald Trump ist also der Meinung, dass er selbst viel mehr für Frauen tun würde als Hillary Clinton, und er werde das Land sicher halten, was ihr nicht gelingen könne, da es ihr an Stärke und Ausdauer fehle.

Die Lewinsky-Affäre wärmte Donald Trump dann noch einmal in einem Videoclip auf, den er auf Instagram veröffentlichte. Darin sieht man Ex-Präsident Bill Clinton mit seiner Praktikantin Monica Lewinsky. Anschließend das Bild einer New Yorker Zeitung mit der Schlagzeile „Lügner, Lügner" neben dem Gesicht von Hillarys Ehemann. Dabei hört man die Stimme der ehemaligen First Lady: „Frauenrechte sind Menschenrechte, und Menschenrechte sind Frauenrechte, ein für alle Mal." Zudem zeigt der Clip auch Bilder von Mrs. Clinton mit dem TV-Star Bill Cosby, der wegen sexuellen Missbrauchsvorwürfen vor Gericht steht, sowie mit dem ehemaligen Abgeordneten Anthony Weiner, der nach einem Sexskandal zurücktreten musste. Der Videofilm schließt mit der ironischen Botschaft: „Eine wahre Verteidigerin der Frauenrechte."[62]

---

61 Twitter: @realDonaldTrump – 27.12.2015
62 Web.de: Donald Trump konfrontiert Hillary Clinton mit Lewinsky-Affäre ihres Mannes – 08.01.2016 http://web.de/magazine/politik/donald-trump-konfrontiert-hillary-clinton-lewinsky-affaere-mannes-31261584

Den Vogel schoss Donald Trump aber wohl mit einer peinlichen Attacke ab, die mehr als unangebracht war. Bei einer Wahlkampfrede hatte sich Donald Trump über Hillary Clinton lustig gemacht, die nach einer Werbepause bei einer TV-Debatte etwas verspätet aufs Podium zurückkehrte. Clinton hatte die Unterbrechung wohl für einen Gang zur Toilette genutzt und Trump äußerte sich mit unangemessenen Kommentaren, die deutlich unter die Gürtellinie gingen.[63] Hillary Clinton war an einer persönlichen Aussprache nicht interessiert, andere würden den Wortschatz des Unternehmers schon entsprechend bewerten. Möglicherweise war das eine Retourkutsche für Hillary Clintons Aussage während einer Fernsehdebatte, in der sie Donald Trump als den besten Rekrutierer für den IS bezeichnete.[64] Damit spielte Clinton auf Trumps islamfeindliche Parolen an. Die Töchter der beiden Kontrahenten, Chelsea Clinton und Ivanka Trump, sollen auf die verbalen Attacken ihrer Eltern reagiert haben. Damit der Wahlkampf ihre Freundschaft nicht ruiniert, wollen sich die jungen Frauen, die beide mit jüdischen Männern verheiratet sind, bis zur Wahl nicht mehr treffen, hieß es in einer Kolumne der

---

63 Wollny, Michael: Hillary Clinton reagiert auf Ekel-Attacke von Donald Trump – 23.12.2015 http://web.de/magazine/politik/hillary-clinton-ekel-attacke-donald-trump-31229976
64 Berenson, Tessa: Hillary Clinton: Donald Trump is ÌSIS´best recruiter – 19.12.2015 http://time.com/4156164/democratic-debate-hillary-clinton-donald-trump-isis/

„New York Daily News".[65]

Unsere Bundeskanzlerin Angela Merkel, die ja eigentlich überhaupt nicht dem Schönheitsideal des Immobilien-Tycoons entsprechen dürfte, kam bei Donald Trump übrigens zunächst ganz gut weg. So meinte er zwar, dass Deutschland sich im Ukraine-Konflikt härter und kampfbereiter zeigen müsse. Merkel sei aber die „wahrscheinlich größte" Regierungschefin der Welt.[66] Ob Frau Merkel sich wohl über dieses Kompliment gefreut hat? Viel Zeit hatte sie nicht, denn Trump hat seine Meinung über unsere Bundeskanzlerin und deren Politik im Laufe des Wahlkampfs massiv geändert. Für Merkels Flüchtlingspolitik hat er überhaupt kein Verständnis. Die Bundeskanzlerin sei „eine große Führungsfigur", aber was sie in Deutschland mache, das sei „wahnsinnig", wird Trump zitiert.[67] Und auch in der Ukraine-Frage legte er noch einmal nach. Bei der vierten Fernsehdebatte der republikanischen Präsidentschaftskandidaten teilte Donald Trump wieder kräftig aus und diesmal bekam auch der „Gigant" Deutschland

65 Tachles: Chelsea Clinton und Ivanka Trump vereinbaren >>Time out<< – 12.01.2016 http://www.tachles.ch/news/chelsea-clinton-und-ivanka-trump-vereinbaren-time-out

66 Maier, Sophia: Das hält Donald Trump wirklich von Angela Merkel – 11.08.2015 http://www.huffingtonpost.de/2015/08/11/donald-trump-angela-merkel_n_7971500.html

67 Bösche, Jan: US-Präsidentschaftskandidat Trump: „Merkels Flüchtlingspolitik ist wahnsinnig" – 12.10.2015 https://www.tagesschau.de/ausland/trump-deutschland-101.html

sein Fett weg. „Die Welt" zitiert ihn: „„Was die Ukraine anbelangt, da haben wir eine Reihe von Ländern um die Ukraine herum, Deutschland eingeschlossen, ein enormer wirtschaftlicher Gigant' [...] ‚Warum sind es immer wir, die die Arbeit machen?'" Insgeheim sei man in Deutschland froh und sage sich: „„Geht ihr doch voran, ihr Dummköpfe, geht ihr doch voran und beschützt uns.'"[68]

Wahrscheinlich war Donald Trump deshalb auch mit der Entscheidung des „Time Magazine" nicht einverstanden. Im Dezember 2015 wurde die deutsche Bundeskanzlerin zur „Person des Jahres" gekürt, unter anderem für ihre Reaktion auf Wladimir Putins Ukraine-Politik sowie ihren Umgang mit der Flüchtlingskrise in Europa. Trump, der ebenfalls zum engeren Favoritenkreis für die Auszeichnung zählte und auf Rang drei landete, konnte die Argumente überhaupt nicht nachvollziehen.[69] „I told you Time Magazine would never pick me as person of the year despite being the big favorite. They picked person who is ruining Germany",

68 Wergin, Clemens: Vierte TV-Debatte: Donald Trump keilt gegen „Giganten" Deutschland –11.11.2015 http://www.welt.de/politik/ausland/article148704366/Donald-Trump-keilt-gegen-Giganten-Deutschland.html
69 Wergin, Clemens: Angela Merkel ist jetzt die Anführerin des Westens – 09.12.2015 http://www.welt.de/politik/ausland/article149804486/Angela-Merkel-ist-jetzt-die-Anfuehrerin-des-Westens.html

twitterte er.[70] Ja, Donald Trump hatte gewusst, dass er nicht gewählt werden würde, obwohl er doch der große Favorit war. Stattdessen wählten sie seiner Meinung nach die Person, die Deutschland ruiniert.

Es war und ist für außenstehende Beobachter unfassbar, dass Donald Trump trotz solcher massiven verbalen Entgleisungen gegen Frauen die Umfrageergebnisse immer noch anführte. Aber auch andere Bevölkerungsgruppen diskriminierte er mit Schlägen unter die Gürtellinie. Doch entgegen aller Expertenmeinungen und weitreichender Empörung in den Medien blieb Donald Trump nach wie vor ein aussichtsreicher Kandidat im Rennen um die Nachfolge von Barack Obama.

---

70 Twitter: @realDonaldTrump – 09.12.2015

5. Donald und seine Wurzeln

Vom Tellerwäscher zum Millionär – das ist der Inbegriff des amerikanischen Traums. Donald Trump kommt diesem Bild in den Augen vieler Amerikaner schon ziemlich nah, denn das Imperium, das sich der Baulöwe erschaffen hat und welches er auch gerne zur Schau stellt, ist wirklich beachtlich. Allerdings hat er den ganzen Reichtum nicht alleine erlangt, sondern er hatte dabei tatkräftige Hilfe. Seine Vorfahren hatten unter anderem mit geschickten Grundstückskäufen in New Yorker Stadtteilen – ein paar sogar schon in Manhattan – ordentlich Vorarbeit geleistet und ihm den Weg nach oben geebnet. Donalds Vater und Großvater legten damit schon frühzeitig den Grundstein für Trumps Immobilienimperium.

Donald Trump wurde am 14. Juni 1946 im New Yorker Stadtteil Queens geboren. Er war das vierte von insgesamt fünf Kindern. Die Wurzeln des Mannes, der so offensiv gegen Einwanderer wettert, liegen allerdings in Europa. Seine Vorfahren verließen vor vielen Jahren ihre Heimat und wanderten auf der Suche nach einer besseren Zukunft in die Vereinigten Staaten aus. Trumps Mutter stammt aus Schottland. Sie wurde als Mary Anne McLeod 1912 im Dorf Tong auf der schottischen Isle of Lewis geboren. Bei einem Besuch in New York lernte sie Donalds Vater Fred kennen. Die beiden fanden offensichtlich Gefallen aneinander, denn nachdem Mary nach Schottland zurückgekehrt war, fanden viele Briefe den Weg über den Atlantik. In den 1930er Jahren kehrte Mary dann nach Amerika zurück und 1936 heiratete sie schließlich Fred.[71] Aber auch Freds Vorfahren waren keine gebürtigen Amerikaner.

Das kanadische „Up Here Magazine"[72] fasst die Geschichte der Einwandererfamilie Trump sehr interessant zusammen: Donalds Vater, Frederick Trump Jr., wurde in den Vereinigten Staaten geboren. Aber seine Wurzeln liegen in Europa. Donalds damals 16-jähriger Großvater Friedrich Drumpf machte sich im Jahr 1885 aus dem kleinen pfälzischen Weindorf Kallstadt auf den Weg über den großen Teich. Rund sechs Jahre lang lebte er mit seiner Schwester und deren Ehemann in verschiedenen kleinen Appartements für Einwanderer in New York City. Da Friedrich Drumpf in seiner Heimat das Friseurhandwerk gelernt hatte, konnte er zum Unterhalt beitragen. Doch der junge Mann aus Deutschland hatte größere Ambitionen. Er amerikanisierte

---

71 Cramb, Auslan: Donald Trump flies to Western Isles to visit mother's home – 09.06.2008 http://www.telegraph.co.uk/news/uknews/2098500/Donald-Trump-flies-to-Western-Isles-to-visit-mothers-home.html
72 Holland, Eva: How the Trumps struck Klondike gold – 09/2012 http://uphere.ca/articles/how-trumps-struck-klondike-gold

seinen Namen und nannte sich von nun an Fred Trump. Nachdem Fred Trump vom Goldrausch gehört hatte, wollte er daran teilhaben und zog von New York City Richtung Seattle. Während sich viele Abenteurer um die Schürfrechte in den Mienen stritten, hatte Trump ganz andere Ideen. Er eröffnete im Norden der Stadt ein Restaurant für die Goldsucher und profitierte so indirekt aber gewaltig vom Boom.

Im März 1898 zog es Fred Trump noch weiter nach Norden, Richtung kanadische Grenze. Auf dem soge-nannten „Dead Horse Trail" – viele Packtiere verloren wegen der harten Bedingungen auf der Strecke ihr Le-ben – setzte er mit seinem Freund Ernest Levin eine neue Idee um. Die Männer schlugen an einer Durch-gangsstraße ein Zelt auf und versorgten die vorbeizie-henden Goldsucher mit einfachen Mahlzeiten. Eines der Grundnahrungsmittel auf der Speisekarte war da-bei Pferdefleisch, das auf dem Dead Horse Trail leicht zu beschaffen war. Das Geschäft lief gut und die bei-den Unternehmer konnten nach ein paar Monaten das Zelt gegen ein zweistöckiges Gebäude in Bennett Town eintauschen. Das New Arctic Restaurant and Hotel bot statt einfacher Mahlzeiten aus Pferdefleisch jetzt ei-nen Hauch von Luxus. Die Besucher hatten die Wahl zwischen Ente, Gans, Karibu, Schaf, Kaninchen und anderen Köstlichkeiten. Die Krönung waren aber die frischen Früchte, die das New Arcti anbieten konnte. Gerüchten zufolge soll es in dem Hotel- und Restaurant-betrieb aber nicht nur außergewöhnliche Mahlzeiten für die Goldsucher gegeben haben. Den Besuchern wurden noch andere Annehmlichkeiten offeriert. So wird im „Up Here Magazin" ein anonymer Leserbriefschreiber der „Yukon Sun"-Zeitung zitiert, der anständigen Frauen von einem Aufenthalt im New Arctic abriet. Für alleinstehende Herren biete das Hotel jedoch exzellente Unterbringungsmöglichkeiten.[73]

Als 1897 eine Eisenbahnlinie gebaut wurde, die die Städte Skagway und Whitehorse verband, wurde Bennett Town für Fred Trump und Ernest Levin uninteressant. Es gab kaum noch Goldsucher auf der Durchreise. Trump und sein Partner reagierten prompt und sie eröffneten das New Arctic an anderer Stelle – nämlich mitten im Boom-Städtchen Whitehorse – neu. Wieder wurde das Unternehmen ein voller Erfolg. Das Haus war rund um die Uhr geöffnet, heißt es. Rund 3.000 Mahlzeiten am Tag sollen hier über den Tresen gegangen sein, zitiert die britische „Daily Mail" das „Up Here Magazine". Und wieder wurden Gerüchte über

73 Holland, Eva: How the Trumps struck Klondike gold – 09/2012
http://uphere.ca/articles/how-trumps-struck-klondike-gold

Glücksspiel, Prostitution und zu viel Alkohol laut.[74]

Der Großvater von Donald Trump erwies sich hier erneut als überaus geschäftstüchtiger Zeitgenosse. Denn als die Goldsucher den Rückzug aus dem Gebiet am Yukon antraten, brach Trump nach Differenzen mit Ernest Levin seine Zelte im Norden zügig ab. Der große Erfolg seines Unternehmens hatte ihn zu einem angesehen Geschäftsmann gemacht, ganz im Gegensatz zu seinem Kompagnon, der zu viel trank und Schulden in der ganzen Stadt machte.[75] Fred Trump hatte nach drei Jahren erfolgreicher Arbeit genug Geld erwirtschaftet, um auf Brautschau zu gehen und endlich eine Familie zu gründen. Dazu zog es ihn zurück in die alte Heimat nach Deutschland. Er reiste nach Kallstadt, das kleine Weindorf in der Pfalz, das er einst verlassen hatte, um in Amerika sein Glück zu suchen. Dort hielt er um die Hand der ehemaligen Nachbarstochter Elisabeth Christ an. Elisabeth willigte ein, wollte aber nicht in die Vereinigten Staaten auswandern. Daher beschloss der Großvater von Donald Trump, dass die Familie

74 Daily Mail Reporter: How the Trumps struck Klondike gold: Donald's grandfather gave birth to family's glittering empire with seedy restaurant catering to loose-moralled men and women seeking their fortune – 08.09.2012 http://www.dailymail.co.uk/news/article-2200169/How-Trumps-struck-Klondike-gold-Donalds-grandfather-gave-birth-familys-glittering-empire-seedy-restaurant-catering-loose-moralled-men-women-seeking-fortune.html
75 Holland, Eva: How the Trumps struck Klondike gold – 09/2012 http://uphere.ca/articles/how-trumps-struck-klondike-gold

in Deutschland bleiben würde. Doch da hatte er die Rechnung ohne Prinz Luitpold II. von Bayern gemacht. Die Pfalz war damals ein Teil von Bayern. Und der Prinz war der Meinung, dass Trump kein deutscher Staatsbürger mehr sei, da er das Land als junger Mann einfach ohne Genehmigung verlassen hätte. Das Ehepaar Trump hatte damit keine andere Wahl und musste in die Vereinigten Staaten übersiedeln und sich dort eine Existenz aufbauen. Kurz nach ihrer Ankunft in Amerika im Jahr 1905 wurde Frederick Christ Trump, Donald Trumps Vater, geboren.

Der kleine deutsche Ort Kallstadt mit seinen rund 1.200 Einwohnern kann übrigens zwei berühmte Auswandererfamilien vorweisen. Denn neben den Trumps hat auch die „Ketchup-Dynastie" Heinz ihren Ursprung in dem Winzerörtchen. In dem unterhaltsamen Dokumentarfilm „Kings of Kallstadt" der gebürtigen Kallstädterin Simone Wendel kommen entfernte Verwandte der beiden Auswandererfamilien zu Wort. „Brulljesmacher" – so lautet der Spitzname der Kallstädter in der Region. Das bedeutet, dass die Kallstädter angeberisch sein sollen und gerne Sprüche klopfen. Ob sich diese Eigenschaften vielleicht auch über Generationen hinweg vererben und durchsetzen? Die Liebe zum Wein, die im Winzerdorf Kallstadt weit verbreitet ist, hat sich bei Donald Trump allerdings nicht durchgesetzt. Der

Milliardär ist bekennender Abstinenzler, trinkt weder Wein noch anderen Alkohol. Die nächste Trump-Generation steht dem Thema wieder aufgeschlossener gegenüber. Donald Trumps Sohn Eric hat sich sogar ein eigenes Weingut zugelegt – ihm gehört die Trump Winery in Virginia.[76]

Donald Trumps Großvater investierte sein Geld nach der endgültigen Rückkehr in die Vereinigten Staaten von Amerika zu einem großen Teil in Grundstücke im New Yorker Stadtteil Queens. Das zunächst eher verschlafene Viertel erlebte einen Aufschwung, als es 1910 durch den Bau einer neuen Brücke und eines Eisenbahntunnels besser an Manhattan angebunden wurde. Wieder einmal hatte Fred Trump, Donalds Großvater, den richtigen Riecher gehabt und er profitierte vom zunehmenden Interesse an Wohnraum in Queens. Viel Zeit, seinen Reichtum zu genießen, blieb ihm allerdings nicht. Der Einwanderer Fred Trump starb bereits 1918 an der Spanischen Grippe, wie es offiziell hieß. In den Jahren 1918 und 1919 fielen rund 775.000 Amerikaner dieser schrecklichen Epidemie zum Opfer. Gerüchten zufolge soll es jedoch einen ganz anderen Grund für den frühen Tod von Fred Trump gegeben haben. In seinem Buch „Die Kunst der Erfolges" schreibt Donald Trump selbst

---

76 Crolly, Hannelore: Donald Trump, King of Kallstadt – 24.08.2015
    http://www.welt.de/politik/deutschland/article145558110/Donald-
    Trump-King-of-Kallstadt.html

über seinen Großvater: „Aber er war sowohl dem ausschweifenden Leben als auch dem Alkohol übermäßig zugetan und starb als mein Vater elf Jahre alt war."[77]

Stolz auf die deutsche Herkunft schien man im Hause Trump zunächst nicht gewesen zu sein. Denn Trump berichtete zudem in „Die Kunst der Erfolges": „Fred Trump wurde 1905 in New Jersey geboren. Sein Vater, der aus einer schwedischen Immigrantenfamilie stammte und in Amerika aufwuchs, besaß ein relativ gutgehendes Restaurant."[78] John Walter, Donalds Cousin, hatte für den Umstand, dass Fred Trump jr. seine deutsche Herkunft bis in die 1980er Jahre verleugnete, folgende Erklärung: „Er hatte eine ganze Menge jüdischer Mieter und es war in diesen Tagen keine gute Sache ein Deutscher zu sein."[79] Heute scheinen Donald Trump die deutschen Wurzeln jedoch nicht mehr unangenehm zu sein. Simone Wendel, die Macherin des Films „Kings of Kallstadt" durfte Donald Trump in seinem Trump Tower einen Kurzbesuch abstatten. „Ich bin stolz, dieses deutsche Blut zu haben. Keine Frage.

---

77 Trump, Donald J./ Schwartz, Tony: Die Kunst des Erfolges – (1988) – S. 60f
78 Trump, Donald J./ Schwartz, Tony: Die Kunst des Erfolges – (1988) – S. 61
79 Rozhon, Tracie: Fred C. Trump, Postwar Master Builder of Housing for Middle Class, Dies at 93 – 26.06.1999 http://www.nytimes.com/1999/06/26/nyregion/fred-c-trump-postwar-master-builder-of-housing-for-middle-class-dies-at-93.html?pagewanted=all (Übersetzung der Autorin)

Tolle Sache!", erklärte der Immobilienmogul dabei. Und er sagte sogar einen Besuch in Kallstadt zu, falls er mal in Deutschland sein sollte.[80]

Als Grand Marshal der berühmten deutsch-amerikanischen Steuben Parade in New York City hatte er sich im Jahr 1999 ebenfalls öffentlich zu seiner Herkunft bekannt. Für diese Position wird in der Regel ein US-Amerikaner mit deutschen Wurzeln oder einem anderen Bezug zu Deutschland ausgewählt. Neben Donald Trump hatten beispielsweise schon der ehemalige Außenminister Henry Kissinger, die Magier Siegfried und Roy, der Schauspieler Ralf Möller sowie die New Yorker Bürgermeister Michael Bloomberg und Rudolph Giuliani, die zwar keine Deutsch-Amerikaner sind, aber immer als verlässliche Partner für diese Bevölkerungsgruppe galten, dieses repräsentative Amt inne. Donald Trump selber erzählte, dass er den Tag als Grand Marshal sehr genossen habe. Er sei ein stolzer Deutsch-Amerikaner. Und als er in seiner Paradeuniform an seinem Trump Tower vorbeizog und die 69 Stockwerke hinaufschaute, dachte er: „Es ist ein langer Weg von Kallstadt [...]."[81] Die Steuben

---

80 Crolly, Hannelore: Donald Trump, King of Kallstadt – 24.08.2015 http://www.welt.de/politik/deutschland/article145558110/Donald-Trump-King-of-Kallstadt.html
81 Youtube: Donald Trump - Welcome to the Steuben Parade 2011. Hochgeladen: 30.06.2012 https://www.youtube.com/watch?v=TLvk4IX9R78

Parade beschrieb Trump übrigens als einziges Event, bei dem „die Straßen nach der Parade sauberer als vorher sind."[82]

Aber ganz egal, ob Donald Trumps Vorfahren aus Schottland, Deutschland oder Schweden stammen, sie sind jedenfalls Einwanderer. Einwanderer genau wie jene Menschen, die Donald Trump nicht in den Vereinigten Staaten haben möchte und gegen die er massiv vorgehen will, sollte er zum Präsidenten gewählt werden. In der Werbung für sein allerneuestes Buch „Crippled America", in dem Trump sich als der Retter Amerikas verkauft, hieß es: „Es ist an der Zeit, Amerika seinen rechtmäßigen Besitzern zurückzugeben – den Amerikanern."[83] Wer auch immer mit diesen „Amerikanern" gemeint sein mag. Für mich klingt das sehr widersprüchlich – Herr Trump, der direkte Nachkomme einer Einwandererfamilie, sieht da scheinbar gar keinen Zusammenhang und scheint seine eigene Definition von Einwanderern zu haben.

---

82 German American Steuben Parade New York: Grand Marshals – Stand 13.01.2016 http://germanparadenyc.org/about-the-parade/grand-marshals/ (Übersetzung der Autorin)
83 Amazon: Werbetext zu Trump, Donald J.: Crippled America: How to make America great again – Stand: 20.03.2016 http://www.amazon.de/Crippled-America-Make-Great-Again/dp/1501137964/ref=s-r_1_1?ie=UTF8&qid=1458568622&sr=8-1&keywords=trump+crippled+america (Übersetzung der Autorin)

Doch kehren wir wieder zurück zur Familiengeschichte der Trumps. Nach dem frühen Tod des Vaters musste der junge Frederick in die Rolle des Haushaltsvorstands schlüpfen. Keine leichte Aufgabe mit gerade einmal 13 Jahren. Erschwerend hinzu kam die damalige wirtschaftliche Lage in den USA. Die Krise Anfang der 1920er Jahre führte auch bei den Trumps zu erheblichen Verlusten. Aber Fred Trump jr. war zäh und ehrgeizig. Er erlernte das Bauhandwerk von der Pike auf und bildete sich in der Abendschule im kaufmännischen Bereich weiter. So war er bestens vorbereitet, als er im Alter von 21 Jahren in den Familienbetrieb Elizabeth Trump and Son einstieg. Die Firma war nach seiner Mutter Elizabeth benannt worden, da Fred beim Tod des Vaters ja noch lange nicht volljährig gewesen war. Anfangs traute sich der junge Fred Trump noch nicht zu, ganze Häuser zu entwickeln und zu bauen. Daher setzte er auf den Bau von Garagen. Immer mehr Menschen leisteten sich zu dieser Zeit den neuartigen Luxus eines Autos und suchten nach einer Unterbringungsmöglichkeit für ihr neues Gefährt. Mit dem Bau von Garagen traf Fred Trump den Nerv der Zeit und war mit zunehmendem Erfolg bereit für größere Projekte.[84]

---

84 Rozhon, Tracy: Fred C. Trump, Postwar Master Builder of Housing for Middle Class, Dies at 93 – 26. 06.1999
http://www.nytimes.com/1999/06/26/nyregion/fred-c-trump-postwar-master-builder-of-housing-for-middle-class-dies-at-93.html?scp=2&sq=Fred%20C.%20Trump&st=cse

Die Trumps nutzten den Boom in New York, der auf die Wirtschaftskrise folgte, erneut geschickt aus. Während in Manhattan gigantische Wolkenkratzer entstanden und New York City zur größten und aufregendsten Stadt der Welt wurde, setzten Fred und seine Mutter Elizabeth auf überschaubarere Projekte. Sie entwickelten und bauten kleinere Siedlungen bzw. Häuserreihen in Queens und Brooklyn. Auch zahlungskräftigere Kunden ließen sich von Trumps Baufirma individuelle und repräsentative Eigenheime bauen und Fred und seine Familie schwammen mal wieder auf einer Erfolgswelle. Doch die wirtschaftliche Situation machte ihnen erneut einen Strich durch die Rechnung. Die große Depression, die am 24. Oktober 1929 mit einem Börsencrash, dem sogenannten „Schwarzen Donnerstag", begann und sich durch die 1930er Jahre zog, sorgte für harte Zeiten im Immobiliensektor. Die Konsumenten hielten sich mit Investitionen zurück und die Banken erhöhten die Zinsen. Käufer für Häuser und Wohnungen waren kaum noch zu finden. Für Elizabeth Trump and Son bedeutete diese Situation das Aus. Fred Trump legte seine Träume und Ambitionen auf Eis und eröffnete einen Lebensmittelladen, um den Unterhalt für die Familie zu sichern. „Serve yourself and save", war der Werbeslogan des Trump Market in Woodhaven. Die Aufforderung zur Selbstbedienung im Laden – damals ein absolutes Novum – kam gut an. Trump konnte sein Geschäft später mit Gewinn an die King-Kullen-Kette verkaufen.[85]

Die Trumps überbrückten die Zeit der Wirtschaftskrise also relativ gut, obwohl sie ihr Baugeschäft zunächst ruhen lassen mussten. Fred Trump präsentierte sich aber als absolutes Stehaufmännchen und versuchte – wie schon sein Vater – das Beste aus der Situation zu machen. Eines der Beispiele dafür war die Lehren-krauss-Affäre, die Michael D'Antonio in seinem Buch über Donald Trump beschreibt.[86] In den 1930er Jahren brachte die wirtschaftliche Situation und die hohe Arbeitslosenrate viele Menschen an den Rand des Ruins oder darüber hinaus. Die Raten für Eigenheime konnten nicht mehr bezahlt werden und es kam zu zahlreichen Zwangsversteigerungen. Investoren, die über gute Verbindungen zu Sachbearbeitern, Richtern und Verwaltern bei den entsprechenden Gerichten verfügten, erhielten häufig bereits im Vorfeld wichtige Informationen über die anstehenden Auktionen. Diesen Wissensvorsprung nutzten sie aus, traten in direkten Kontakt zu dem insolventen Hausbesitzer und kauften das Wohneigentum für einen günstigen Preis auf. Dem

---

85 Rozhon, Tracy: Fred C. Trump, Postwar Master Builder of Housing for Middle Class, Dies at 93 – 26.06.1999
http://www.nytimes.com/1999/06/26/nyregion/fred-c-trump-post-war-master-builder-of-housing-for-middle-class-dies-at-93.html?scp=2&sq=Fred%20C.%20Trump&st=cse
86 D´Antonio, Michael: Never Enough – Donald Trump and the Pursuit of Success (2015) – S. 26ff

Eigentümer blieb so die Schmach einer Zwangsvollstreckung erspart, der Investor bekam für wenig Geld den Grundbesitz und musste sich nicht mit Konkurrenten herumschlagen.

Fred Trump verfügte leider über keine entsprechenden Kontakte und konnte daher nicht in dieses lukrative Geschäft einsteigen. Trotzdem verfolgte er aufmerksam alle Nachrichten und Meldungen im Immobiliensektor und suchte nach einer Möglichkeit, ein Stück vom großen Kuchen abzubekommen. Als er Ende 1933 von massiven Beschwerden gegen die Lehrenkrauss & Co. hörte, witterte er seine Chance. Die Investmentbank Lehrenkrauss war eine der größten Hypothekenbanken in Brooklyn und die Inhaberfamilie hatte damals regelrechten Promi-Status. Doch scheinbar hatte die Firma Bonds auf den Markt gebracht, die nahezu wertlos waren. Und während die Anleger ihre gesamten Ersparnisse verloren und die Firma insolvent war, hatte Julius Lehrenkrauss, der Inhaber der Bank, ein hübsches Sümmchen für sich auf die Seite geschafft. Er wanderte ins Gefängnis und die Teile von Lehrenkrauss & Co., die noch einen Wert darstellten, wurden versteigert. Fred Trump hatte Interesse an der Home Title Guarantee, einem Teilbereich der Bank, wusste jedoch, dass er kaum Chancen gegen Bieter mit den schon erwähnten persönlichen Beziehungen haben würde. Trump kooperierte daher mit einem anderen Bieter namens William Demm und nahm Kontakt zu den betrogenen Anlegern auf. Für den Fall, dass sich Lehrenkrauss wieder erholen würde, versprach er den Anlegern eine hohe Entschädigungssumme für ihre Bonds. Als Gegenleistung wollten er und sein Partner nur, dass die Anleger ihr Gebot unterstützen sollten. Das Gericht wollte einem Konflikt mit den geprellten Anlegern aus dem Weg gehen und nahm das Angebot von Fred Trump und William Demm an. Trumps Plan ging also auf. Die Home Title Guarantee hatte nämlich einen ganz besonderen Wert. Hier gab es umfangreiche Listen mit den Namen von Hausbesitzern, die ihre Raten nicht pünktlich zahlten. Mit diesem Wissen konnte Fred Trump an die säumigen Zahler herantreten und ihnen ein Angebot für ihr Haus machen, bevor andere Investoren überhaupt von der Situation erfuhren. Durch diesen Coup war es nun auch Trump möglich, zahlreiche Häuser günstig zu erwerben.[87]

Diese Geschichte erzähle ich deshalb so ausführlich, weil es ein gutes Beispiel für das Geschäftsgebaren von Fred Trump jr. ist. Donalds Vater zeigte sich sehr kreativ und versuchte mangelnde Beziehungen und Kontakte zu wichtigen Männern in Wirtschaft und Politik durch besondere Ideen wettzumachen. Er schaffte

---

87 D´Antonio, Michael: Never Enough – Donald Trump and the Pursuit of Success (2015) – S. 26ff

es immer wieder, mit großem Engagement zur richtigen Zeit am richtigen Ort zu sein, wie es schon sein Vater vorgemacht hatte. Menschliche Schicksale schienen ihn dabei nicht interessiert zu haben. Seine Vorgehensweise zahlte sich allerdings aus, Trump weitete seine Bauaktivitäten immer weiter aus und häufte dadurch großen Reichtum an.

So brachte auch der Zweite Weltkrieg neue lukrative Einnahmequellen für die Trumps. Fred Trump baute beispielsweise Unterbringungsmöglichkeiten für die Navy in Chester in Pennsylvania sowie in Newport News und Norfolk in Virginia. Nach Kriegsende reagierte er umgehend und schuf mit Shore Haven in Bensonhurst und Beach Haven bei Coney Island Wohnraum für die heimkehrenden Soldaten und ihre Familien.[88] Es scheint, dass Fred Trump – egal was auch passierte – immer einen Weg fand, davon zu profitieren. Kein Wunder, dass er für Donald Trump ein großes Vorbild darstellte: „Die Person, die mich als Kind und Heranwachsender am stärksten beeinflusst hat, war mein Vater, Fred Trump. Ich habe viel von ihm gelernt, zum Beispiel, dass man in einer erbarmungslosen Geschäftswelt Härte zeigen muss, wie man andere Menschen motiviert und was

---

88 Rozhon, Tracie: Fred C. Trump, Postwar Master Builder of Housing for Middle Class, Dies at 93 – 26.06.1999
http://www.nytimes.com/1999/06/26/nyregion/fred-c-trump-postwar-master-builder-of-housing-for-middle-class-dies-at-93.html?pagewanted=all

Kompetenz und Leistungsbewusstsein bedeuten: nämlich eine Aufgabe in Angriff nehmen und sie effizient und
schnellstmöglich zu bewältigen, um sich der nächsten
zuzuwenden."[89] Schon früh habe ihn sein Vater mit auf
die Baustellen genommen. Er habe diesem bei der Arbeit zugeschaut und gelernt, wie er die Männer, die für
ihn arbeiteten, kontrollierte. Vater Trump brachte Donald aber auch die Kunst des günstigen Einkaufs bei.
„Ich lernte, dass man die Kosten gering halten muss,
wenn man in diesem Geschäft Gewinn machen will. Ich
lernte von meinem Vater, wie man verhandelt. Mein Vater verhandelte um einen Besen und eine Schaufel genauso hart wie um den Bau eines Gebäudes."[90]

In vielen seiner Publikationen verwies der Immobilienmogul immer wieder auf seinen Vater und dessen Vor-
bildfunktion. Es sei nicht das Geld des Vaters gewesen,
das seine Karriere ermöglicht habe, sondern die Motivation und die guten Ratschläge, die ihm sein Vater gegeben hatte. So erzählte Donald Trump in seinem Buch
„Nicht kleckern, klotzen!": „Viele Menschen glauben,
ich hätte mit viel Geld angefangen, das ich von meinem
Vater bekommen hätte. Die Wahrheit ist jedoch, dass
ich praktisch pleite war, als ich mein Geschäft anfing.
Mein Vater gab mir nicht viel Geld, aber er gab mir eine

89 Trump, Donald J./ Schwartz, Tony: Die Kunst des Erfolges (1988) – S. 60f
90 Trump, Donald/ Zanker, Bill: Nicht kleckern, klotzen! – Der Wegweiser
  zum Erfolg aus der Feder eine Milliardärs (2008) – S. 143

gute Ausbildung und die einfache Formel zum Reichtum: fleißig an etwas arbeiten, das man liebt."[91]

Das klingt durchaus beeindruckend und lässt die Leistungen und Verdienste von Donald Trump noch einmal in einem ganz anderen Licht dastehen. So wie es sich anhört, hat er sein Imperium ganz alleine und ohne Vaters Hilfe aufgebaut. Etwas relativiert wurde meine Bewunderung für Trumps Aufstieg zum Selfmade-Milliardär durch seine Aussage vom Oktober 2015. „Es war nicht leicht für mich. Es war nicht leicht für mich", jammerte der Präsidentschaftskandidat in einem Beitrag der „Today Show", wie die „Washington Post" berichtete. „Ich habe in Brooklyn begonnen. Mein Vater gab mir einen kleinen Kredit [...] Ich kam nach Manhattan und ich musste ihm den Kredit mit Zinsen zurückzahlen", wird Donald Trump zitiert. Bei dem kleinen Kredit handelte es sich übrigens um eine Summe von einer Million Dollar.[92] Mit dieser „kleinen" Finanzspritze konnte Donald Trump also mit dem Aufbau seines Immobilienimperiums beginnen und Objekte in Manhattan erwerben. Die große Summe, die er dann von seinem Vater nach dessen Tod im Jahr 1999 erbte, wird gar

---

91 Trump, Donald/ Zanker, Bill: Nicht kleckern, klotzen! – Der Wegweiser zum Erfolg aus der Feder eine Milliardärs (2008) – S. 47

92 Bump, Philip: Donald Trump says it 'hasn't been easy' for him. But he omits a few things – 26.10.2015 https://www.washingtonpost.com/ news/the-fix/wp/2015/10/26/donald-trump-says-it-hasnt-been-easy-for-him-financially-but-he-omits-a-few-things/

nicht erwähnt. Fred Trumps Vermögen belief sich nach Angaben der Familie auf 250 bis 300 Millionen Dollar.[93]

Fred Trump verstand es in den 1930er und 40er Jahren, sehr geschickt staatliche Mittel zur Unterstützung seiner Bauvorhaben auszuschöpfen. Die Federal Housing Administration (FHA) beispielsweise ist eine Behörde, die Gelder für den Hausbau und -erwerb für einkommensschwächere Menschen bereitstellt und Kredite zu günstigeren Konditionen gibt. Beim Bau von Häusern für die Kriegsheimkehrer konnten diese preiswerteren Kredite beispielsweise abgerufen werden.

Im Jahr 1935 wurde dem Anwalt Thomas G. Grace, einem Veteran aus dem Ersten Weltkrieg, im Alter von gerade einmal 39 Jahren die Leitung des Programms übertragen. Der Bruder von Thomas G. Grace war zufällig der Rechtsanwalt von Fred Trump. Clyde L. Powell war einer der FHA-Mitarbeiter, die für die Genehmigungen der Bauvorhaben in New York zuständig waren. Im Rahmen von Untersuchungen im Zusammenhang mit Korruption im Baugewerbe wurde entdeckt, dass dieser Mr. Powell häufig im Sinne von Fred Trump gehandelt hatte. Aber auch andere Bauunternehmer hatten

93 Rozhon, Tracie: Fred C. Trump, Postwar Master Builder of Housing for Middle Class, Dies at 93 – 26.06.1999
http://www.nytimes.com/1999/06/26/nyregion/fred-c-trump-post-war-master-builder-of-housing-for-middle-class-dies-at-93.html?scp=2&sq=Fred%20C.%20Trump&st=cse

sich die Gunst von Clyde L. Powell scheinbar etwas kosten lassen. Anders konnte man es sich nicht erklären, dass ein Mann mit einem Jahreseinkommen von höchsten 10.000 Dollar pro Jahr einen Kontostand von 100.000 Dollar aufweisen konnte. In diesem Zusammenhang musste Fred Trump vor einem Senatskomitee zum Thema Korruption aussagen. Aber weder Clyde L. Powell noch sein Partner Tommy Grace wurden befragt, ob sie Geld oder Geschenke von Mr. Trump erhalten hätten. So kam Fred Trump glimpflich aus der Sache heraus und verlor lediglich seinen Zugang zum FHA-Programm.[94]

Sein Geld hatte Fred Trump jedoch zu dem Zeitpunkt schon längst gemacht. Donalds Vater protzte jedoch nicht mit seinem enormen Reichtum. Die einzige Ausnahme war ein blauer glänzender Cadillac mit seinem persönlichen Nummernschild „FCT", der alle drei Jahre durch ein neueres Modell ersetzt wurde. Während Donald Trump mit seinen Gebäuden und seinem ganzen Benehmen Luxus und Reichtum offen zur Schau stellt, setzte sein Vater auf bodenständige Häuser und Appartementanlagen für die untere Mittelschicht. Fred Trump sparte an Details und hielt nicht viel von Prunk und Protz bei seinen Projekten. Sich selbst namentlich in seinen Gebäuden zu verewigen, war Fred Trump

---

94 D´Antonio, Michael: Never Enough – Donald Trump and the Pursuit of Success (2015) – S. 33f

nicht wichtig. Einzig Trump Village wurde nach ihm benannt. Donald Trump mag es da bekanntlich weniger
bescheiden. Er lässt mit Namen wie „Trump Tower",
„Trump Place" und „Trump Palace" keinen Zweifel an
den Besitzverhältnissen und stellte sich damit selbst
gerne in den Mittelpunkt. Diese Eigenschaften sind ihm
wohl eher von seiner Mutter in die Wiege gelegt worden.[95] So scheint Donald Trump eine gute Mischung
aus beiden Elternteilen geworden zu sein.

---

95 Trump, Donald J./ Schwartz, Tony: Die Kunst des Erfolges (1988) – S.
71f

6. Donald und die Menschen, die anders sind als er

Menschen, die anders sind als Donald Trump gibt es eine ganze Menge. Denn eigentlich ist Donald Trump ziemlich einzigartig - glaubt er zumindest. Und wahrscheinlich behauptet er deshalb, dass man die wenigsten Menschen respektieren könne, weil die meisten Menschen keinen Respekt verdienten.[96] Ziemlich anmaßend, oder? In seinen zahlreichen eigenen Publikationen betont er ebenfalls immer wieder, wie großartig er doch sei, was er eigenständig aufgebaut habe und wie er sich von ganz unten wieder hochgearbeitet habe. Sein neuestes Buch „Crippled America" – also „Verkrüppeltes oder gelähmtes Amerika" erschien gerade rechtzeitig im November 2015, zur Hochphase seines aufsehenerregenden und Schlagzeilen am laufenden Band produzierenden Wahlkampfes um das Amt des Präsidenten der Vereinigten Staaten. In diesem Werk posaunt Donald Trump heraus, wie er das ganze Land retten und wieder großartig machen werde. Wenn Donald Trump sich selbst begegnen könnte, brächte er sich sicherlich eine ganz große Portion Respekt entgegen.

---

96 D´Antonio, Michael: Never Enough – Donald Trump and the Pursuit of Success (2015) – S. 1

Doch bei Menschen, die anders sind als Donald Trump, ist das nicht so einfach mit dem Respekt, ganz im Gegenteil. Der Unternehmer spricht sich tatsächlich offen gegen ganze Bevölkerungsgruppen aus und urteilt pauschal über Menschen, die aus einem anderen Land kommen. Mit einem rassistischen Paukenschlag sorgte er bei seiner „Antrittsrede" als republikanischer Präsidentschaftskandidat gleich für große Aufmerksamkeit in den Medien. Donald Trump und seine bizarren Aussagen über mexikanische Einwanderer waren in aller Munde. „Sie bringen Drogen, sie bringen Kriminalität mit sich. Sie sind Vergewaltiger. Und einige, so vermute ich, sind gute Menschen", verkündete er. Trump hatte auch gleich eine Lösung für das von ihm beschriebene Problem parat. Er wisse, wie er die amerikanischen Bürger vor dieser Gefahr schützen kann – wenn er Präsident der Vereinigten Staaten sei. In einem Positionspapier, das man auf seiner offiziellen Website durchlesen kann, hält er eine Grenzmauer zwischen Mexiko und den Vereinigten Staaten für die richtige Lösung. Als erfolgreicher Unternehmer hat er sich natürlich auch schon um die Kostenfrage gekümmert. Mexiko soll die Mauer selbstverständlich bezahlen, denn der mexikanische Staat ist schließlich für das Problem verantwortlich. Das ist jedenfalls die Meinung von Donald Trump.

Doch diese Maßnahme reicht Donald Trump nicht aus. Er möchte nicht nur verhindern, dass sich weitere illegale Einwanderer auf den Weg in die Vereinigten Staaten machen. Er möchte auch, dass alle illegalen Einwanderer, die sich bereits im Land befinden, abgeschoben werden. Zudem will er die bisherige automatische Staatsbürgerschaft für die in den USA geborenen Kinder von illegalen Immigranten abschaffen.[97] Schätzungen zufolge leben in den USA derzeit rund elf Millionen Ausländer ohne gültige Papiere.

Um sich vor Ort ein Bild von der Situation an der mexikanischen Grenze zu machen, flog Donald Trump in seinem Privatjet in das texanische Städtchen Laredo. Hier setzte er sich mal wieder medienwirksam in Szene und ließ die Bevölkerung wissen: „Die Illegalen sind eine große Gefahr." Da Menschen mit lateinamerikanischer Abstammung jedoch eine sehr große Wählergruppe in den Vereinigten Staaten darstellen, relativierte er seine Aussagen im Anschluss wieder. Er sei zwar gegen illegale Einwanderer, aber nicht allgemein gegen Menschen mit lateinamerikanischen Wurzeln. „Ich beschäftige Tausende und Abertausende Latinos. Ich liebe

---

97 Donald J. Trump.com: Trump – Make America great again! – Positions – Immigration Reform –Stand 27.11.2015 https://www.donaldjtrump.com/positions/immigration-reform

diese Leute. Sie sind großartige Arbeiter", erklärte er.[98] Und so denkt Donald Trump, dass er auch die Wähler mit lateinamerikanischer Abstammung auf seine Seite ziehen kann. „Ich glaube, ich werde die Stimmen der Hispanics gewinnen. Ich habe eine gute Beziehung zu ihnen", erklärte er ein paar Wochen nachdem er seinen Beitrag über die mexikanischen Einwanderer veröffentlicht hatte.[99]

Öffentliche Zustimmung von US-Bürgern lateinamerikanischer Abstammung suchte man allerdings vergebens – ein Umstand, der wahrscheinlich ausschließlich Donald Trump überraschte. Ganz im Gegenteil schlugen die Wellen der Empörung hoch und in den Medien ließ sich der Name Donald Trump häufig in Kombination mit dem Wort „Rassist" finden.

Künstler mit lateinamerikanischen Wurzeln nutzten die Aufmerksamkeit der Medien für Donald Trump und seine umstrittenen Aussagen und drehten ein Musikvideo, in dem die Verdienste mexikanischer Immigranten gefeiert werden. Carlos Santana, Pitbull, Eva Longoria, Whoopie Goldberg, Wyclef Jean und andere beteiligten

---

98 Die Welt: Politik in Texas – Trump hat einen genauen Mauer-Plan für Mexiko – 24.07.2015 http://www.welt.de/politik/ausland/article144391448/Trump-hat-einen-genauen-Mauer-Plan-fuer-Mexiko.html
99 n-tv: Mexiko soll Mauer bezahlen – Trump will illegale Einwanderer rauswerfen – 17.08.2015 http://www.n-tv.de/politik/Trump-will-illegale-Einwanderer-rauswerfen-article15732606.html

sich an dem Projekt. Unter dem Titel „We´re all Mexican" wehrten sie sich gegen die Diskriminierung und Verallgemeinerung.[100] Noch deutlich drastischer soll die Reaktion von Joaquín Guzmán gewesen sein. Der „El Chapo" genannte mächtige Drogenboss war kurze Zeit nach Trumps beleidigenden Worten gegen die Mexikaner aus dem Hochsicherheitsgefängnis Altiplano in Mexiko entkommen. „Wenn Du weiter so rumnervst, werde ich dafür sorgen, dass Du alle Deine Scheißwörter schluckst, verdammter A...", soll es auf El Chapos Twitter-Account geheißen haben. Der Post, der direkt an Donald Trump gerichtet war, wurde inzwischen gelöscht und es ist nicht bewiesen, dass ihn der Drogenboss tatsächlich persönlich geschrieben hat. Zwei Minuten später hieß es in El Chapos Account noch etwas verworren und unverständlich: „Bald weil sie töten." Ohne Erklärung und ohne speziellen Adressaten. Laut time.com reagierte Trump mit einer Stellungnahme: „Ich kämpfe für die Zukunft unseres Landes, das von Kriminellen überrannt wird. Du darfst Dich nicht einschüchtern lassen. Dies ist zu wichtig."[101] Donald

---

100 Spiegel Online: Musikvideo „We're All Mexican": Künstler verbünden sich gegen Donald Trump – 22.09.2015 http://www.spiegel.de/kultur/musik/kuenstler-gegen-donald-trump-wir-sind-alle-mexikaner-a-1054083.html

101 Drewello, Marc: Geflohener Drogenbaron – El Chapo schickt Donald Trump drastische Drohbotschaft –14.07.2015 http://www.stern.de/panorama/stern-crime/geflohener-drogenbaron-el-chapo-schickt-donald-trump-drastische-drohbotschaft-6344834.html

Trump nutzte die El-Chapo-Affäre auf jeden Fall geschickt für seine Belange aus und demonstrierte der Bevölkerung Kampfgeist und Härte gegenüber Kriminellen. Mittlerweile ist El Chapo übrigens wieder hinter Gittern. Schauspieler und Regisseur Sean Penn wollte das Leben des Mexikaners verfilmen. Die mexikanischen Behörden waren dem Drogenboss durch ein Treffen mit den Filmemachern auf die Spur gekommen.[102]

Es wirkte nicht so, als hätte sich Donald Trump wirklich Freunde bei den Menschen mit lateinamerikanischen Wurzeln gemacht. Aber auch viele andere Amerikaner waren empört und entsetzt. Und so hatte der Skandal auch berufliche Konsequenzen für Donald Trump. Der Sender NBC beendete seine Zusammenarbeit mit dem Milliardär. „You're fired" – also „Du bist gefeuert", hieß es für den Unternehmer, der genau diesen Spruch mit seiner Fernsehshow „The Apprentice" zu einem geflügelten Wort in den Vereinigten Staaten gemacht hatte. Nachdem südamerikanische Musiker und Moderatoren eine Teilnahme an der Miss-USA-Wahl aufgrund Trumps rassistischer Äußerungen abgesagt hatten, reagierte der Sender. NBC teilte mit, dass die von Trump produzierten Wahlen zur Miss USA und Miss Universe nach seinen „herabwürdigen Äußerungen" in Zukunft

---

102 Endres, Alexandra: El Chapo – Seine Eitelkeit wurde ihm zum Verhängnis – 11.01.2016 http://www.zeit.de/gesellschaft/zeitgeschehen/2016-01/el-chapo-sean-penn-mafia-festnahme

nicht mehr vom Sender ausgestrahlt werden würden.[103]

Die berühmte Kaufhauskette Macy´s wollte die Produkte einer Herrenbekleidungsserie, die unter dem Namen von Trump verkauft werden, nicht weiter vertreiben. Die Äußerungen von Donald Trump seien unvereinbar mit Macy´s Werten, hieß es. Daher habe man sich entschlossen, die Zusammenarbeit zu beenden. Und Sänger Ricky Martin gab über Twitter bekannt, dass er sein Charity Golfturnier in Puerto Rico nicht auf dem Golfplatz des Unternehmers austragen lassen werde.[104] Die meisten seiner republikanischen Parteifreunde distanzierten sich ebenfalls von Trump und seinen Aussagen, ebenso wie die anderen Präsidentschaftskandidaten, mit Ausnahme von Ted Cruz.[105] Natürlich sind das zum Teil nur kleine Randnotizen, die Donald Trump möglicherweise gar nicht zur Kenntnis nehmen wird. Aber sie sind ein Zeichen, dass rassistische Aussagen nicht einfach von allen Menschen hingenommen werden.

---

103 Spiegel Online: Wut über rassistische Äußerungen: NBC feuert Donald Trump – 30.06.2015 http://www.spiegel.de/kultur/tv/donald-trump-nbc-feuert-den-milliardaer-a-1041272.html
104 Focus Online: Nach rassistischen Äußerungen – Stars wütend auf Donald Trump: Eine vergleicht ihn sogar mit Hitler – 02.07.2015 http://www.focus.de/kultur/vermischtes/nach-rassistischen-aeusserungen-stars-sauer-auf-donald-trump-eine-vergleicht-ihn-sogar-mit-hitler_id_4790247.html
105 Spiegel Online: Nach fremdenfeidlichen Äußerungen: Es wird einsam um Donald Trump – 04.07.2015 http://www.spiegel.de/politik/ausland/latino-anfuehrer-fordern-republikaner-zu-distanz-zu-trump-auf-a-1042088.html

Denn erstaunlicherweise hatten solche Sätze dem Präsidentschaftskandidaten bei den Umfrageergebnissen bis dato nicht gravierend geschadet.

Donald Trump selber hält sich übrigens nicht für rassistisch – ganz im Gegenteil.„ [...] [A]lso bin ich die am wenigsten rassistische Person", erklärte er. Außerdem habe er „eine tolle Beziehung zu den Schwarzen" und verwies dabei auf die Tatsache, dass bei seiner Fernsehshow „The Apprentice" im Jahr 2005 ein Schwarzer gewonnen hat. Andererseits machte er für die Unruhen und Rassenproteste in Ferguson allein die Schwarzen verantwortlich. Die seien ja immer Unruhestifter.[106] Für ihn wurde das Städtchen Ferguson von Banden gewalttätiger illegaler Immigranten heimgesucht.[107] Der Bürgermeister des Ortes – der es ja eigentlich besser wissen müsste – konnte diese Aussagen so allerdings nicht bestätigen. Für Donald Trump passten sie aber perfekt als Begründung zu seinem Programm, illegale Einwanderer unverzüglich abzuschieben.

---

106 Medick, Veit/ Pitzke, Marc: Das Programm des Republikaners: Trumps Welt – 21.08.2015 http://www.spiegel.de/politik/ausland/donald-trump-so-saehen-die-usa-unter-praesident-trump-aus-a-1048913.html

107 Loewery, Wesley: Ferguson's GOP mayor to Trump: You're wrong — there are no 'roving bands of illegal immigrants' here – 26.08.2015 https://www.washingtonpost.com/news/post-politics/wp/2015/08/26/fergusons-gop-mayor-to-trump-youre-wrong-there-are-no-roving-bands-of-illegal-immigrants-here/

Vorwürfe wegen Diskriminierung gab es gegen Donald Trump und seinen Vater Fred übrigens schon viel früher. Den beiden wurde bereits im Oktober 1973 vorgeworfen, gegen den Fair Housing Act zu verstoßen. Das Bundesgesetz war 1968 von Präsident Lyndon B. Johnson unterzeichnet worden. Es beinhaltet u.a. das Verbot der unterschiedlichen Behandlung einer Person aufgrund der Rasse, Hautfarbe, Religion oder Nationalität beim Verkauf oder der Vermietung einer Wohnung oder eines Hauses. Die Trumps sollten gegen dieses Gesetz verstoßen haben und potenzielle Mieter aufgrund ihrer Rasse oder Hautfarbe abgelehnt bzw. aus diesen Gründen unterschiedliche Mietkonditionen verlangt haben. Donald Trump bezeichnete diese Vorwürfe als „absolut lächerlich [...] wir haben niemals diskriminiert und wir würden es niemals tun". Das Trump Management, vertreten durch Roy M. Cohn, forderte anschließend sogar eine Summe von 100 Million Dollar von der US-Regierung für die ungerechtfertigten Vorwürfe. Man habe Trumps Unternehmen herausgepickt, um die Vermietung an Wohlfahrtsempfänger zu erzwingen. Im Juni 1975 gab es jedoch eine Übereinkunft. Trump Management verpflichtete sich, der New York Urban League zwei Jahre lang wöchentlich eine Liste mit allen vakanten Wohnungen zu überlassen. Für jedes fünfte Appartement in Trump Gebäuden mit weniger als 10% dunkelhäutiger Mieter durfte laut dieser

Übereinkunft von der League ein geeigneter Mieter vorgeschlagen werden. Trump Management erklärte allerdings, dass diese Übereinkunft kein Schuldeingeständnis sei.[108]

Eine weitere – in diesem Zusammenhang interessante – Geschichte erzählte Kip Brown, ein ehemaliger Mitarbeiter von Donald Trump. Der Mann arbeitete in den 1980er Jahren in Atlantic City in den Casinos des Immobilienmoguls und erinnert sich noch gut an diese Zeit. Wenn Donald und Ivana in das Casino kamen, dann ordnete der Boss an, dass sich alle Schwarzen aus der Etage entfernen sollten, berichtete er. „Es waren die Achtziger, ich war ein Teenager, aber ich erinnere mich: sie haben uns alle versteckt."[109]

Dass Donald Trump kein Freund des dunkelhäutigen Präsidenten Barack Obama ist, dürfte hinlänglich bekannt sein. Der Immobilienunternehmer lässt kein gutes Haar an der Politik des Mannes, dessen Platz im Weißen Haus er nur zu gerne einnehmen möchte. In seinem aktuellen Buch „Crippled America" freut sich Trump schon drauf, eine Regierung voller Schwächlinge

---

108 Dunlap, David W.: Looking back – 1973: Meet Donald Trump – 30.07.2015 http://www.nytimes.com/times-insider/2015/07/30/1973-meet-donald-trump/
109 Paumgarten, Nick: The death and live of Altantic City – 07.09.2015 http://www.newyorker.com/magazine/2015/09/07/the-death-and-life-of-atlantic-city

abzulösen und kritisiert sowohl die Wirtschafts- als auch die Außenpolitk von Obama.[110] Nur zu gerne unterstützte er daher wohl die abstrusen Verschwörungstheorien der Birtherism-Bewegung, die Obamas Legitimation als Präsident der Vereinigten Staaten öffentlich anzweifelte. Eine der Grundvoraussetzungen, um US-Präsident zu werden, ist ja bekanntlich, dass der Bewerber geborener Amerikaner ist. Die Birtherism-Bewegung – manchmal auch Truther-Bewegung genannt – behauptete, dass Barack Obama nicht, wie er selbst angibt, auf Hawaii geboren ist, sondern möglicherweise in Kenia. Obama sei somit nicht legitimiert, Präsident der Vereinigten Staaten zu sein.

In den Wahlkampf 2012 mischte sich Donald Trump mit einem ungewöhnlichen Angebot ein. Nachdem er zunächst selbst mit einer Präsidentschaftskandidatur geliebäugelt hatte, unterstützte der Unternehmer nun den republikanischen Kandidaten Mitt Romney. Donald Trump verkündete in diesem Zusammenhang, dass er fünf Millionen Dollar für einen wohltätigen Zweck spenden würde, wenn Präsident Obama seine persönlichen Unterlagen wie Reisepass und Universitätsabschlüsse veröffentlichen würde.

---

110 Schmitt-Tegge, Johannes: Eine Nation geht am Stock – Donald Trump klotzt mit neuem Buch – 03.11.2015 http://www.n-tv.de/politik/Donald-Trump-klotzt-mit-neuem-Buch-article16275741.html

Auf Facebook begründete Trump sein ungewöhnliches Vorgehen damals damit, dass man sehr wenig über den amtierenden Präsidenten wisse. „Obama ist der am wenigsten transparente Präsident der Geschichte dieses Landes' [...] ‚Daher habe ich einen Deal für den Präsidenten – einen Deal, den er meiner Meinung nach nicht ablehnen kann'". Werbewirksam definierte Donald Trump dann noch ein Ultimatum. Bis zum 31. Oktober 2012 um fünf Uhr nachmittags müssten die Unterlagen eingereicht sein, dann würde das Geld an eine gemeinnützige Organisation gehen, die Barack Obama auswählen dürfe.[111]

Dabei hatte Präsident Obama im Jahr 2011 schon auf die Anschuldigung der Birtherism Bewegung reagiert und für die Öffentlichkeit überraschend seine Geburtsurkunde veröffentlicht. Hier war Schwarz auf Weiß zu sehen, dass der amtierende Präsident am 4. August 1961 in Honolulu auf Hawaii das Licht der Welt erblickt hatte. Obama war sichtlich verärgert, dass er zu diesem Schritt genötigt wurde und erklärte den wartenden Journalisten, dass er „mit Unverständnis beobachtet" habe, dass die Diskussionen um seine Herkunft nicht aufhörten. „Wir haben keine Zeit für

---

111 Spiegel Online: US-Wahlkampf: Trump macht Obama ein Fünf-Millionen-Dollar-Angebot – 24.10.2012 http://www.spiegel.de/politik/ausland/donald-trump-bietet-barack-obama-fuenf-millionen-dollar-fuer-dokumente-a-863251.html

derartige Dummheiten", erklärte Obama. „Wir haben Besseres zu tun. Ich habe Besseres zu tun."[112] Doch Donald Trump, der immer wieder öffentlich gemutmaßt hatte, dass Obama in Kenia und nicht auf Hawaii geboren sei, war immer noch nicht zufrieden.

„Ich bin heute sehr stolz auf mich", teilte Trump der Presse mit, nachdem Obama die Urkunde veröffentlicht hatte, „weil ich etwas geschafft habe, wozu niemand anders in der Lage war. Unser Präsident hat endlich seine Geburtsurkunde veröffentlicht." Da er aber an der Echtheit des Dokuments zweifelte, forderte er Obama zur Veröffentlichung weiterer Unterlagen auf.[113] Obama bewies übrigens Humor. Beim alljährlichen Korrespondenten-Dinner im Weißen Haus machte er sich über den anwesenden Donald Trump lustig. Im Rahmen seiner Rede kündigte der Präsident die Vorführung seines „offiziellen Geburtsvideos" an. Dann wurde auf einer Leinwand eine Szene aus Walt Disneys Zeichentrickfilm „König der Löwen" gezeigt. Mitten in Afrika präsentiert dort der Löwe Mufasa dem

112 Die Welt: Obamas Geburtsurkunde: Trump spinnt die nächste Verschwörungstheorie – 27.04.2011 http://www.welt.de/politik/ausland/article13282925/Trump-spinnt-die-naechste-Verschwoerungstheorie.html
113 Die Welt: Obamas Geburtsurkunde: Trump spinnt die nächste Verschwörungstheorie. –27.04.2011 http://www.welt.de/politik/ausland/article13282925/Trump-spinnt-die-naechste-Verschwoerungstheorie.html

staunenden Publikum seinen neu geborenen Sohn Simba.[114] Präsident Obama hatte die Lacher auf seiner Seite, und wandte sich dann noch den Journalisten von Fox News zu. Der Kabelsender hatte sich sehr intensiv über die Verschwörungstheorie von Obamas Geburt in Afrika ausgelassen. „Das war ein Witz. Das war nicht mein wirkliches Geburtsvideo. Das war ein Kinderfilm", erklärte der Präsident launig und ließ dann noch eine Spitze an Donald Trump los. Nachdem Obamas Geburtsort jetzt geklärt sei, könne sich „The Donald" jetzt ja endlich den wichtigen Fragen widmen, wie zum Beispiel: „Haben wir die Mondlandung gefaked?"[115]

Donald Trump soll sich dagegen nicht amüsiert haben. Vielleicht ist das auch einer der Gründe, warum der Unternehmer kein gutes Haar Obama lässt. Die letzte Ansprache von Barack Obama zur Lage der Nation im Januar 2016 kommentiert er via Twitter: „The SOTU speech is really boring slow, lethargic - very hard to watch!"[116] Die Ansprache sei wirklich langweilig und schwer anzuschauen, meinte der Bewerber um den

---

114 Passenheim, Antje: Gute Stimmung im Weißen Haus – Obama nimmt Donald Trump auf die Schippe – 02.05.2011 http://www.stern. de/politik/ausland/gute-stimmung-im-weissen-haus-obama-nimmt-donald-trump-auf-die-schippe-3582986.html
115 Graw, Ansgar: Verschwörungstheorien – Obama verhöhnt seinen Widersacher Donald Trump – 01.05.2011 – Stand: 07.01.2016 http://www.welt.de/politik/ausland/article13316048/Obama-verhoehnt-seinen-Widersacher-Donald-Trump.html
116 Twitter: @realDonaldTrump – 13.01.2016

Platz im Weißen Haus. In einem weiteren Tweet fügte Trump hinzu, dass „wir ganz schnell eine neue Führung brauchen".[117] Der amtierende Präsident hatte in seiner Ansprache immer wieder unterschwellig davor gewarnt, den Unternehmer zu wählen, ohne den Namen Donald Trump auch nur zu erwähnen.[118]

Donald Trumps drei ältere Kinder aus der Ehe mit Ivana sollen mit dem Verhalten ihres Vaters rund um die Verschwörungstheorie übrigens auch nicht einverstanden gewesen sein. Bezugnehmend auf eine Quelle bei der „New York Daily News" schrieb die „Huffington Post", dass Donald jr., Ivanka und Eric Mitte Oktober 2012 ein Treffen mit ihrem Vater in dessen Büro im Trump Tower gehabt haben sollen. Sie würden sowohl verstehen, dass er immer sehr direkt seine Meinung sage und dass er die Aufmerksamkeit genieße. Aber dieses Verhalten gehe zu weit. Die Kinder sollen ihm erklärt haben, dass er zu lange und zu hart daran gearbeitet habe, sich seinen guten Ruf aufzubauen. Trumps Berater dementierten allerdings, dass ein solches Treffen jemals stattgefunden habe.[119]

---

117 Twitter: @realDonaldTrump – 13.01.2016
118 Roloff, Heiko: Rede an die Nation im US-Kongress – Michelle stiehlt Barack Obama die Schau – 13.01.2016 http://www.bild.de/politik/ausland/barack-obama/obama-sagt-trump-den-kampf-an-44127126.bild.html
119 Huffington Post: Donald Trump's Kids Told Their Father To Mitigate Obama Bashing – 25.11.2012 http://www.huffingtonpost.com/2012/11/25/donald-trumps-kids-obama-bashing_n_2188061.html

Für Außenstehende wirkte dieser ganze Sachverhalt schon irgendwie lächerlich. Ein Mann, der als Unternehmer und Politiker ernst genommen werden möchte, investiert so viel Energie, um haltlose Gerüchte zu beweisen. Warum will er unbedingt die Herkunft des ersten dunkelhäutigen Präsidenten der Vereinigten Staaten anzweifeln? Oder war das nur eine weitere Aktion nach dem Motto „Besser eine schlechte Presse als gar keine?"

Doch Donald Trump, der Präsidentschaftskandidat mit deutschen Wurzeln, schoß nicht nur gegen den amtierenden Präsidenten und die illegalen Einwanderer aus Mexiko. Er kann auch keine Flüchtlinge aus weltweiten Kriegsgebieten in seinem Land gebrauchen. Die derzeitige US-Regierung hatte angekündigt, dass in den kommenden zwei Jahren rund 200.000 Flüchtlinge aufgenommen werden sollen. Die USA hatten seit Beginn des Bürgerkriegs in Syrien vor vier Jahren bislang nur 1.500 Menschen aufgenommen. Durch die Flüchtlingskrise in Europa war man in Washington aber immer mehr unter Druck geraten, die Zahlen zu erhöhen.[120]

Donald Trump war zunächst ebenfalls der Ansicht, dass man Flüchtlinge aus Syrien aufnehmen müsse. „Ich

120 Die Welt: Trump zu Flüchtlingen – Wenn ich gewinne, gehen alle Syrer zurück – 01.10.2015 http://www.welt.de/politik/ausland/article147084438/Wenn-ich-gewinne-gehen-alle-Syrer-zurueck.html

hasse die Vorstellung", erklärte er, aber aufgrund der „ungeheuren humanitären Katastrophe" müsse man mehr Menschen ins Land lassen. Doch dann änderte er seine Meinung. Bei einer Veranstaltung in New Hampshire verkündete er, dass er alle syrischen Flüchtlinge in den USA in ihr Heimatland zurückschicken werde: „Wenn ich gewinne, gehen sie zurück." Schließlich könnten diese Menschen doch getarnte Kämpfer der Terrormiliz Islamischer Staat sein.[121] Donald Trump ist der Meinung: „Das könnte einer der großen taktischen Tricks aller Zeiten sein – eine 200.000-Mann-Armee."[122]

Es seien alles Männer und alles kräftig aussehende Kerle. So viele Männer und kaum Frauen, sinniert Donald Trump und wundert sich, warum diese Männer nicht kämpfen, um ihr Heimatland Syrien zu retten. Und dann bringt er seine Theorie in Umlauf, suggeriert, dass diese Flüchtlinge ja auch getarnte Terroristen sein könnten. Die Flüchtlinge hätten keine Papiere und niemand wisse, woher sie wirklich kämen. Für diese Aussagen erntete Donald Trump den größten Beifall bei

---

121 Spiegel Online: Flüchtlinge: Trump will Syrer heimschicken – 01.10.2015 http://www.spiegel.de/politik/ausland/fluechtlinge-donald-trump-will-syrer-zurueckschicken-a-1055606.html
122 Süddeutsche Zeitung: Trump will Flüchtlinge zurück nach Syrien schicken – 01.10.2015 http://www.sueddeutsche.de/politik/us-praesidentschaftskandidat-trump-will-fluechtlinge-zurueck-nach-syrien-schicken-1.2673470

der Wahlveranstaltung.[123] Der Unternehmer nutzte dabei die tiefsitzenden Ängste der amerikanischen Bevölkerung nach den Anschlägen vom 11. September 2001 aus und unterstellte allen syrischen Flüchtlingen terroristisches Potenzial. Aber glücklicherweise ist Herr Trump ja, wie er selber von sich sagt, „die am wenigstens rassistische Person".[124]

Im Laufe des Wahlkampfs drehte Donald Trump immer weiter auf und wetterte gegen die muslimische Bevölkerung. Auf dieses Kernthema im Wahlkampf von Donald Trump gehe ich später noch ausführlicher ein.

Menschen, die anders sind als er, scheint Donald Trump – wie man an diesen Beispielen sieht – nicht zu mögen. Umso erstaunlicher war sein Kommentar zu Wladimir Putin. „Putin ist ein viel netterer Mensch als ich", sagte Trump über den russischen Präsidenten bei einer Pressekonferenz.[125] Trumps „Zuneigung" für Pu-

---

123 Johnson, Jenna: Donald Trump: Syrian refugees might be a terrorist army in disguise – 30.09.2015 http://www.washingtonpost.com/news/post-politics/wp/2015/09/30/donald-trump-syrian-refugees-might-be-a-terrorist-army-in-disguise/
124 Medick, Veit/ Pitzke, Marc: Das Programm des Republikaners: Trumps Welt – 21.08.2015 http://www.spiegel.de/politik/ausland/donald-trump-so-saehen-die-usa-unter-praesident-trump-aus-a-1048913.html
125 Campbell, Colin: Donald Trump: 'Putin is a nicer person than I am' – 28.09.2015 http://uk.businessinsider.com/donald-trump-putin-nicer-person-60-minutes-2015-9?r=US&IR=T

tin scheint auf Gegenseitigkeit zu beruhen. Der russische Präsident lobte den republikanischen Kandidaten in seiner Ansprache zum Jahreswechsel im Dezember 2015 und bezeichnete ihn als „brillant und zweifellos talentiert". Donald Trump fühlte sich dadurch wohl sehr geschmeichelt und akzeptierte die Komplimente „im Namen des ganzen Landes". Schließlich sei es ja gut für die USA, wenn er und Wladimir Putin ein gutes Verhältnis hätten. Die „Wiederherstellung des Weltfriedens" und der Antiterror-Kampf könnten von einer Zusammenarbeit der beiden Länder nur profitieren, meinte Neu-Politiker Trump. Mit diesen Aussagen stieß er bei seinen republikanischen Parteifreunden aber auf scharfe Kritik.[126]

---

126 Spiegel Online: Republikaner: Trump akzeptiert Putins Komplimente – „im Namen unseres Landes" – 20.12.2015 http://www.spiegel.de/ politik/ausland/trump-akzeptiert-putins-komplimente-im-namen-unseres-landes-a-1068830.html

7. Donald und das Militär

Der Präsident der Vereinigten Staaten von Amerika hat viele Aufgaben. Er ist zugleich Staatsoberhaupt, Regierungschef und Oberbefehlshaber der Streitkräfte. Es versteht sich daher von selbst, dass die Person, die dieses Amt ausübt, nicht nur repräsentiert, sondern auch wichtige Entscheidungen trifft und im Ernstfall entscheidet, wie das Militär eingesetzt wird. Falls Donald Trump zum Präsidenten der USA gewählt werden sollte, müssen wir uns – seiner Meinung nach – zumindest bezüglich der militärischen Ausrichtung und Ausbildung keine Sorgen machen. Denn Donald Trump ist überzeugt davon, dass er hier genau die richtigen Voraussetzungen mitbringt.

Dabei ist der Präsidentschaftsbewerber nie beim Militär gewesen. Das macht aber nichts, meint Trump. Denn im Alter von 13 Jahren schickten die Eltern den damals ausgesprochen aufmüpfigen Donald an die New York Military Academy (NYMA) in Cornwall-on-Hudson. Hier – gleich in der Nähe der berühmten West Point Military Academy – verbrachte er insgesamt fünf Jahre seiner Schulzeit. Und dieser Erfahrung sei Dank, fühlt sich Donald Trump jetzt als sei er tatsächlich beim Militär gewesen. Schließlich war die Erziehung an der New York Military Academy sehr streng.

In seiner Jugend war der Baulöwe extrem rebellisch, erzählt seine ältere Schwester Maryanne. Und auch ehemalige Klassenkameraden erinnern sich, dass Donald ein Junge war, der alle Regeln austestete und die Lehrer an ihre Grenzen brachte.[127] In seinem Buch „Die Kunst des Erfolges" erzählte Donald Trump selbst ein wenig über seine Kindheit und die Gründe seines Vaters, ihn an der NYMA anzumelden: „Schon im Kindergartenalter war ich eigensinnig und mitunter sogar ziemlich aggressiv. In der Grundschule habe ich einmal meinem Musiklehrer ein ‚Veilchen' verpasst [...] Ich bin nicht stolz auf diese ‚Heldentat', aber sie zeigt, dass ich schon als Kind bereit war, meine Meinung notfalls mit Gewalt durchzusetzen." Und etwas später hieß es im Buch: „Als ich dreizehn wurde, beschloss mein Vater, mich auf die Kadettenschule zu schicken, in der Annahme, dass ein wenig ‚Zucht und Ordnung' mir guttun würden. Anfangs war ich von dieser Idee nicht gerade begeistert, aber es stellte sich heraus, dass seine Entscheidung richtig war. Ich trat in die achte Klasse der Military Academy in Upstate New York ein. Dort brachte man mir Disziplin bei, und ich lernte, meine Aggressionen zu zügeln. Im Abschlussjahr wurde ich sogar zum Schulsprecher gewählt."[128] Rückblickend war Donald also mit der Entscheidung des Vaters einverstanden.

---

127 D´Antonio, Michael: Never Enough – Donald Trump and the Pursuit of Success (2015) – S. 40 (Übersetzung der Autorin)
128 Trump, Donald J./ Schwarz, Tony: Die Kunst des Erfolges (1988) – S. 65

Die strenge Erziehung an der Militärschule scheint ihm gut getan zu haben. Und schon hier konnte er seine Führungsqualitäten unter Beweis stellen.

Der Lehrer Theodore Dobias habe ihn besonders stark beeindruckt und geformt, erzählt Donald Trump.[129] Dobias, der als Soldat im Zweiten Weltkrieg gedient hatte, arbeitete vor seiner Tätigkeit als Lehrer und Trainer an der NYMA als Ausbilder bei den Marines. Davon ausgehend erzog er die Jungen mit strenger Hand. Dobias galt als einer der härtesten Erzieher an der gesamten Schule. Ihm war es vollkommen egal, aus welcher Familie seine Schützlinge stammten. Die Military Academy hatte sehr strenge Regeln. In den Jahren als Trump die Schule besuchte, war körperliche Züchtigung noch nicht verboten und von den Schülern wurden Gehorsam und Respekt verlangt. Die jungen „Kadetten" wurden schon im Morgengrauen geweckt. Ganz schnell mussten sie dann in ihre Uniformen springen, um anschließend in Formation zum Frühstück zu marschieren. Die Jungen lernten, ihre Betten akkurat zu machen, die Schuhe blitzblank zu polieren und vor allem Verantwortung für sich selbst zu übernehmen. Donald Trump hatte dabei eine Menge zu lernen, erzählt Dobias.[130] Aber erstaun-

---

129 Trump, Donald/ Schwarz, Tony: Die Kunst des Erfolge (1988) – S. 66
130 Chang, Alisa: This Is Where Donald Trump Played By The Rules And Learned To Beat The Game – 10.11.2015 – Stand: 25.11.2015 http://www.npr.org/2015/11/10/455331251/this-is-where-donald-trump-played-by-the-rules-and-learned-to-beat-the-game

licherweise schien Donald diese Disziplin zu gefallen. Er blühte richtig auf, berichtet die Autorin Gwenda Blair in ihrem Buch „The Trumps: Three Generations of Builders and a Presidential Candidate": „Donald schien es zu begrüßen, an einem Ort mit klar definierten Vorgaben zu sein, einem Ort, wo er sich darauf konzentrieren konnte, herauszufinden, wie er an die Spitze gelangen und bekommen könne, was er wollte."[131] Für Donald Trump bildete die NYMA also die Basis für seinen Weg nach oben.

Theodore Dobias erinnert sich scheinbar noch sehr genau an Donald. „Der Vater war sehr streng zu dem Kind [...] Er war sehr deutsch", erzählt er.[132] Dobias war an der NYMA nicht nur Lehrer sondern auch Trainer für Baseball und American Football. Er verlangte auch dabei sehr viel von seinen Schülern und habe ihnen immer wieder gesagt: „Gewinnen ist nicht die wichtigste Sache, es ist die einzige." Dabei zitierte er den berühmten und erfolgreichen Football-Trainer Vince Lombardi. Bei Donald Trump schien diese Art der Motivation auf fruchtbaren Boden zu fallen.

---

131 zitiert in: Chang, Alisa: This Is Where Donald Trump Played By The Rules And Learned To Beat The Game – 10.11.2015 – Stand: 25.11.2015 http://www.npr.org/2015/11/10/455331251/this-is-where-donald-trump-played-by-the-rules-and-learned-to-beat-the-game (Übersetzung der Autorin)
132 D´Antonio, Michael: Never Enough – Donald Trump and the Pursuit of Success (2015) – S. 43 (Übersetzung der Autorin)

Donald, der zum Mannschaftskapitän des Baseball-teams avanciert war, wollte die Nummer Eins sein, in jeder Sache, erzählt Dobias. Und sein ehemaliger Schüler wollte, dass alle Menschen wissen, dass er die Nummer Eins ist.[133] Sehr viel scheint sich seit-dem nicht geändert zu haben. Donald Trump hat im-mer noch diesen starken Willen und Ehrgeiz. Er muss immer die Nummer Eins sein. Für den Milliardär zählt nur der Sieg, so scheint es.

Theodore Dobias erzählte dem Autor Michael D'An-tonio, der ihn für sein Buch „Never Enough" befragt hatte, noch von einer Begebenheit, bei der Donald Trump dieses Verhalten an den Tag gelegt hatte. Bei der alljährlichen Columbus Day Parade sollte die NY-MA als erste Gruppe marschieren, unter der Führung von Donald Trump. Als die Gruppe zum Sammelplatz kam, hatte jedoch eine Gruppe katholischer Schul-mädchen die erste Position eingenommen. Trump habe nur gesagt: „Überlasst das mal mir." Als er zu-rückkehrte, wurde die Gruppe der NYMA an die erste Stelle gesetzt. So war er, erklärte Dobias und zeigte sich sehr beeindruckt vom Durchsetzungsvermögen seines ehemaligen Schülers.[134]

---

133 D´Antonio, Michael: Never Enough – Donald Trump and the Pursuit of Success (2015) – S. 43
134 D´Antonio, Michael: Never Enough – Donald Trump and the Pursuit of Success (2015) – S. 43

Die New York Military Academy ist allerdings Donald Trumps einzige Erfahrung mit dem Militär. Die Erziehung dort mag sehr streng gewesen sein. Sie ist aber ganz sicher nicht mit tatsächlichem Militärdienst, geschweige denn mit einem Einsatz in einem Kriegsgebiet gleichzusetzen. Auch wenn Donald Trump selbst hier scheinbar anderer Meinung ist. Die Erfahrungen an der NYMA haben ihm „mehr militärisches Training gegeben als vielen Kerlen beim Militär", zitiert ihn die renommierte „New York Times".[135] Richtige Soldaten dürften diese Aussage für übertrieben halten.

Eine echte militärische Ausbildung hat Donald Trump also nie absolviert. Er zählt zu den glücklichen Männern, die nicht am Vietnamkrieg teilnehmen mussten. Viermal soll Donald einem Einberufungsbescheid widersprochen haben. Er konnte so ungestört sein Studium an der Fordham University of Pennsylvania abschließen. Einige Wochen nachdem der 22-jährige Trump das Examen bestanden hatte, erhielt er im Jahr 1968 jedoch die Nachricht, dass die lokale Musterungsbehörde ihm eine uneingeschränkte Tauglichkeit für den Militärdienst attestiert hatte. Ganz sicher klären lässt sich nicht, was dann geschah, denn

135 Barbaro, Michael: Donald Trump Likens His Schooling to Military Service in Book – 08.09.2015 – Stand: 25.11.2015 http://www.ny-times.com/2015/09/09/us/politics/donald-trump-likens-his-schooling-to-military-service-in-book.html?_r=0

die entsprechenden Unterlagen wurden einige Jahre später vernichtet. Eine erneute medizinische Untersuchung ergab jedoch, dass Donald Trump keineswegs für den Militärdienst geeignet sei. Statt 1A sollte der junge Mann nun nur noch 1Y tauglich sein, hieß es nun in den Musterungsunterlagen. Außer im Falle einer nationalen Notsituation war er also theoretisch untauglich für den militärischen Dienst. Viel später – im Rahmen seiner Präsidentschaftskandidatur 2016 – berichtete der ehemalige Spitzensportler Trump, dass er einen Fersensporn gehabt habe. Auf Nachfrage konnte er sich allerdings nicht mehr genau daran erinnern, an welchem Fuß das gewesen sein soll - später war sogar von beiden Füßen die Rede.[136]

Doch das Land benötigte damals immer mehr Soldaten für den Krieg in Vietnam. Und so wurde im Dezember 1969 erstmals seit dem Zweiten Weltkrieg wieder eine „Einberufungslotterie" abgehalten. Junge Männer, die zwischen 1946 und 1950 geboren waren, bekamen eine Einberufungsnummer zugeteilt. Dabei entschied der Geburtstag über die Reihenfolge der Einberufung, was in besagter Lotterie ausgelost wurde. Männer, die

---

136 Whitlock, Craig: National Security – Questions linger about Trump's draft deferments during Vietnam War – 21.07.2015 – Stand: 25.11.2015 https://www.washingtonpost.com/world/national-security/questions-linger-about-trumps-draft-deferments-during-vietnam-war/2015/07/21/257677bc-2fdd-11e5-8353-1215475949f4_story.html

am 14. September geboren waren, bekamen die Eins zugelost und waren damit die Ersten, die eingezogen wurden. Donald Trump hatte großes Glück bei dieser Lotterie. Die Losnummer seines Geburtstages lautete 356 von 366. So blieb dem jungen Mann durch das Zusammentreffen vieler glücklicher Umstände die Teilnahme am Vietnamkrieg erspart. Aber obwohl Donald Trump kein Freund des Vietnamkrieges war, ihn sogar als Desaster für die USA bezeichnete, hätte er, wenn seine Einberufungsnummer an der Reihe gewesen wäre, seinen Militärdienst angetreten. Und denen, die gedient haben, sei er ungemein dankbar, so erzählt Trumps Wahlkampfteam der Presse.[137]

Und während viele gleichaltrige Männer in Vietnam dienten, konnte sich Donald Trump mit dem Aufbau seiner Karriere beschäftigen. Er genoss die Zeit und widmete sich den schönen Dingen des Lebens. Trump siedelte nach Manhattan über, mietete sich ein Appartement in der Upper East Side, traf sich mit schönen Frauen, besuchte aufregende Clubs und aß in den feinsten Restaurants. Er feierte sein Leben und seinen Erfolg.

---

137 Whitlock, Craig: National Security – Questions linger about Trump's draft deferments during Vietnam War – 21.07.2015 – Stand: 25.11.2015 https://www.washingtonpost.com/world/national-security/questions-linger-about-trumps-draft-deferments-during-vietnam-war/2015/07/21/257677bc-2fdd-11e5-8353-1215475949f4_story.html

Exakt zu der Zeit befand sich Donald Trumps republikanischer Parteikollege John McCain in Kriegsgefangenschaft mitten im feindlichen Vietnam. Im Oktober 1967 wurde der ehemalige Präsidentschaftskandidat der Republikaner – er unterlag Barack Obama im Jahr 2008 – bei seinem 23. Flugeinsatz von einer russischen Rakete abgeschossen. McCain konnte sich zwar per Fallschirm retten, durch die Explosion wurden ihm jedoch beide Arme sowie ein Bein gebrochen. Er war damit nahezu bewegungsunfähig und wurde von Nord-Vietnamesen aufgegriffen, in ein dreckiges Gefängnis gesteckt und brutal gefoltert. Unaufhörlich wurde McCain „befragt" und verprügelt. Er wurde sehr schwer krank. Aber trotz der furchtbaren Folter weigerte sich McCain, der Sohn eines Admirals, standhaft, „ein Geständnis" abzulegen oder etwas gegen den Krieg und sein Land zu sagen. Erst nach mehr als fünf Jahren in dem grausamen vietnamesischen Gefängnis durfte John McCain als körperlich gebrochener Mann nach Hause zurückkehren.[138]

Es ist völlig unerheblich, ob man den Vietnamkrieg gutheißt oder überhaupt irgendeinen Sinn in ihm sieht. John McCain hatte für sein Vaterland gekämpft und gelitten. Donald Trump konnte dagegen immer

---

138 Miller, Michael/ Barbash, Fred: How Trump spent the war years – 25.07.2015 – Stand: 25.11.2015 http://theweek.com/articles/568067/how-trump-spent-war-years

wieder verhindern, dass er in den Krieg musste. Während John McCain und viele andere junge Männer ihr Leben für das Vaterland aufs Spiel setzen mussten, genoss er sein Leben in vollen Zügen und legte nebenbei den Grundstock für sein Immobilienimperium. Dennoch stellte sich Trump während des Wahlkampfs hin und sagte über John McCain: „Er ist kein Kriegsheld. Er ist ein Kriegsheld, weil er in Gefangenschaft geriet. Ich mag Leute, die nicht in Gefangenschaft geraten sind."[139] So eine Stellungnahme sagt sehr viel über einen Menschen aus – sowohl über dessen Empathie als auch die Fähigkeit, Situationen zu beobachten und beurteilen. Erschreckend war in diesem Zusammenhang wieder einmal, dass zwar die Empörung der Amerikaner teilweise sehr groß war, Donald Trump jedoch weiterhin die Umfrageergebnisse anführte.

Aber immerhin setzt sich Donald hingebungsvoll für die Belange der Kriegsveteranen ein. Das erwähnt er zumindest stolz auf seiner Website. Dort stellt sich der Unternehmer als Präsidentschaftskandidat vor, präsentiert sein recht übersichtliches Wahlprogramm und verkündet, dass er „Amerika wieder großartig"

139 Graw, Ansgar: Kann Donald Trump wirklich US-Präsident werden? – 19.07.2015 – Stand: 25.11.2015 http://www.welt.de/politik/ausland/article144207493/Kann-Donald-Trump-wirklich-US-Praesident-werden.html

machen wird. Dabei scheint es ihm sehr wichtig zu sein, seinen Einsatz für die Kriegsveteranen zu erwähnen. Er erzählt, dass im Jahr 1995 – zum 50. Jahrestag des Kriegsendes – nur 100 Zuschauer zur New York City's Veteran Day Parade kamen. Trump spendete daraufhin eine Million Dollar für eine zweite Parade und führte diese auf Bitten vom damaligen Bürgermeister Rudy Giuliani sowie dem Chef des New Yorker FBI-Büros als Grand Marschal an. Und so kam es, dass am 11. November 1995 über 1,4 Millionen Zuschauer zuschauten, als über 25.000 Kriegsveteranen mit Trump an der Spitze durch die Straßen von Manhattan zogen, der ja zumindest eine Militärschule besucht hatte. Einen Monat später wurde Donald für seine Verdienste bei einem Essen im Pentagon ausgezeichnet – erzählt er stolz.[140] Insgesamt bemüht sich Trump sehr um die Wählergruppe der Veteranen und lässt ihnen zahlreiche Spenden zukommen. Beispielsweise verlangte er vom Fernsehsender CNN eine Summe von fünf Millionen Dollar für die Teilnahme an einer TV-Debatte. Mister Trump fühlte sich vom Sender nicht korrekt behandelt. „They take two second snippets", warf er dem Sender vor und meinte, dass man ihn lächerlich machen würde, indem man immer nur zwei Sekunden aus seinen Redebeiträgen

---

140 Donald J. Trump.com: About Donald J. Trump – Chairman and President, The Trump Organization – Stand: 25.11.2015 https://www.donaldjtrump.com/about

herausnehme und nicht seine gesamte Aussage zeige. Jetzt sei Schluss mit lustig oder „Donald Trump isn´t joking anymore", wie es auf der NBC-News-Seite hieß. Und eben diese fünf Millionen Dollar, die Trump für seine Teilnahme an der TV-Debatte verlangte, sollte komplett an verwundete Soldaten und an die Veteranen gehen.[141] Doch dieser Einsatz für die Veteranen hat natürlich gar nichts mit seiner eventuellen Qualifikationen für des Amt des Oberbefehlshabers der Streitkräfte der Vereinigten Staaten zu tun.

Donald Trumps militärisches Know-how ist also wie sich gezeigt hat nicht besonders groß. Trotzdem hat der Immobilienmogul und Reality-TV-Star Pläne, wie er als Oberbefehlshaber der US-Streitkräfte agieren würde. Er ist auch bei diesem Thema von sich und seinen Fähigkeiten überzeugt. „Ich würde eine Armee aufbauen, die so mächtig ist, dass niemand sich mit uns anlegen wird", zitierte die „Bild" Trump.[142] Die USA müssten das stärkste Militär haben und daher will Trump die Ausgaben dafür steigern, heißt es auf der Website des

---

141 Vitali, Ali: Trump proposes $5 Million Ransom for Showing Up at CNN Debate – 01.12.2015 – Stand: 01.12.2015 http://www.nbcnews.com/politics/2016-election/trump-proposes-5-million-ransom-showing-cnn-debate-n471786

142 Merholz, Anne: Trump will Amerika gegen ISIS und Co. aufrüsten – „Mit uns legt sich keiner mehr an" – 16.08.2015 – Stand: 25.11.2015 http://www.bild.de/politik/ausland/donald-trump/will-amerika-gegen-isis-und-co-aufruesten-42252490.bild.html

„Focus": „Der ‚Islamische Staat' sei zu besiegen, wenn die USA kraftvoll und effektiv vorgingen. Wie? Das könne er nicht sagen, weil es die Gegner dann ja schon wüssten und sich dagegen wappneten." Für Donald hat ein starkes Militär auf jeden Fall außenpolitische Priorität.[143] Dass er die Kriege in Afghanistan und Irak für Fehler hält, hat er schon mehrfach verkündet und damit seinen Kontrahenten Jeb Bush indirekt kritisiert. Denn George W. Bush, der ehemalige US-Präsidenten und Bruder von Jeb, war für das militärische Eingreifen in Afghanistan und Irak verantwortlich.

Zum erweiterten Themenbereich Militär gehört sicherlich auch das Thema Waffenbesitz in den USA. Nach einem Amoklauf an einem College in Oregon im Oktober 2015 äußerte sich Donald Trump zu den US-Waffengesetzen. Während der amtierende Präsident Obama nach dem Vorfall, bei dem neun Menschen getötet und sieben weitere Personen von einem psychisch kranken Täter verletzt wurden, schärfere Waffengesetze forderte, erklärte Trump bei einem Wahlkampfauftritt in Nashville: „Waffengesetze haben damit gar nichts zu tun. Das ist einfach eine psychische Krankheit. Wenn die Dozenten und Studenten

---

143 Jäger, Thomas: Es würde teuer – Mauer, Dollar, China-Zoff: Was ein US-Präsident Trump für Deutschland bedeuten würde – 01.11.2015 – Stand: 25.11.2015 http://www.focus.de/politik/experten/jaeger/ es-geht-um-dollar-nicht-um-demokratie-donald-trump-als-us-praesi-dent-fuer-deutschland-koennte-das-teuer-werden_id_5049395.html

bewaffnet gewesen wären, hätten sie die Gewalttat verhindern können."[144] Trump kritisierte „waffenfreie Zonen" und erklärte, dass er selbst einen Waffenschein habe. Wer ihn angreifen will, werde einen Schock erleben. „Es geht um Selbstverteidigung, ganz einfach." Zudem forderte der Unternehmer eine intensivere Behandlung psychisch kranker Menschen.[145]

Im Januar 2016 ging der Immobilienmogul sogar noch einen Schritt weiter und kündigte für den ersten Tag als Präsident der Vereinigten Staaten von Amerika an: „Ich werde waffenfreie Zonen an den Schulen abschaffen." Bisher sind die Regelungen, ob in öffentlichen Bereichen Waffen getragen werden dürfen, in den einzelnen Bundesstaaten unterschiedlich. In Schulen sind Waffen jedoch in der Regel komplett verboten. Bei einer anderen Wahlkampfrede erklärte Trump sein Vorhaben: „Wisst ihr, was eine waffenfreie Zone für einen Perversen ist? Sie ist ein Köder."[146]

144 Stern: Trump über Amokläufer: „Sind manchmal Genies" –
05.10.2015 http://www.stern.de/politik/ausland/donald-trump-nach-
amoklauf-in-oregon—sind-manchmal-genies–6483858.html
145 Die Welt: Zur Selbstverteidigung – Nach dem Amoklauf ruft Trump
nach noch mehr Waffen – 04.10.2015 – Stand: 25.11.2015
http://www.welt.de/politik/ausland/article147178609/Nach-dem-
Amoklauf-ruft-Trump-nach-noch-mehr-Waffen.html
146 Spiegel Online: US-Wahlkampf: Donald Trump will Waffenverbote
an Schulen aufheben – 08.01.2016 http://www.spiegel.de/schul-
spiegel/donald-trump-will-waffenfreie-zonen-an-schulen-abschaff-
en-a-1071123.html

Die Terroranschläge von Paris im November 2015 nutzte Donald Trump ebenfalls, um sich für ein liberaleres Waffengesetz stark zu machen. Bereits im Zusammenhang mit dem Anschlag in der französischen Hauptstadt auf das Satiremagazin „Charlie Hebdo", bei dem im Januar 2015 zwölf Menschen getötet wurden, hatte er getwittert: „Ist es nicht interessant, dass die Tragödie in Paris in einem Land mit den härtesten Waffengesetzen der Welt stattgefunden hat?" Zu den jüngeren Anschlägen, bei denen an einem Abend an verschiedenen Orten in Paris mehr als 130 Menschen getötet und über 350 Menschen teilweise schwer verletzt wurden, äußerte sich Trump ebenfalls mit einer Werbung für lockerere Waffengesetze. Seiner Meinung nach wäre die Situation ganz anders verlaufen, wenn die Menschen hätten Waffen tragen dürfen. „Niemand hatte Waffen", kritisierte er. Die Angreifer hätten „einfach einen nach dem anderen erschossen."[147]

Meint Donald Trump dergleichen wirklich ernst? Wäre die Situation seiner Meinung nach weniger dramatisch gewesen? Hätte es tatsächlich weniger Tote gegeben, wenn die Besucher des Konzerts der US-amerikanischen Band „Eagles of Death Metal" bis an die Zähne

---

147 Frankfurter Allgemeine Zeitung: Hätten die Menschen Waffen getragen, wäre es anders verlaufen – 15.11.2015 – Stand: 25.11.2015 http://www.faz.net/aktuell/politik/terror-in-paris/donald-trump-haetten-die-menschen-waffen-getragen-waere-es-anders-verlaufen-13913493.html

bewaffnet gewesen wären? Besonders erschreckend ist, dass Donald Trump von solchen Aussagen nachweislich profitiert. Eine Reuters/Ipsos-Umfrage nach den furchtbaren Anschlägen in Paris ergab, dass Donald Trump der republikanische Kandidat ist, dem die US-Amerikaner am ehesten einen erfolgreichen Kampf gegen den Terror zutrauen. Zwanzig Prozent der Befragten waren dieser Meinung. Experten hatten dagegen erwartet, dass Trump durch die Anschläge an Zustimmung verlieren würde, da beispielsweise andere Bewerber wie Jeb Bush und Marco Rubio mehr außenpolitische Kompetenz besitzen.[148] Aber wieder einmal schaffte es Donald Trump, sämtliche Experten eines Besseren zu belehren. So ist der Mann ohne militärische Erfahrung und ohne das entsprechende Fachwissen also für Teile der US-amerikanischen Bevölkerung der Experte im Militärbereich und im Kampf gegen den Terror geworden. Alle anderen hoffen vermutlich auf gute Berater, die eingreifen werden, falls Donald Trump tatsächlich zum Präsidenten der Vereinigten Staaten gewählt werden sollte.

---

148 Reuters: Trump nach Anschlägen von Paris bei US-Wählern hoch im Kurs – 18.11.2015 – Stand: 25.11.2015 http://de.reuters.com/article/worldNews/idDEKCN0T70MX20151118

8. Donald und seine Karriere

8.1 Donalds Einstieg ins Familienunternehmen

Donald Trump wuchs wie schon erwähnt in einer recht großen Familie auf und wurde als viertes von insgesamt fünf Kindern im New Yorker Stadtteil Queens geboren. Donalds Mutter Mary Anne kümmerte sich um den Haushalt und die Kinder. Nebenbei engagierte sie sich leidenschaftlich für wohltätige Zwecke. Mutter Trump war sehr charmant, sprühte vor Energie und stand gerne im Mittelpunkt einer Gesellschaft. Diese Eigenschaft scheint sie ihrem Sohn Donald vererbt zu haben, denn der Unternehmer sucht bekanntlich immer wieder das Rampenlicht. Mary Annes Ehemann Fred fiel es dagegen deutlich schwerer, Freunde zu gewinnen und Kontakte zu knüpfen. Dieses Manko versuchte der Bauunternehmer durch harte Arbeit wettzumachen. Aber er wusste, dass das Knüpfen von Beziehungen gerade in der Baubranche existenziell wichtig war. Die richtigen Personen – also die Entscheidungsträger – zu kennen, bringt enorme Vorteile, lukrative Aufträge und wertvolle Informationen. So erwies sich auch die langjährige Freundschaft zum späteren New Yorker Bürgermeister

Abe Beame als wichtiger Karrieremotor für die Trumps und ihr Unternehmen.

Fred Trump arbeitete nicht nur selber unermüdlich an seinen Projekten, auch von seinen Kindern verlangte er sehr viel und erzog sie mit strenger Hand. Immer wieder waren Disziplin, harte Arbeit und Ehrgeiz wichtige Themen im Hause Trump. Die fünf Kinder entwickelten sich durch diese Erziehung sehr unterschiedlich. Donalds älteste Schwester Maryanne wurde eine sehr erfolgreiche Juristin und arbeite einige Jahre als Bundesstaatsanwältin im Justizministerium. Anschließend wurde sie sogar zur Bundesrichterin ernannt. Donalds übrige Geschwister – Fred jr., Elizabeth und Robert – hatten dagegen scheinbar weniger Ambitionen und Energie. Sie machten keine besonderen Karrieren und hatten einfachere Jobs – beispielsweise bei einer Bank. Donald schien seinem Vater am ähnlichsten zu sein. Er hatte Interesse an dessen Projekten und begleitete den Bauunternehmer schon von Kindesbeinen an zu den verschiedenen Baustellen.[149]

Somit schien Donald als einziges der fünf Trump-Kinder geeignet zu sein, in die Fußstapfen des Vaters zu treten. Letztendlich wurde Donald und nicht der ältere Bruder Fred jr. zum Nachfolger an der Spitze des

---

149 D'Antonio, Michael: Never Enough – Donald Trump and the Pursuit of Success (2015) – S. 38f

Familienunternehmens auserkoren. Der 1938 geborene Freddy schien dem Druck des Vaters nicht gewach-
sen zu sein. In seinem Buch „Die Kunst des Erfolges"
erzählte Donald Trump selbst etwas über seinen Bruder und dessen Verhältnis zum Vater: „Mein ältester
Bruder Freddy hatte es in unserer Familie vielleicht am
schwersten." Während sein Vater ein engagierter und
mitunter knallharter Geschäftsmann gewesen sei, war
der Bruder das genaue Gegenteil. „Er liebte Gesel-
ligkeit, Partys, galt als großzügig, warmherzig und le-
benslustig." Doch Vater Trump wünschte sich, dass der
älteste Sohn in seine Fußstapfen treten und in die Firma
einsteigen würde. Nur widerwillig erfüllte Freddy diesen
Wunsch. „Er war einfach nicht der Typ, der sich gegen
die Mafia-Methoden der Baubranche zur Wehr setzen
oder mit einem gerissenen Zulieferer verhandeln konnte", berichtet Donald Trump in seinem Buch. Nachdem
man eingesehen hatte, dass es so nicht funktioniert,
durfte Freddy endlich das tun, was er wirklich wollte.
Er zog nach Florida und wurde Pilot, außerdem angelte
und segelte er gerne. Bei der weiteren Beschreibung
wird Donald Trump tatsächlich fast ein bisschen selbst-
kritisch: „Diese Periode war wohl die glücklichste seines Lebens, und dennoch erinnere ich mich, dass ich
oft zu ihm sagte – obwohl ich acht Jahre jünger war
als er – ,Was machst du überhaupt aus deinem Leben,
Freddy? Raff dich endlich auf! Du verschwendest doch

nur deine Zeit.' Heute bedaure ich meine Worte sehr."
Donald Trump gibt hier eine Menge über seine Wert-
vorstellungen preis. Er scheint – wie sein Vater – Leistung über alles zu stellen und persönliche Wünsche
sowie Gefühle für weniger wichtig zu halten. Ein Mann,
für den nur der Sieg zählt, kann wohl nicht nachvollziehen, dass es Menschen gibt, denen andere Dinge
im Leben wichtiger sind. Etwas später heißt es dann in
der Autobiografie: „Irgendwann geriet Freddy dann in
eine depressive Phase. Er begann zu trinken und dann
ging es mit ihm rapide bergab. Er starb mit 43 Jahren.
Ein trauriges Schicksal, denn er war ein wundervoller
Mensch, der es nicht verstand, sich selbst zu verwirk-
lichen. Er besaß großartige Fähigkeiten und Talente,
aber er konnte den Ansprüchen unserer Familie einfach nicht gerecht werden. Ich wünschte nur, ich hätte
das schon früher erkannt."[150]

Aber auch wenn Donald Trump heute viel von seinen
Mitarbeitern verlangt und großes Engagement erwartet,
hat er doch Konsequenzen aus dem tragischen Tod
seines Bruders gezogen. Die Alkoholsucht von Freddy
und ihre Folgen haben scheinbar tiefe Spuren hinterlassen. Donald ist jedenfalls bekennender Abstinenzler. Freds Schicksal hat seinen jüngeren Bruder wohl
vor den Gefahren des Trinkens gewarnt. Das hielt ihn

---

150 Trump, Donald J./ Schwartz, Tony: Die Kunst des Erfolges (1988)
    – S. 64f

aber nicht davon ab, 2006 seine eigene Wodkamarke auf den Markt zu bringen. Natürlich wurde diese – wie die meisten seiner Produkte und Projekte – nach ihm selbst benannt. „Ein hervorragendes Produkt und auch so schön verpackt", pries Trump das hochprozentige Getränk an, das er persönlich wohl gar nicht probiert haben dürfte. Es sei sozusagen der Inbegriff des Wodka, hieß es in der Werbung. Und der Unternehmer prophezeite sogar, dass Trump and Tonic (T&T), der am meisten gefragte Drink in Amerika werden würde, nur noch übertroffen durch den Trump Martini.[151] Die amerikanischen Wodka-Freunde konnte er damit aber nicht überzeugen und so gewann er mit seinem vermeintlichen Kult-Getränk nicht allzu viele Kunden. Die Produktion wurde daher 2011 wieder eingestellt.[152]

Nachdem Freddy nicht als Nachfolger von Fred Trump in Frage kam und auch die übrigen Geschwister nicht genügend Ehrgeiz oder auch Interesse mitbrachten, war Donald also die perfekte Wahl für die Nachfolge des Vaters. Um sich auf seine Aufgabe im Familienunternehmen vorzubereiten, besuchte der heutige

---

151 Webley, Kayla: Top 10 Donald Trump Failures – Trump Vodka – 29.04.2011 http://content.time.com/time/specials/packages/article/0,28804,2068227_2068229_2068224,00.html
152 Maluch, Thilo/ Nehf, Paul: Seine Herkunft, seine Frauen, sein Vermögen: Die wichtigsten Fakten über Donald Trump – 22.07.2015 http://www.rollingstone.de/seine-herkunft-seine-frauen-sein-vermoegen-die-wichtigsten-fakten-ueber-donald-trump-805885/

Präsidentschaftskandidat nach seinem Abschluss an der New York Military Academy zunächst zwei Jahre lang die Fordham University in der Bronx und studierte dort Wirtschaftswissenschaften. Er entschied sich für diese Universität, weil sie nicht weit von seinem Elternhaus entfernt war. Nach zwei Jahren wechselte Trump aber an die Wharton School of Finance in Philadelphia. Er war der Meinung, dass er sich genauso gut mit der geistigen Elite des Landes messen könne, wenn er schon ein College besuchen müsse. Diese Wahl begründete er in seinem autobiografischen Buch „Die Kunst des Erfolges": „Damals galt Wharton als Brutstätte für karriereträchtige Nachwuchsmanager. Die Harvard Business School hat zweifellos viele Wirtschaftsgrößen hervorgebracht [...] aber die echten Wirtschaftsführer scheinen samt und sonders in Wharton studiert zu haben."[153] Die prestigeträchtige Wharton School war zudem eine der wenigen Universitäten, die einen Fachbereich für Immobilien anboten.

Donald Trump war durch seine Ausbildung also bestens für eine Karriere in der Immobilienbranche vorbereitet. Schon während des Studiums stieg er in das Familienunternehmen Elizabeth Trump & Son ein. Aber der ambitionierte junge Mann wollte mehr als nur kleine Häuser für die Mittelschicht oder Appartementanlagen

---

153 Trump, Donald J./ Schwartz, Tony: Die Kunst des Erfolges (1988)
   – S. 71f

in den Stadtvierteln Brooklyn, Queens und Staten Island bauen. Und obwohl er seinen Vater tatkräftig unterstützte, dachte und plante er in viel größeren Dimensionen. Donald wollte nach Manhattan.

Doch ehe er sich diesen Schritt leisten konnte, arbeitete er Seite an Seite mit seinem Vater in einem bescheidenen Büro in der Avenue Z in Brooklyn. Eines der ersten größeren Projekte von Donald Trump war dabei der Swifton-Village-Appartement-Komplex in Cincinnati in Ohio. Die 1953 erbaute Anlage war aufgrund hoher Leerstandsraten eigentlich unrentabel. Trotzdem kaufte Fred Trump den Komplex für 5,7 Millionen Dollar bei einer Zwangsvollstreckung. Weder die Bank noch seine Mutter waren von diesem Deal begeistert. 1964 erzählte Donalds Vater der „Cincinnati Post & Times-Star", dass seine Mutter auf die Nachricht, dass Elizabeth Trump & Son den Zuschlag für Swifton Village bekommen hatte, geantwortet hatte: „Das ist die schlechteste Nachricht, die ich heute gehört habe." Aber Fred Trump schien optimistisch zu sein, sah Potenzial in dem Komplex und schickte seinen Sohn Donald, der zu diesem Zeitpunkt noch Student an der Wharton School war, nach Cincinnati, um die Neuerwerbung zu betreuen. Der ehemalige Bewohner Roy Knight erinnerte sich 1990 an diese Zeit. Donald Trump sei nicht sehr erfahren gewesen, aber er kam häufig für ein paar Tage angeflogen und half sogar bei einfachen handwerklichen Tätigkeiten. Auf jeden Fall konnten die Trumps die Belegungsraten in dem Komplex deutlich steigern. Während vor der Übernahme nur 400 Wohneinheiten vermietet und 800 Wohnungen unbelegt waren, gab es nach weniger als zwei Jahren keine Leerstände mehr, so Knight.[154]

In „Die Kunst des Erfolges" äußert sich Donald Trump ebenfalls begeistert über den gelungenen Coup. Sein Vater und er hätten ein sehr niedriges Angebot für den Komplex gemacht und bekamen den Zuschlag für weniger als sechs Millionen Dollar. Da die Bank einen Kredit in Höhe der Kaufsumme sowie weitere 100.000 Dollar für die Instandsetzung bewilligte, konnten die Trumps das Projekt komplett ohne Eigenkapital in Angriff nehmen. Der Kredit ließ sich mit den Mieteinnahmen „problemlos zurückzahlen". „Nach Unterzeichnung des Kaufvertrages hing unser Erfolg vor allem vom Management und Marketing ab, das heißt wir mussten annehmbare, langfristige Mieter finden", so Trump in seinem Bestseller. Die Anlage sei von den ehemaligen Mietern total verwohnt gewesen, zudem zahlten diese vielfach auch keine Miete. Man konnte die „unerwünschten" Mieter loswerden und die Appartements wurden für rund 800.000 Dollar saniert und

154 Korte, Gregory: HDComplex was troubled from beginning –
01.09.2002 http://www.enquirer.com/editions/2002/09/01/loc_
complex_was_troubled.html (Übersetzung der Autorin)

verschönert. Da in Cincinnati im Gegensatz zu New York Mieterhöhungen gesetzlich erlaubt waren, lohnten sich die Investitionen für die Trumps.[155]

Nachdem Donald zu Beginn des Projekts noch regelmäßig nach dem Rechten sah, konnte er seine Besuche deutlich reduzieren, nachdem er den passenden Verwalter für die Anlage gefunden hatte. Er hatte sich für einen Mann namens Irving entschieden, obwohl er vor ihm gewarnt worden war. Dieser war u.a. in zahlreiche Betrugsdelikte verwickelt und nicht zum ersten Mal mit dem Gesetz in Konflikt geraten. Doch statt Konsequenzen zu ziehen und den Hausverwalter zu entlassen, entschied sich Trump von den Vorteilen, die dieser Mann brachte, zu profitieren. „Erstens leistete er unvergleichlich viel mehr als alle ehrlichen Hausverwalter, die ich bisher eingestellt hatte, und zweitens würde niemand es wagen, etwas zu stehlen, solange er den Komplex beaufsichtigte." Zudem lobte Donald Trump Irvings Fähigkeiten, ausstehende Mietschulden auf eine unnachahmliche Art und Weise einzutreiben. Allerdings ging er auch davon aus, dass Irving Geld gestohlen hatte, konnte es aber nicht beweisen.[156] Es mag sein, dass ein Mann mit unkonventionellen – und

---

155 Trump, Donald J./ Schwartz, Tony: Die Kunst des Erfolges (1988) – S.74f
156 Trump, Donald J./ Schwartz, Tony: Die Kunst des Erfolges (1988) – S. 76f

teilweise vielleicht sogar nicht ganz legalen Mitteln – ein Optimum an Gewinn aus so einem Projekt herausholen kann. Doch der Zweck heiligt wohl nicht jedes Mittel.

Scheinbar fiel Donald Trump auch auf, dass es nicht gerade imagefördernd war, einen Mann mit Irvings Vergangenheit und Verhaltensweisen als perfekten und tatkräftigen Verwalter für den Appartementkomplex darzustellen. In seinem 2008 erschienenen Buch „Gib niemals auf!" klang die Beschreibung schon etwas anders: „Seine [Irvings] Ansichten waren nicht politisch korrekt, er war ausgesprochen unangenehm und unhöflich [...] Er war die Personifizierung eines Hochstaplers. Wie sich herausstellte war er auch ein Hochstapler, der ein ansehnliches Register an Schwindeleien und Betrügereien auf dem Konto hatte. Aber er war ein fantastischer Manager. [...] er wusste auch wie man Mieten eintreibt, was nicht immer ein beneidenswerter Job ist."[157]

Im Zusammenhang mit der Swifton-Village-Anlage gab es auch einen kleinen Skandal. Dunkelhäutige Bewerber fühlten sich bei der Vergabe von Wohnungen im Komplex diskriminiert. Der „Cincinnati Enquirer" berichtete beispielsweise über den Fall eines afroamerikanischen

---

157 Trump, Donald: Gib niemals auf! – Wie ich meine größten Herausforderungen in meine größten Triumphe verwandelte (2008) – S. 195

Mitarbeiters der General Electric Aircraft Engines, der sich für eine Wohnung beworben hatte. Es sei nichts frei, wurde ihm gesagt. Die Housing Opportunities Made Equal, eine Gesellschaft die sich bis heute für eine gerechte Vergabe von Wohnraum – unabhängig von Rasse und Hautfarbe – einsetzt, machte einen Test. Sie ließ ein Ehepaar mit weißer Hautfarbe nachfragen, ob es freien Wohnraum gäbe. Dem Ehepaar wurde eine freie Wohnung angeboten. Der abgewiesene schwarze Bewerber klagte und gewann.[158] Den Trumps wurde in diesem Zusammenhang vorgeworfen gegen den Fair Housing Act – ein Gesetz gegen die Diskriminierung von Bevölkerungsgruppen bei der Vergabe von Wohnraum – verstoßen zu haben.

Die Trumps profitierten auf jeden Fall von dem Swifton-Village-Deal. Nachdem sie einige Jahre lang beachtliche Einnahmen aus der mittlerweile komplett vermieteten Anlage kassieren konnten, entschlossen sich die Bauunternehmer zum Verkauf. Nach eigenen Angaben erhielten sie für den Komplex zwölf Millionen Dollar.[159] Bei einem Kaufpreis von rund sechs Millionen Dollar machte das schon einen sehr beachtlichen Gewinn. Donalds Einstand ins Immobiliengeschäft

---

158 Korte, Gregory: HDComplex was troubled from beginning – 01.09.2002 http://www.enquirer.com/editions/2002/09/01/loc_complex_was_troubled.html
159 Trump, Donald: Gib niemals auf! – Wie ich meine größten Herausforderungen in meine größten Triumphe verwandelte (2008) – S. 196

verlief also überaus erfolgreich. Doch er war noch nicht zufrieden. Das bescheidene Büro in der Avenue Z von Brooklyn reichte ihm nicht mehr aus. Und so war es nur eine logische Konsequenz, dass sich der ehrgeizige junge Mann aufmachte, um mitten im Herzen von New York City Fuß zu fassen. 1971 wagte Trump den großen Schritt und machte sich auf nach Manhattan. Hier mietete er sich ein kleines Appartement an der Third Avenue/Ecke 75th Street, obwohl er zunächst weiterhin in Brooklyn arbeitete. Er selbst beschrieb seine erste Wohnung in Manhattan als „dunkle, winzige Behausung", der Blick aus dem Fenster bot die Aussicht auf den Wassertank am Nachbargebäude. Trotzdem war Donald Trump sehr stolz auf sein Appartement.[160] Der Sohn eines Bauunternehmers aus Brooklyn war in Manhattan angekommen.

Die folgenden Jahre waren entscheidend für Donald Trumps Aufstieg zu einem Unternehmer, der das Erscheinungsbild von Manhattan mitgestaltet und weltweit einen beachtlichen Bekanntheitsgrad erreicht hat. Trump legte zu dieser Zeit den Grundstein für seine beeindruckende Karriere, die ihn heute zu einem der prominentesten und in den Medien präsentesten Präsidentschaftskandidaten macht. Donald Trump schaffte es geschickt, Chancen zu erkennen und zu nutzen. Er

---

160 Trump, Donald J./ Schwartz, Tony: Die Kunst des Erfolges (1988)
   – S. 83

bewies Weitsicht, sah die Möglichkeiten, die New York bot, und glaubte vor allem an sich selbst. Das ist wahrscheinlich einer seiner größten Pluspunkte auf dem Weg nach oben – dieser unerschütterliche Glaube an sich und seine Fähigkeiten. Zur Erreichung seiner Ziele setzt er bis jetzt geschickt auf Kontakte, die er seit Beginn seiner Laufbahn geknüpft hat, und arbeitet daran, immer neue Beziehungen herzustellen, die ihm bei seinem weiteren Weg helfen können. Er legt großen Ehrgeiz an den Tag und beweist immer wieder einen langen Atem, wenn es darum geht, seine Ziele auch durchzusetzen.

Donald Trump hatte schnell verstanden, dass es im Herzen von New York City wichtig war, Kontakte zu knüpfen und die richtigen Leute kennenzulernen. Wichtige Informationen und lukrative Aufträge sind erfahrungsgemäß leichter zu bekommen, wenn man über Beziehungen verfügt. „Als erstes versuchte ich, mir Eintritt in die Welt der High Society zu verschaffen. ‚Le Club' gehörte wie das Studio 54 in seiner Blütezeit zu den exklusivsten Klubs in New York [...] Ich vergesse nie, welche Mühe es mich kostete, in diese exklusive Runde aufgenommen zu werden."[161] Ausführlich berichtet Donald Trump in seiner Biografie aus dem Jahr 1987 auch, was er alles anstellen musste, um in den illustren

---

161 Trump, Donald J./ Schwartz, Tony: Die Kunst des Erfolges (1988) – S. 84

Kreis der Klubmitglieder aufgenommen zu werden. Er telefonierte den wichtigen Leuten hinterher und suchte immer wieder deren Nähe – auch wenn er zunächst nicht beachtet wurde. Er – der bekennende Abstinenzler – feierte mit den Strippenziehern, den wichtigen, einflussreichen und prominenten Leuten von New York wilde Partys, ohne auch nur einen Tropfen Alkohol zu trinken. Seine Bemühungen zahlten sich auf jeden Fall aus. Neben vielen einflussreichen und prominenten Männern lernte Donald Trump auch den Rechtsanwalt Roy Cohn kennen. Cohn hatte durch seine Tätigkeit als Chefberater von Senator Joseph McCarthy öffentliche Kritik einstecken müssen. Für Donald Trump schien er aber – vielleicht auch deswegen – der geeignete Anwalt zu sein. Roy Cohn bestand beispielsweise darauf, dass Trump sich vor seinen jeweiligen Hochzeiten von seinen zukünftigen Ehefrauen detaillierte Eheverträge unterzeichnen ließ. Außerdem vertrat er ihn beispielsweise bei den Klagen gegen Trumps Firma wegen der Diskriminierung von Farbigen in den Trump'schen Wohnanlagen.

So war Donald Trump bestens vorbereitet, als er den Deal in Angriff nahm, der ihn zu einem der populärsten Immobilienunternehmer der USA machen würde. Nach den Jahren des Booms ging es mit der Baubranche Anfang der 1970er Jahre deutlich abwärts. Steigende

Zinsen, leere öffentliche Kassen und eine damit verbundene Kürzung der staatlichen Subventionen sorgten für einen dramatischen Rückgang von Bauaktivitäten. Ganz besonders dramatisch war die Situation in New York. Die Stadt saß auf einem gigantischen Schuldenberg und stand buchstäblich am Rande eines Bankrotts. Heute ist es kaum vorstellbar, dass es in Manhattan viele verwahrloste und gefährliche Ecken gab, die man nach Einbruch der Dunkelheit lieber nicht freiwillig betreten hatte.

Genau in dieser Zeit entdeckte Trump ein Grundstück, das seine Fantasie weckte. „Eines der Grundstücke, das mich schon immer fasziniert hatte, war der ehemalige Rangierbahnhof am Hudson River, der sich von der 59th Street bis zur 72nd Street erstreckte. Jedes Mal, wenn ich auf dem Westside Highway daran vorbeifuhr, malte ich mir aus, was für fantastische Bauwerke sich darauf errichten ließen. [...] Aber dieses riesige Areal erschließen zu wollen – noch dazu in einer Zeit, als die Finanzmisere der Stadt ihren Höhepunkt erreicht hatte, war reiner Wahnsinn."[162] Doch dann – im Sommer 1973 – las Donald Trump einen Zeitungsartikel über den Konkurs der Penn Central Railroad. Zur Aktivmasse der Eisenbahngesellschaft gehörte u. a. das Bahngelände, dass ihm immer wieder ins Auge gefallen war.

---

162 Trump, Donald J./ Schwartz, Tony: Die Kunst des Erfolges (1988)
     – S. 90

Und jetzt zeigte der junge aufstrebende Immobilienunternehmer, dass er die Kunst des Networking verstand. Er wandte sich direkt an Victor Palmieri, der die Firma der Treuhänder leitete. Die beiden Männer hatten sich noch nie zuvor gesehen, aber Trump rief Palmieri einfach persönlich an und bat ihn um 15 Minuten seiner Zeit. Dann erzählte er dem Treuhänder von seinem Vorhaben, das Areal des alten Rangierbahnhofes mit Wohnungen und Einkaufsmöglichkeiten zu bebauen. Trump wusste, dass Palmieri eine Schlüsselposition bei der Umsetzung seines Plans innehaben würde – ihn musste er unbedingt überzeugen.[163]

Diese Überzeugungsarbeit scheint Donald Trump auch gelungen zu sein. Neben einer großen Portion Enthusiasmus und einer Vision konnte er noch mit einem ganz anderen Pluspunkt überzeugen: „Außerdem machte ich Palmieri auf unsere guten Beziehungen zu Politikern aufmerksam, wie zum Beispiel Abraham Beame, der im November 1973 zum Bürgermeister von New York gewählt worden war. [...] Wie alle Bauunternehmer hatten auch mein Vater und ich Beame und andere Kandidaten finanziell unterstützt. Für einen New Yorker Geschäftsmann sind Wahlspenden nichts Anrüchiges,

---

163 Ross, George H.: Trump Strategies for Real Estate: Billionaire Lessons fort the Small Investor (2007) – S. 10

sondern gang und gäbe[...]"[164] Die Kontakte zu den Entscheidungsträgern von New York – sprich die Beziehungen zu Bürgermeister Beame – dürften bei den anschließenden Verhandlungen sicherlich zu den überzeugendsten Argumenten gezählt haben. Palmieri schien beeindruckt von Trump und dessen Unternehmen. Er schlug daher sogar vor, „nicht nur das Areal im Bereich der 60th Street, sondern auch die Grundstücke an der West 34th Street zu erschließen."[165]

Donald Trump nahm auch Kontakt zu Edward „Ned" Eichler auf, der verantwortlich war für die Abwicklung der Immobiliengeschäfte der Penn Central in Manhattan. Und obwohl Eichler noch nie von Trump gehört hatte, stimmte er einem Besuch bei der Trump Organization in Brooklyn zu. In Gwenda Blairs Buch „The Trumps: Three Generations of Builders and a Presidential Candidate" beschreibt Ned Eichler den damals gerade mal 27 Jahre alten Unternehmer als „voll von seinem eigenen Ego, der seinen Weg in der Stadt machen wolle." Eichler, zu diesem Zeitpunkt 42 Jahre alt, schien beeindruckt von Donalds Energie zu sein. Außerdem bemerkte er bei einer Tour durch die Vorstadtwohnlagen der Trumps, dass diese gut entworfen,

---

164 Trump, Donald J./ Schwartz, Tony: Die Kunst des Erfolges (1988)
       – S. 92
165 Trump, Donald J./ Schwartz, Tony: Die Kunst des Erfolges (1988)
       – S. 92

gut gebaut und gut instand gehalten wurden. Sorgen machte ihm nur, dass ein Unternehmen, das in einem bescheidenen Büro in Brooklyn untergebracht war und bei der Penn Central absolut unbekannt war, nicht über das nötige politische Gewicht verfügen würde, um so ein Projekt durchzuziehen. Eichler wünschte sich, dass man in die City Hall gehen und Bürgermeister Abe Beame bitten würde, sich für die Trumps auszusprechen. „Wann wollen Sie ihn sehen?", soll Trump gefragt haben. „Morgen Mittag um zwei Uhr", antwortete Eichler wohl nicht ganz ernst. Zur verabredeten Zeit kam Eichler ins Büro des Bürgermeisters und fand Vater und Sohn Trump – gemeinsam mit Abe Beame und John Zuccotti von der New York City Planning Commision – vor. „Was auch immer meine Freunde Fred und Donald in dieser Stadt wollen, sie bekommen es", soll der Bürgermeister zu Eichler gesagt haben.[166]

Donald Trump muss bei dem Zusammentreffen mit Eichler seine Beziehungen zum New Yorker Bürgermeister etwas runtergespielt haben. Es zahlte sich jetzt wohl aus, dass Fred Trump Abe Beame schon seit mehr als 30 Jahren kannte und dessen Kampagnen seit 20 Jahren unterstützte. Bunny Lindenbaum, der Anwalt von Fred Trump, zählte zu den engsten und

---

166 D´Antonio, Michael: Never Enough – Donald Trump and the Pursuit of Success (2015) – S. 89ff (Übersetzung der Autorin)

ältesten Freunden von Beame.[167] 1978 war Wayne Barrett, ein Reporter der Zeitung „Village Voice", auf der Suche nach einer großen Geschichte. Er beschäftigte sich intensiv mit den Multimillionen-Dollar-Deals im Immobiliensektor. Dabei arbeitete er sich monatelang durch Tausende von Dokumente der State Urban Development Corporation, um an eine spektakuläre Story zu gelangen. Immer wieder stieß er dabei auf prominente Namen – darunter waren Abe Beame und Donald Trump. Während seiner Recherche bekam Barrett einen überraschenden Anruf. „Wayne! Hier ist Donald. Ich habe gehört, dass Sie eine Story über mich schreiben!" Bis zu diesem Zeitpunkt hatte Barrett noch kein Wort mit dem Bauunternehmer gewechselt, obwohl er sich schon einige Monate mit dem Thema beschäftigt hatte. Wayne Barrett hielt diesen Anruf jedoch für Trumps Art zu sagen: „Ich habe dich im Auge!" Barrett forschte dennoch weiter und prangerte in einer zweiteiligen Artikelserie in der „Village Voice"[168] die Bevorzugung der

---

167 Barrett, Wayne: Behind the seventies-era deals that made Donald Trump – 20.07.2015 (Erstabdruck: 22.01.1979) http://www.villagevoice.com/news/behind-the-seventies-era-deals-that-made-donald-trump-7380534

168 Barrett, Wayne: Behind the seventies-era deals that made Donald Trump – 20.07.2015 (Erstabdruck: 22.01.1979) http://www.villagevoice.com/news/behind-the-seventies-era-deals-that-made-donald-trump-7380534 und Barrett, Wayne/ Campbell, Jon: How a young Donald Trump forced his way from Avenue Z to Manhattan – 20.07.2015 – (Erstabdruck: 15.01.1979) http://www.villagevoice.com/news/how-a-young-donald-trump-forced-his-way-from-avenue-z-to-manhattan-7380462 (Übersetzung der Autorin)

Trump Organization durch die Entscheidungsträger an. In diesem Zusammenhang kritisierte er beispielsweise Steuererleichterungen, die Trump von den Stadtvätern bei seinen Deals eingeräumt worden waren. Dieser fuhr daraufhin das volle Programm gegen den Journalisten auf. Nach Barrets Angaben wurde ihm ganz subtil ein nettes Appartement in Midtown angeboten. Als er dies ablehnte, wurden ihm Klagen angedroht. Der Journalist blieb unbeirrt und veröffentlichte trotzdem – oder vielleicht auch erst recht – seinen kritischen Bericht zu den Immobilien-Deals. Trump schien das überhaupt nicht zu gefallen, er reagierte weder auf Barretts Telefonanrufe, noch durfte dieser ab da Trumps Casinos in Atlantic City betreten. Bei einem Versuch wurde er sogar vom Sicherheitspersonal hinausgeworfen und wegen Hausfriedensbruch angezeigt.[169]

Die Entscheidungsträger in der Penn-Central-Sache waren auf jeden Fall nicht unglücklich über die engen Kontakte der Trumps zu den politischen Strippenziehern von New York. Denn obwohl es mehrere Bewerber für die Grundstücke gab, die sich in der Immobilienbranche von Manhattan schon einen Namen gemacht hatten, fiel der Zuschlag an die Trumps. Wie es dazu

---

169 Barrett, Wayne/ Campbell, Jon: How a young Donald Trump forced his way from Avenue Z to Manhattan – 20.07.2015 (Erstabdruck: 15.01.1979) http://www.villagevoice.com/news/how-a-young-donald-trump-forced-his-way-from-avenue-z-to-manhattan-7380462

kam? Auch hier gab und gibt es wieder unterschiedliche Versionen.

Donald Trump selbst erzählte davon, dass er und Victor Palmieri sich sehr gut verstanden hätten. Die Beziehung der beiden Männer sei weit enger, als es zwischen Käufer und Verkäufer üblich sei – „was mir ungeahnte Vorteile brachte. Zum Beispiel handelten wir einen Vertrag aus, der mir das alleinige Vorkaufsrecht auf die Grundstücke an der 60th und 30th Street sichern sollte [...] Die Auflagen, die mit dem Kauf verknüpft waren, füllten Bände. Nur eine einzige fehlte: Ich brauchte keine Mark Eigenkapital. Die Penn Central bot mir sogar an, die Erschließungskosten des Grundstücks zu zahlen. Der Handel, den wir abschließen konnten, muss wohl als einmalig gelten: Stellen Sie sich vor, der Eigentümer übernimmt alle bei der Übergabe anfallenden Kosten."[170]

Die Presse berichtete darüber, dass Trump die Vorkaufsrechte für die beiden Grundstücke der Penn Central zum Preis von 62 Milionen Dollar erhalten habe. Nachdem diese Meldung an die Öffentlichkeit gedrungen war, soll Starrett Housing, eine renommierte New Yorker Immobilienfirma, ebenfalls ein Angebot unterbreitet haben. Donald Trump gab sogar zu, dass das

---

170 Trump, Donald J./ Schwartz, Tony: Die Kunst des Erfolges (1988)
     – S. 93

Angebot „zumindest auf den ersten Blick" für die Penn Central wesentlich günstiger als sein Angebot gewesen sei. Der ambitionierte Bauunternehmer wollte das Projekt jedoch unbedingt und tat alles, um den Zuschlag zu erhalten. „Ich gebe gerne zu, dass ich einen erbitterten Konkurrenzkampf nicht scheue und versuche, ihn mit allen – im Rahmen der Gesetze – verfügbaren Mitteln zu gewinnen. Manchmal lässt es sich nicht vermeiden, dass man seine Rivalen dabei nach allen Regeln der Kunst ‚ausbootet'."[171]

Im November 1974 entschied das für die Abwicklung des Konkursverfahrens der Penn Central zuständige Gericht über die Zukunft der größten noch unerschlossenen Grundstücke in Manhattan. Eigentlich wollte die Eisenbahngesellschaft möglichst viel Geld aus den Verkäufen schlagen, um die Anleger angemessen entschädigen zu können. Und obwohl andere Interessenten deutlich mehr Geld für die Objekte geboten hatten, entschieden sich Ned Eichler und Victor Palmieri für die Trumps als potenzielle Käufer.

Vor Gericht gab es jedoch zwei Gegner dieser Entscheidung. Der Immobilienmakler Herman Getzoff, der sich bereits mehrmals massiv gegen den Verkauf an Trump ausgesprochen hatte, und David Berger. Berger

---

171 Trump, Donald J./ Schwartz, Tony: Die Kunst des Erfolges (1988) – S. 94f

war der Seniorpartner einer Anwaltskanzlei aus Philadelphia, die die Aktionäre und Gläubiger der Penn
Central vertrat. Er wollte naturgemäß möglichst viel
Geld für seine Klienten herausschlagen. Getzoff, der
durch Freunde von den heimlich geführten Verhandlungen zwischen Eichler und Donald Trump erfahren
hatte, brachte einen anderen potenziellen Kunden ins
Gespräch.[172] Dabei handelte es sich um die Starrett
Corporation, eben das Unternehmen, das Trump auch
in seinem Buch „Die Kunst des Erfolges" erwähnt hatte. Die renommierte Firma Starrett Brothers and Eken
hatte beispielsweise bereits den Auftrag für den Bau
des berühmten Empire State Buildings bekommen und
erklärte sich – unter den richtigen Bedingungen – bereit, über 40 Millionen Dollar mehr als Trump für die
Grundstücke zu zahlen.[173]

Doch Ned Eichler schien nicht an Gesprächen interessiert zu sein und ließ Getzoffs tägliche Versuche,
ein Gespräch zu führen, ins Leere laufen. Nach Angaben von Wayne Barrett habe die Starrett Corporation sogar 150 Millionen Dollar für das Land geboten.
Das wären sogar 88 Millionen Dollar mehr als die 62

---

172 Barrett, Wayne: Behind the seventies-era deals that made Donald Trump – 20.07.2015 (Erstabdruck: 22.01.1979) http://www.
   villagevoice.com/news/behind-the-seventies-era-deals-that-made-
   donald-trump-7380534
173 D´Antonio, Michael: Never Enough – Donald Trump and the Pursuit
   of Success (2015) – Seite 91 (Übersetzung der Autorin)

Millionen Dollar, die Donald Trump geboten hatte. Eichler war jedoch der Meinung, dass die Entwicklung der Flächen nur als Ergebnis einer besonders kraftvollen politischen Zusammenarbeit funktionieren könne. Und da hielt er Trump für den geeigneteren Mann. Getzoff brachte noch einen anderen potenziellen Käufer ins Spiel, der schon seit Jahren an dem Gelände interessiert war. Doch auch die HRH Construction Company erhielt den Zuschlag nicht.[174]

Was letztendlich der ausschlaggebende Grund dafür war, dass Eichler unbeirrt an Donald Trump festhielt, lässt sich nicht genau sagen. Die politischen Kontakte scheinen aber eine große Rolle gespielt zu haben. So schildert Michael D'Antonio in seinem Buch „Never Enough" ein Mittagessen, an dem Eichler, Trump und dessen Anwalt Roy Cohn teilgenommen hatten. Cohn soll von einem Treffen mit Hugh Carey im Jahr 1974 erzählt haben, der zu dieser Zeit für den Gouverneursposten kandidierte. Trump sagte in diesem Zusammenhang über Carey: „Er würde alles für einen Bauunternehmer tun, der ihm eine Wahlkampfspende gibt." Die Trumps spendeten am Ende 135.000 Dollar für Careys Kampagne, nur der Bruder des Kandidaten

---

174 Barrett, Wayne: Behind the seventies-era deals that made Donald Trump – 20.07.2015 (Erstabdruck: 22.01.1979) http://www.villagevoice.com/news/behind-the-seventies-era-deals-that-made-donald-trump-7380534 (Übersetzung der Autorin)

hatte mehr gegeben.[175]

Nachdem Donald Trump also mit aller Kraft und ihm
zur Verfügung stehenden Mitteln für das Projekt Penn
Central gekämpft hatte, erhielt er die gewünschte Kaufoption. Doch nachdem ihm dieser Erfolg gelungen war,
stellte er seine Pläne für das Areal zurück. Die Regierung hatte nämlich aufgrund der allgemeinen finanziellen Situation mittlerweile die staatlichen Subventionen
für die geplanten Wohneinheiten gestrichen. So verzichtete Trump dann doch auf die mühsam erkämpfte
Kaufoption für den Rangierbahnhof am Hudson River
und die Penn Central verkaufte das Gelände 1979 an
einen anderen Interessenten. Doch scheinbar hatte
sich der Käufer übernommen und die Auflagen, die
an ein so großes Bauvorhaben geknüpft waren, unter-
schätzt. Daher erhielt Donald Trump 1984 erneut ein
Angebot, das Gelände zu kaufen. Diesmal schlug der
Immobilienunternehmer zu und war sich sicher, ein sehr
gutes Geschäft bei einem Kaufpreis von für 100 Millionen Dollar gemacht zu haben. Ein Preis von rund einer
Millionen Dollar pro Acre – 1 Acre sind ungefähr 4.000
Quadratmeter – für einen direkt am Wasser in Midtown
Manhattan gelegenen Baugrund schien ihm mehr als
angemessen zu sein. „Wenn Sie bedenken, dass das
Coliseum-Grundstück [das jetzige Gebäude von Time

175 D'Antonio, Michael: Never Enough – Donald Trump and the Pursuit
    of Success (2015) – (Übersetzung der Autorin) – S. 91f

Warner am Columbus Circle] – das nicht sehr weit vom Rangierbahnhof entfernt liegt und im Vergleich zu diesem sehr klein ist – für 500 Millionen Dollar verkauft wurde, kurz nachdem ich den Rangierbahnhof erworben hatte, werden Sie erkennen, dass es ein Bombengeschäft war", kommentierte Donald Trump selbst den Deal.[176]

Und so begann Donald Trump, rund zehn Jahre nachdem er die Vorkaufsrechte erkämpft hatte, doch noch mit dem Bau einer Wohnlage auf dem Areal des alten Rangierbahnhofes am Hudson River. Kurz nach dem Kauf des gigantischen Grundstücks kursierten in New York Gerüchte, dass der Sender NBC auf der Suche nach einem neuen Firmensitz sei. Donald Trump entwickelte sofort Visionen und wollte dem Sender den entsprechenden Platz anbieten und parallel seine Wohnanlagen hochziehen. In seinem Buch „Gib niemals auf!" beschrieb er seine Ideen genauer. Ihm wurde klar, dass der Ort ideal für Fernseh- und Filmstudios war, auch wenn NBC nicht an einer Umsiedlung interessiert gewesen wäre. Daher entschied Trump, den entsprechenden Teil des Vorhabens „Television City" zu nennen. Zudem wollte er auf dem Areal auch das höchste Gebäude der Welt errichten. Die Veröffentlichung der

---

176 Trump, Donald: Gib niemals auf! – Wie ich meine größten Herausforderungen in meine größten Triumphe verwandelte (2008) – S. 185f

Pläne sorgten für großes Medieninteresse, stießen bei Ed Koch, dem Nachfolger von Abe Beame im Amt des Bürgermeisters der Stadt New York, jedoch auf wenig Begeisterung. Koch teilte die enge Verbundenheit zur Familie Trump, die sein Vorgänger so offen gezeigt hatte, nicht. Der Bürgermeister und seine Verbündeten waren „gegen jede meiner Ideen" gewesen, beschwerte sich Trump.[177] Der Bauunternehmer träumte von elf 45 Stockwerke hohen Häusern. Dazwischen wollte er ein Turm bauen, der – mit 150 Etagen – das höchste Bauwerk der Welt werden sollte.[178] Das ist wieder ganz typisch für Donald Trump. Natürlich wollte er nicht einfach nur ein Hochhaus bauen – es sollte auch das tollste und größte Gebäude der Welt werden. Doch die Pläne konnten so nicht realisiert werden.

Gebaut wurde an dieser Stelle allen Schwierigkeiten zum Trotz aber letztendlich doch noch. Der Traum von einer Television City blieb jedoch unerfüllt. NBC hatte zu große Zeitverzögerungen befürchtet und war doch am alten Standort im Rockefeller Center geblieben. So entstand auf dem Areal ein Komplex mit Hochhäusern namens Trump Place. Auf der firmeneigenen Website wird Trump Place als „eine der aufregendsten

177 Trump, Donald: Gib niemals auf! – Wie ich meine größten Herausforderungen in meine größten Triumphe verwandelte (2008) – S. 186f
178 Der Spiegel: Unternehmer – Früher Cäsarenwahn – 14.12.87 http://www.spiegel.de/spiegel/print/d-13525900.html

Wohnanlagen, die in New York seit der Jahrhundert-wende errichtet wurde" beschrieben. Die Luxusaus-stattung der Häuser und der 25 Acre große Riverside Park South sowie viele andere Annehmlichkeiten ma-chen Trump Place bis heute zum „Kronjuwel der Upper West Side".[179]

Das Projekt mit dem Donald Trump sozusagen seinen Einstand in die Immobilienwelt von Manhattan geben wollte, fand also doch noch seinen Abschluss. Der jun-ge Mann hatte bewiesen, dass er seine Ziele ehrgeizig und hartnäckig zu verfolgten verstand. Andere Ideen, die mit diesem Deal verknüpft waren – wie beispiels-weise die Renovierung des Commodore Hotels (vgl. Kapitel 8.2), konnte Trump jedoch viel schneller reali-sieren und damit in die Oberliga der Immobilienunter-nehmer von New York aufsteigen.

Etwas schwieriger aber nicht weniger lukrativ gestalte-te sich ein weiteres Vorhaben, das mit dem wirtschaftli-chen Niedergang der Penn Central zusammenhing. Bei diesem Projekt handelte es sich um ein sogenanntes „Kommunikationszentrum", das die Stadt bauen wollte. Donald Trump sah ein Grundstück der Penn Central an der 34th West Street – für das er eine Kaufoption

179 Trump.com: The Trump Real Estate Portfolio – New York – Trump
Palace http://www.trump.com/real-estate-portfolio/new-york/trump-place/ (Übersetzung der Autorin)

unterhielt – als perfekte Wahl für den Bau. Victor Palmieri hatte Trump dieses Areal zu Beginn der Verhandlungen um die Grundstücke der Penn Central ans Herz gelegt (s.o.). Die Vertreter von New York favorisierten aber einen anderen Standort am Hudson River. Während man noch nach dem geeignetsten Grundstück für das Zentrum suchte, spitzte sich die finanzielle Lage der Stadt weiter zu. Im September 1975 kündigte der Bürgermeister Abe Beame an, dass man sämtliche Projekte im öffentlichen Wohnungsbau stoppen müsse. Die Stadt hatte einfach kein Geld mehr für größere Immobilienprojekte. Durch eine geschickte Marketingstrategie schaffte es Donald Trump jedoch, unbeirrt die Werbetrommel für sein Grundstück zu rühren und dessen Vorzüge in der Öffentlichkeit darzustellen – obwohl er viele Entscheidungsträger und die allgemeine finanzielle Situation der Stadt gegen sich hatte. Auf jeden Fall bewies der junge Bauunternehmer einmal mehr unglaubliches Durchhaltevermögen. „Am Ende trugen wir den Sieg davon, vielleicht deshalb weil es uns gelungen war, den Gegner zu zermürben", schrieb er in seiner Autobiografie von 1987. „Wir gaben nicht auf, und die Opposition begann langsam, aber sicher dahinzuschmelzen."[180] Und so ordnete Bürgermeister Beame 1977 eine erneute Analyse der zur Wahl stehenden Grundstücke an. Das Trump-Areal trug den

---

180 Trump, Donald J./ Schwartz, Tony: Die Kunst des Erfolges (1988)
   – S. 99

Sieg davon. Da Abe Beame aber am Ende des Jahres aus seinem Amt als Bürgermeister ausschied, konnte er für seinen Freund Donald keinen entsprechenden Vertrag mehr unterschreiben.

Beames Nachfolger Ed Koch ließ Anfang 1978 daher eine neue unabhängige Studie durchführen. Zu Donald Trumps großer Überraschung fiel die Entscheidung tatsächlich für das Grundstück an der 34th Street aus. Er kommentierte seinen Erfolg später folgendermaßen: „Für mich war es ein Sieg auf der ganzen Linie. In Anbetracht der Zeit, die ich investiert hatte, war das Ergebnis bei Weitem zu mager, und zumindest vom finanziellen Standpunkt aus ließ sich der enorme Energieaufwand nicht rechtfertigen."[181] Laut Vertrag hätte dem Unternehmer nämlich eine Vergütung von 833.000 Dollar zugestanden. Er bot jedoch an, komplett auf seinen Anteil zu verzichten, wenn man das Kommunikationszentrum nach seiner Familie benennen würde.[182] Die Stadt New York lehnte das ab, die Beziehung zu Bürgermeister Koch war eben nicht so eng wie zu dessen Vorgänger. Stattdessen ging die Ehre nun an den ehemaligen US-Senator Jacob Javits und das Kommunikationszentrum heißt „Jacob K. Javits Convention Center".

---

181 Trump, Donald J./ Schwartz, Tony: Die Kunst des Erfolges (1988) – S. 99
182 Trump, Donald J./ Schwartz, Tony: Die Kunst des Erfolges (1988) – S. 99

Und auch die Position des Bauleiters wurde an eine andere Person übertragen – obwohl sich Trump für diese Aufgabe ebenfalls angeboten hatte. Mit den anschließenden Arbeiten war der Immobilienunternehmer mehr als unzufrieden. Er bemängelte sowohl die fehlenden Parkmöglichkeiten als auch weitere gravierende Fehler bei der Planung sowie Zeit- und Kostenüberschreitungen. Ein erneutes Hilfeangebot Trumps wurde aber auch abgelehnt. „Das Projekt war ein Riesenreinfall, aber niemand wagte, Protest einzulegen. Als ich 1986 zur Eröffnung eingeladen wurde, lehnte ich kategorisch ab. Die New Yorker Stadtverwaltung hatte es geschafft, ein Grundstück in Spitzenlage und ein an sich erstklassiges Projekt durch ihre schlampige Planung und horrende Kostenüberhänge zu ruinieren."[183] Profitiert hat Donald Trump dennoch von dem Projekt. Für seine Bemühungen und Machenschaften soll er letztendlich noch rund 1.250.000 Dollar eingestrichen haben.[184] Auf jeden Fall hatte Trump bei seinem Einstieg in das Immobilien-Business von Manhattan insgesamt einen ganz guten Riecher bewiesen. Doch was ihn hier wie auch bei seinen späteren Unternehmungen immer wieder auszeichnen wird, waren seine unglaubliche Hartnäckigkeit und Energie sowie die Fähigkeit, jede

---

183 Trump, Donald J./ Schwartz, Tony: Die Kunst des Erfolges (1988) – S. 101
184 D´Antonio, Michael: Never Enough – Donald Trump and the Pursuit of Success (2015) – S. 96

noch so kleine Chance zu wittern. Das sind ganz sicher Eigenschaften, die einen guten Geschäftsmann auszeichnen. Donald Trump hatte sich die erfolgreiche Arbeitsweise seines Vaters abgeschaut. Fred Trump war immer sehr fleißig, sparsam und hatte früh verstanden, dass Beziehungen sehr wichtig im Geschäftsleben sind. Donald Trump ergänzte diese Fähigkeiten eben noch durch seine Hartnäckigkeit sowie eine großen Portion Mut und Visionen. Denn während der Vater zufrieden mit seinen Projekten in den beschaulichen Stadtteilen Brooklyn und Queens war, strebte der Sohn von Anfang an nach Größerem und Höherem.

8.2 Donald baut auf

Während sich Trumps Projekt am Hudson River durch diverse Probleme verzögert hatte, war der ehrgeizige Jungunternehmer aber nicht untätig. Auf der Suche nach einem lukrativen Projekt wurde er schnell fündig: Das Commodore Hotel wurde im Januar 1919 mitten im Herzen von Manhattan eröffnet. Das Luxushotel der Bowman-Biltmore Hotels Group befand sich gleich neben der Central Station – logistisch gesehen ein perfekter Ort für ein Hotel. In der Nobelherberge gab es 1.900 Zimmer mit Bad und WC, was Anfang des 20. Jahrhunderts noch nicht Standard war. Zudem gab es eine riesige Lobby, die zur damaligen Zeit der größte Raum in ganz New York City war. Die aufwendige Dekoration der Lobby sollte an einen italienischen Innenhof erinnern, es gab sogar einen Wasserfall. Vielleicht wurde Donald Trump ja von diesem Anblick zu seinem Wasserfall im Trump Tower inspiriert? Das Commodore hatte außerdem einen so gigantischen Festsaal, dass man hier einmal einen ganzen Zirkus mit Elefanten unterbringen konnte.[185] Benannt war das Luxushotel nach „Commodore" Cornelius Vanderbilt, den als „Eisenbahnkönig" bezeichneten Gründer des New York Central System. Eigentümer des Hotels war eine Abteilung

---

185 D´Antonio, Michael: Never Enough – Donald Trump and the Pursuit of Success (2015) – S. 98

der New York Central Railroad Company. Jahrzehnte-
lang war das Commodore Hotel sehr erfolgreich und
zählte zu den ersten Adressen in Manhattan.

Doch die allgemeine wirtschaftliche Situation in New
York City in den 1970er Jahren hinterließ auch bei dem
ehemaligen Luxushotel gravierende Spuren. Die New
York Central Railroad Company – inzwischen mit der
Pennsylvania Railroad zur Penn Central Transportation
Company fusioniert – investierte nicht mehr in das Hotel
und wichtige Renovierungsarbeiten wurden nicht mehr
durchgeführt. So verfiel das einstmals stattliche Commodore immer mehr. Die ganze Gegend um den Bahnhof wurde zu einer der Schmuddelecken von New York.
Reisende, die an der Grand Central Station ankamen,
wurden nicht – wie heute – vom pulsierenden Großstadtleben begrüßt, sondern trafen auf Dreck, Gestank, Ver-
fall und Kriminalität. Heute ist kaum vorstellbar, dass es
mitten in Manhattan einmal so ausgesehen hat. Aber die
Wirtschaftskrise Anfang der 1970er Jahre des letzten
Jahrhunderts brachte dramatische Folgen mit sich und
die Stadt war so gut wie bankrott. Unter dieser Situation
litt natürlich auch das Hotelgewerbe, denn die Touristen
strömten nicht in Scharen in die Stadt, sondern wählten
attraktivere Ziele. Während die Auslastungsrate der Hotels in New York 1971 dramatisch auf 62,5% sank und damit der niedrigste Wert seit 30 Jahren erzielt wurde, war

die Situation im Commodore noch viel schlimmer. Nur noch die Hälfte der verfügbaren Zimmer konnte 1972 vermietet werden. An dieser Situation änderte auch eine halbherzig durchgeführte Renovierung des Festsaals für 500.000 Dollar nichts.[186] Jahr für Jahr verzeichnete das Hotel rund 1,5 Millionen Dollar Verlust und wurde zu einer zunehmenden Belastung für die Penn Central, die ohnehin in massiven Zahlungsschwierigkeiten steckte.

Nachdem Donald Trump die Vorkaufsrechte für die Grundstücke der Penn Central am Hudson River zugesprochen bekommen hatte, suchte er nach weiteren interessanten Projekten. Victor Palmieri, der Verwalter des Treuhandvermögens der Penn Central, machte ihn in diesem Zusammenhang auch auf ein paar Hotels aufmerksam, die zum Portfolio der Eisenbahngesellschaft gehörten. Der aufstrebende Immobilienunternehmer interessierte sich recht schnell für das Commodore. Sowohl der Standort gleich neben der Grand Central Station als auch die wirtschaftlichen Schwierigkeiten sowie der dadurch zu erwartende günstige Kaufpreis ließen das Hotel für ihn zu einem interessanten potentiellen Geschäft werden.

Im Spätherbst 1974 begann Donald Trump nach eigenen Angaben, mit Victor Palmieri über den Kauf des

---

186 D´Antonio, Michael: Never Enough – Donald Trump and the Pursuit of Success (2015) – S. 99

heruntergekommenen Commodore zu verhandeln. Die finanzielle Situation der Stadt sowie die prekäre Lage der Penn Central spielten dem Unternehmer dabei in die Hände. Man wurde sich sehr schnell einig, erzählt Donald Trump in „Die Kunst des Erfolges". Trump bekam das Vorkaufsrecht für das Hotel, das 10 Millionen Dollar kosten sollte. Voraussetzungen für den Deal waren, dass Trump sowohl einen mit der Stadt vereinbarten Steuernachlass als auch die erforderlichen Kredite erhalten würde sowie ein geeigneter Partner organisiert würde. Zudem sollte Trump für das Vorkaufsrecht eine Garantiesumme in Höhe von 250.000 Dollar hinterlegen. Um mit dieser Summe nicht in Vorleistung gehen zu müssen, erarbeitete er eine „Hinhaltetaktik". Seine Anwälte durchsuchten die Verträge akribisch nach strittigen Punkten, die dann ausgiebig diskutiert wurden. So gewann der junge Geschäftsmann wertvolle Zeit, um die anderen Auflagen zu erfüllen und musste vorerst kein Geld auf den Tisch legen.[187]

Donald Trump stieß mit seinem Vorhaben aber weder in Fachkreisen noch bei seiner Familie auf Verständnis. Vater Fred, der im Immobiliengeschäft schon viele Jahre Erfahrungen gesammelt hatte, erinnerte sich später, dass er gesagt habe: „Das ist so, als würde man

---

187 Trump, Donald J./ Schwartz, Tony: Die Kunst des Erfolges (1988) –
S. 103ff

versuchen, ein Ticket für die Titanic zu kaufen."[188] Doch der Sohn ließ sich nicht von seinem Plan abbringen, aus dem heruntergekommen Commodore wieder ein rentables und repräsentatives Hotel zu machen. Was dann passierte, beschrieb „Der Spiegel" in einem Artikel über das Vermögen von Donald Trump: „Den Grundstein zu diesem Imperium hatte Trump, Sohn eines erfolgreichen Bauunternehmers aus dem New Yorker Stadtteil Queens, 1975 per Trick gelegt: Mit Bankkrediten von 80 Millionen Dollar und einer verbrieften Steuergutschrift von 120 Millionen kaufte er aus der Konkursmasse des Eisenbahnunternehmens Penn Central das Commodore Hotel an New Yorks Grand Central Station und verwandelte es in den Glaspalast Grand Hyatt."[189]

Die amerikanische „National Review", eine als konservativ bekannte politische Zeitschrift und Website, titelte in diesem Zusammenhang: „Donald Trump has mastered the Art of Tax Break"[190] und lehnte sich dabei an die Trump'schen Erfolgstitel „The Art of the Deal", „The Art of Comeback" und „The Art of Survival" an. Mister

---

188 Masello, Robert: The Trump Card – 03.08.2015 http://www.townandcountrymag.com/society/money-and-power/a3478/the-trump-card/
189 Der Spiegel: Wärme für Ivana – 19.02.1990 http://www.spiegel.de/spiegel/print/d-13507425.html
190 Melchior, Jillian Kay: Donald Trump hast mastered the Art of Tax Break – 19.08.2015 http://www.nationalreview.com/article/422724/donald-trump-has-mastered-art-tax-break-jillian-kay-melchior

Trump scheint viele Künste zu beherrschen. Übersetzt bedeutet die Schlagzeile: „Donald Trump beherrscht die Kunst der Steuererleichterung". Der Artikel ging auf die Tatsache ein, dass bei einigen Projekten, die der Bauunternehmer mit der Stadt New York abgeschlossen hatte, sehr ungewöhnliche Steuersparmodelle entwickelt wurden. Das erste Vorhaben, bei dem diese erstaunlichen Maßnahmen ergriffen wurden, war der Kauf des Commodore durch Trump. Auf der Website der Trump Organization findet man heute noch eine Zusammenfassung zu dem Deal. „Since many of the buildings near the hotel were in or on the verge of foreclosure, and New York City was facing bankruptcy, Mr. Trump was able to negotiate an unprecedented contract in which the city provided a 40-year tax abatement, the first ever granted to a commercial property", heißt es dort wortwörtlich.[191] Als New York kurz vor dem Bankrott stand und viele der Gebäude rund um das Commodore vor der Zwangsversteigerung standen, konnte Donald Trump also einen beispiellosen Vertrag aushandeln. Er bekam für 40 Jahre einen Steuernachlass für die Immobilie. Zur Erinnerung: Donald Trump war zu dem Zeitpunkt, als diese Verhandlungen geführt wurden und er die Entscheidungsträger von New York zu solchen Zugeständnissen bewegen konnte,

191 Trump.com: Trump Real Estate Portfolio – New York – The Grand Hyatt Hotel – http://www.trump.com/real-estate-portfolio/new-york-past/grand-hyatt-hotel/

gerade einmal 27 Jahre alt. Es war der erste derartige Nachlass, der jemals für ein Geschäftsgebäude gewährt wurde, fügt das Unternehmen stolz hinzu. Es sollte nicht die letzte Steuererleichterung sein, die der Immobilienmogul bei der Realisierung seiner Bauprojekte erhielt. Übrigens ist dieses Verfahren mittlerweile ein fester Bestandteil vieler Vertragsverhandlungen von Unternehmern mit der öffentlichen Hand geworden.

Der Deal, den Donald Trump final 1976 abschloss, blieb nicht ohne kritische Gegenstimmen. Karen Burstein, Rechnungsprüferin der Stadt New York in den 80er Jahren, erzählte der „Los Angeles Times", dass Donald Trump die Stadt um fast 2,9 Millionen Dollar betrogen habe.[192] „Ich finde es bemerkenswert, dass wir jemanden in eine gesellschaftliche Position heben, der zugibt, die Inkompetenz der Verwaltung für seinen eigenen Reichtum ausgeschlachtet zu haben", wurde die ehemalige Controllerin 2011 auf der Website der „Frankfurter Allgemeinen Zeitung" zitiert. In dem dazugehörigen Bericht ging es um Donald Trump und dessen öffentliche Erwägung, bereits für die US-Präsidentschaftswahl 2012 zu kandidieren.[193]

---

192 Baum, Geraldine/ Hamburger, Tom/ Mishak, Michael J.: Trump has thrived with government's generosity – 11.05.2011 http://articles. latimes.com/2011/may/11/nation/la-na-trump-20110511
193 Heil, Christiane: Donald Trump – Ein Marktschreier fürs Weiße Haus – 17.05.2011 http://www.faz.net/aktuell/gesellschaft/menschen/donald-trump-ein-marktschreier-fuers-weisse-haus-1637428.html

Die „Los Angeles Times" informierte ihre Leser weiterhin, dass der Verkauf des Commodore den Steuerzahler schon im ersten Jahrzehnt danach 60 Millionen Dollar gekostet haben soll. In einem Telefoninterview soll sich Donald Trump keiner Schuld bewusst gewesen sein, dass er die Stadt zu diesen Steuernachlässen genötigt hatte. Schließlich sei es ja nicht nur zu seinem eigenen Profit gewesen, sondern er habe damit auch einen Anstoß gegeben, die verfallenen Teile der Stadt wiederaufzubauen. Auf die Frage, wie er es geschafft habe, die Stadt zu einem Steuernachlass für 40 Jahre für den Umbau eines verfallenen Hotels an der Grand Central Station zu bewegen, antwortete Trump selbstbewusst: „Jemand sagte: ‚Wie kann es sein, dass Sie 40 Jahre bekommen haben.' Ich antwortete: ‚Weil ich nicht nach 50 gefragt habe.'"[194]

Warum ich dieses Thema an dieser Stelle so ausbreite? Weil dieser Deal mit der Stadt New York in gewisser Weise den Grundstock für den Aufstieg von Donald Trump zum Immobilien-Tycoon ermöglicht hat. Die einzigartige Karriere des Unternehmers, der heute in der ganzen Welt bekannt ist, nahm zu diesem Zeitpunkt ihren Anfang. Wenn es damals diesen beispiellosen Steuerdeal nicht gegeben hätte, wäre Trump möglicherweise

---

194 Baum, Geraldine/ Hamburger, Tom/ Mishak, Michael J.: Trump has thrived with government's generosity – 11.05.2011 http://articles. latimes.com/2011/may/11/nation/la-na-trump-20110511

ein Bauunternehmer unter vielen geblieben und nicht der im Wahlkampf 2015/16 der erstaunlicherweise aussichtsreichste Kandidat der Republikaner auf dem Weg ins Weiße Haus gewesen. Möglicherweise hätte er aber auch andere Möglichkeiten gefunden, sein Ziel zu erreichen. Denn schließlich war es für ihn schon immer wichtig, der Sieger zu sein.

Donald Trump selbst beschrieb die Situation von 1975/1976 sehr ausführlich in „Die Kunst des Erfolges". Ihm war klar, dass das heruntergekommene Commodore gründlich saniert und renoviert werden müsse. Dabei schwebte ihm auch für die Außenfassade eine aufsehenerregende Architektur vor. Im berühmten Maxwell´s Plum, der Location, in der er seine erste Ehefrau Ivana kennengelernt hatte, traf Trump mit dem aufstrebenden Architekten Der Scutt zusammen. Trump erzählte dem Mann von seinen Vorstellungen. „Ich wollte dem alten Backsteingebäude eine neue Haut überstreifen – aus Bronze oder Glas, sofern es wirtschaftlich sinnvoll sei." Die neue Fassade sollte so besonders sein, dass „die Passanten stehenbleiben mussten."[195] In Scutt hatte Trump scheinbar den passenden Umsetzer für seine Pläne gefunden, denn dieser verstand genau, was dem Unternehmer vorschwebte. Scutt setzte Trumps Vorstellungen so

195 Trump, Donald J./ Schwartz, Tony: Die Kunst des Erfolges (1988) – S. 106

gut um, dass er anschließend auch für die Pläne des berühmten Trump Towers zuständig war.

Nachdem er in Scutt den perfekten Architekten gefunden hatte, brauchte Trump noch einen geeigneten Partner, der das Management des neugestalteten Hotels übernehmen würde. Der Immobilienunternehmer selbst war im Hotelgewerbe absolut unerfahren und konnte überhaupt keine Qualifikationen in diesem Bereich vorweisen. Nach gründlicher Überlegung fiel Trumps Wahl auf die Hyatt-Gruppe, die bis zu diesem Zeitpunkt noch mit keinem Hotel in New York City vertreten war. Die entscheidenden Verhandlungen führte Trump mit John Pritzker, dem Oberhaupt der Familie, die die Aktienmehrheit am Hyatt-Unternehmen besaß. Donald Trump beschrieb Pritzker als harten und scharfsinnigen Verhandlungspartner, der aufs Ganze ging. Und er ergänzte: „Dazu kommt, dass Jay keinem traut, eine Einstellung, die ich teile."[196]

Donald Trump holte zusätzlich noch Henry Pearce mit ins Boot. Pearce war ein Immobilienmakler, der als Fachmann auf dem Gebiet von Finanzierungsfragen galt. Mit diesem Team – einem kreativen Architekten, der die Vorstellungen des Bauherren aufgreifen und umsetzen konnte, einem kompetenten Partner

---

196 Trump, Donald J./ Schwartz, Tony: Die Kunst des Erfolges (1988) –
    S. 109

aus der Hotelbranche sowie einem erfahrenen Finanzfachmann – präsentierte Trump seine Pläne der Öffentlichkeit und suchte nach einem passenden Finanzierungskonzept. „Es zeigte sich immer klarer, dass uns die Banken nur dann einen Kredit bewilligen würden, wenn uns das Finanzamt die Steuer erließ", erzählte der Immobilienunternehmer. Und so wandte er sich an die Stadtverwaltung und bat um den berühmten Steuernachlass. Dabei bezog er sich auf ein Steuervergünstigungsprogramm, das die Stadt Anfang 1975 entwickelt hatte, um die Investitionstätigkeiten in New York wieder anzukurbeln. „Das ganze glich einem Pokerspiel mit hohem Einsatz, bei dem beide Seiten keine besonders guten Karten auf der Hand haben und daher gezwungen sind zu bluffen", beschrieb Trump die Situation. Dabei sah er die Stadt aber in einer noch verzweifelteren Lage.[197] Und so wurde ein Vertrag ausgearbeitet, in dem festgesetzt wurde, dass Trump bzw. seine Firma in den nächsten 40 Jahren keine Grundsteuer für das Hotel zahlen musste. Für Donald Trump und die Hyatt-Hotelkette bedeutete dies eine Steuereinsparung von vier Millionen Dollar im Jahr. Insgesamt ging es also um eine Summe von 160 Millionen Dollar, die den Käufern erlassen wurde.[198]

---

197 Trump, Donald J./ Schwartz, Tony: Die Kunst des Erfolges (1988) – S. 111f
198 D´Antonio, Michael: Never Enough – Donald Trump and the Pursuit of Success (2015) – S. 102f

Die nicht autorisierte Biografie über Donald Trump von Michael D´Antonio, „Never Enough", stellte dem Kapitel „Donald saves Midtown" (dt.: Donald rettet Midtown), das detailliert auf den Kauf des Commodore eingeht, ein Zitat des Bauunternehmers voran: „I saved that whole area. That area was a desaster [dt.: Ich habe diese komplette Gegend gerettet. Die Gegend war eine Katastrophe]."[199] Und genau mit dieser Einstellung soll Trump die Übernahme des Commodore 1975 abgewickelt haben. Er übernahm das Hotel nicht nur aus unternehmerischen Aspekten und als Bereicherung für sein Portemonnaie sowie sein Portfolio, sondern er wollte New York einen Gefallen tun und die Gegend um die Central Station wieder zum Leben erwecken. Auf diese Art und Weise verkaufte er den Deal offensichtlich an die Entscheidungsträger.

Trump verhandelte sehr geschickt und mit ausgezeichnetem Timing. Nahezu gleichzeitig versuchte er Jay Pritzker, den Eigentümer der Hyatt-Hotelkette, die Stadtverwaltung und den Eigentümer des Commodore, die Penn Central, von seinem Plan zu überzeugen. Dabei verwies er immer wieder auf die jeweils anderen Parteien, die mit im Boot seien, obwohl noch kein Vertrag unterschrieben war. Ein gewagtes aber auch sehr kluges und überzeugendes Manöver. Zudem unterrichtete

---

199 D´Antonio, Michael: Never Enough – Donald Trump and the Pursuit of Success (2015) – S. 97 (Übersetzung der Autorin)

der Immobilienunternehmer die Presse, dass er eine „Option" und einen „Kaufvertrag" für das Commodore habe und niemand widersprach ihm. Und dann kam der Schachzug, auf den Trump bis heute stolz ist – sozusagen der Schlüssel zum erfolgreichen Abschluss der Verhandlungen. Als die zuständigen Beamten der Stadt um eine Kopie der Vereinbarung mit Penn Central baten, sendete Trump ihnen die Schriftstücke zu. Allerdings war auf keinem der Dokumente die Unterschrift eines Weisungsberechtigten der Eisenbahngesellschaft – das Geschäft war ja zu diesem Zeitpunkt auch noch gar nicht abgeschlossen. Warum das Fehlen der Unterschrift nicht auffiel oder sich niemand dafür interessierte? Darüber gibt es keine Informationen. Und Trump kommentierte den Sachverhalt folgendermaßen: „Sie haben nur nach einer Vereinbarung gefragt. Sie haben nicht gesagt, dass sie unterschrieben sein muss."[200]

Nach langem Hin und Her sowie zähen Verhandlungen ging Trumps Plan auf. Immer wieder wies der junge Unternehmer darauf hin, dass es ja gar keine anderen Bewerber gäbe und er somit die einzige Hoffnung für die Stadt sei. Ganz der Wahrheit entsprach diese Interpretation aber wohl nicht. So soll beispielsweise die Carter-Hotelkette Anfang 1976 ein Angebot gemacht haben. Letztendlich konnte dieses jedoch nicht

200 D´Antonio, Michael: Never Enough – Donald Trump and the Pursuit of Success (2015) – S. 101

berücksichtigt werden, da Donald Trump immer noch das Vorkaufsrecht besaß.

Donald Trump fasste den faszinierenden Deal in seinem Buch „Wie man reich wird" noch einmal in Kurzform zusammen und zeigte damit, dass es bei der ganzen Sache auf jeden Fall einen großen Gewinner gab. „Zwei Jahre lang hielt ich hartnäckig an meinem Plan fest. Und schließlich zahlte sich das aus. Die Eisenbahngesellschaft verkaufte mir das Grundstück für 12 Millionen Dollar und verwendete das Geld zur Zahlung ihrer Steuerschulden. Die Urban Development Corporation (UDC) akzeptierte die Besitzurkunde und erklärte sich einverstanden, alle existierenden Mietverhältnisse aufzulösen, wenn ich den Mietern alle daraus entstandenen Schäden erstattete. Die Stadt war mit der fixen Pacht und einer Gewinnbeteiligung einverstanden. Hyatt wurde mein Partner und beteiligte sich mit 50 Prozent. Ich erhielt einen Kredit von der Bowery Savings Bank, der die Kosten des Kaufs und des Umbaus abdeckte. Aus dem Hotel wurde das Grand Hyatt. Die Tatsache, dass ich stur geblieben war und einen Erfolg verbuchen konnte, den andere für unmöglich gehalten hatten, verhalf mir zu einem Blitzstart in meiner Karriere im Bau- und Immobiliengeschäft."[201]

---

201 Trump, Donald J./ McIver, Meredith: Wie man reicht wird – Ansichten und Einsichten eines Multimilliardärs (2004) – S. 138

Das Commodore wurde nach Abschluss des Kaufvertrages aufwendig umgebaut. Trump ließ das Gebäude fast bis auf die Stahlträger abreißen und neu
hochziehen. Die Außenfassade wurde sehr auffällig
mit reflektierendem Glas verkleidet. So erinnerte bei
der Wiedereröffnung im Jahr 1980 eigentlich nur noch
das Foyer zum großen Festsaal an das alte Hotel. „Indem ich das Commodore in das neue, elegante Grand
Hyatt verwandelte, setzte ich in dem Viertel einen Er-
neuerungsprozess in Gang, der bis zum heutigen Tag
anhält, und ich habe dabei Geld verdient", beschreibt
Trump die damalige Situation in seinem Buch „Nicht
kleckern, klotzen!". So war scheinbar allen Beteiligten
mit diesem Deal geholfen. Trump ergänzt: „Das Grand
Hyatt wurde für mich nur zu einem Triumph, weil ich
den hohen Preis der Hingabe, der Beharrlichkeit und
der harten Arbeit bezahlt habe."[202] Donald Trump hatte
tatsächlich großen Einsatz gezeigt und hart gekämpft,
um das Projekt realisieren zu können. Das Luxushotel an der Grand Central Station wurde nach der Wiedereröffnung erneut zu einer der ersten Adressen in
New York. Und auch die gesamte Gegend um den
Bahnhof erlebte eine Renaissance und sprühte wieder
vor hektischem Großstadtleben. Einen großen Teil der
Schuld am täglichen Verkehrschaos soll nach Aussagen von New Yorker Bürgern bis heute das Grand Hyatt

---

202 Trump, Donald/ Zanker, Bill: Nicht kleckern, klotzen! – Der Wegweiser
    zum Erfolg aus der Feder eines Milliardärs (2008) – S. 48f

Hotel tragen. Da bei der Neugestaltung keine vernünftige Hotelauffahrt geplant wurde, gibt es immer wieder Verzögerungen durch an- und abreisende Gäste. Den Bauherrn kümmert das wohl nicht mehr.

Heute ist das Grand Hyatt Hotel New York kein Bestandteil mehr von Donald Trumps Immobilien-Portfolio. Die Zusammenarbeit mit den Pritzkers verlief nicht immer harmonisch. Als „Anfang einer schmutzigen Scheidung" bezeichnete die Los Angeles Times die 100-Millionen-Dollar-Klage der Hyatt-Eigner gegen Trump im Jahr 1994. Man warf dem Unternehmer vor, dass er eine nötige Renovierung des Hotels blockieren würde, um seine eigenen finanziellen Probleme zu lindern. Trump hatte nämlich abgelehnt, seine Hälfte der Kosten für die notwendige 37-Millionen-Dollar-Renovierung des Gebäudes zu übernehmen. Die Pritzkers wollten mit den geplanten Umbaumaßnahmen das Hotel wieder konkurrenzfähig machen, denn zu der Zeit fielen die Noten für das Haus in den führenden Bewertungsportalen immer schlechter aus. Der Immobilienmogul schob dies aber auf einen ganz anderen Sachverhalt. Hyatt versuche lediglich, die eigene Inkompetenz beim Führen des Hotels zu verschleiern. Niemals zuvor in seiner Karriere habe er so ein schlechtes Management gesehen. Trump schien aber auch persönlich sehr enttäuscht vom Verhalten seiner Geschäftspartner zu sein und sah die Forderung als Druckmittel, um ihn aus dem Geschäft zu kicken. „Als ich in meinen größten Problemen steckte, kamen sie zu mir und sagten: 'Wir wollen das Hotel renovieren', statt ein bisschen abzuwarten."[203] Trump steckte Anfang der 1990er Jahre in einer gigantischen Finanzkrise und seine Geschäfte liefen alles andere als rund. Natürlich versuchten andere Geschäftsleute, von dieser Notlage zu profitieren – das ist Business und dieses Verhalten dürfte Trump doch eigentlich nicht fremd sein. Schließlich haben er und seine Familie auch immer wieder ihren Gewinn durch geschicktes Ausnutzen von Notlagen – wie beispielsweise Zwangsversteigerungen – optimiert.

Verkauft hat Donald Trump seinen Anteil am Grand Hyatt Hotel schließlich nach 17 Jahren Partnerschaft an die Pritzkers im Oktober 1996 für 140 Millionen Dollar. Alles in allem kein schlechter Deal für den Unternehmer und auf jeden Fall ein wichtiger Meilenstein in seiner Karriere. Und daher heißt es heute auf der Website der Trump Organization: „Das Bauprojekt wird als eine der erfolgreichsten Sanierungen der Stadt betrachtet und brachte Mr. Trump einen Preis des Manhattan´s

---

203 Hiltzik, Michael A.: Hyatt Owners sue Trump for $100 Million: Real estate: They contend the developer did noch pay his share for renovations to a jointly owned New York hotel – 29.03.2015 http://articles.latimes.com/1994-03-29/business/fi-39687_1_grand-hyatt

Community Board Five ein – für den geschmackvollsten und kreativsten Wiederaufbau eines berühmten Hotels." Kein Wunder, dass Fred Trump einmal gesagt haben soll, dass einige seiner besten Deals von seinem Sohn gemacht wurden. So wird Trumps stolzer Vater auf der Website des Trump-Konzerns folgendermaßen zitiert: „[...] everything he touches seems to turn to gold [dt.: alles, was er anfasst, scheint sich in Gold zu verwandeln]."[204]

---

204 Trump.com: Biography – Stand: 25.11.2015 http://www.trump.com/biography/ (Übersetzung der Autorin)

8.3 Donald will ganz hoch hinaus

Trump Tower, New York – das ist die Immobilie, die man immer sofort mit Donald Trump in Verbindung bringt. Dort lebt der Präsidentschaftskandidat – derzeit mit seiner dritten Ehefrau Melania und dem gemeinsamen Sohn Barron William. Dort gab Donald Trump im Juni 2015 seine Kandidatur für die Präsidentschaftskandidatur der Republikaner bekannt. Dort protzt er mit seinem Reichtum und vermarktet sich an jeder Ecke selbst. Der Trump Tower auf der Fifth Avenue mitten im Herzen von Manhattan ist das Gebäude, das den Bauunternehmer auch über die Grenzen der USA hinaus zu einem Sinnbild für die unbegrenzten Möglichkeiten im Land der unbegrenzten Möglichkeiten macht. Der Trump Tower zeigt jedem ganz deutlich: Donald Trump hat es geschafft.

In seinem Buch „Wie man reich wird", das 2004 in den USA unter dem Titel „Trump – How to Get Rich" erschien, beschrieb Donald Trump die Immobilien der Trump Organization. Der Kommentar zum Trump Tower strotzte nur so vor Superlativen. „Das berühmteste neuere Gebäude der Stadt liegt unter den meistbesuchten Attraktionen New Yorks an dritter Stelle (mehr als 2,5 Millionen Besucher pro Jahr). Das 68

Stockwerke umfassende Gebäude mit seiner Fassade aus Glas und poliertem Messing befindet sich an der Ecke Fifth Avenue und 56. Straße. Es wurde 1983 von dem berühmten Architekten Der Scutt gebaut und gehört zu den höchsten Wohngebäuden und Betonstrukturen in Manhattan. Es umfasst außerdem etwa 16.000 Quadratmeter Büro- und 13.000 Quadratmeter Ladenfläche. Es ist ein Geschäftszentrum für einige der berühmtesten und einflussreichsten Persönlichkeiten der Gesellschaft."[205]

Interessant ist es sicherlich, dieses protzige Gebäude zu besichtigen. Aber warum sollen so viele Menschen diesen Punkt ganz oben auf ihrer Sightseeing-Agenda in New York stehen haben? Bei den atemberaubenden Sehenswürdigkeiten, die die Stadt zu bieten hat, war das für mich auf jeden Fall ein Rätsel. Auch die Washington Post beschäftigte sich mit diesem Thema. Unter dem Titel „Die dreizehn besten Dinge, die man im Trump Tower machen kann" gibt es nicht ganz ernst gemeinte Tipps für den Besuch im „Trumpyland". Neben hochspannendem „Drehtüren benutzen" stehen das sicherlich faszinierende Rolltreppenfahren und natürlich der Kauf von Donald-Trump-Werbemützen und -Büchern sowie von Kaffee, Kuchen oder Sonnenbrillen auf der Liste. Am

---

205 Trump, Donald J../ McIver, Meredith: Wie man reich wird – Ansichten und Einsichten eines Multimilliardärs (2004) – S. 236

Ende findet sich dann der interessanteste Tipp: „And then, in front of the big waterfall, you want to tell everyone that you are running for president, being sure to articulate all the countries you hate."[206] Sprich, zum Abschluss des Besuchs einfach mal vor den großen Wasserfall stellen und allen erzählen, dass man Präsident werden will. Und nicht vergessen: alle Länder aufzählen, die man hasst. Die „Washington Post" machte sich damit gekonnt über Trumps Antrittsrede als Präsidentschaftskandidat lustig und wollte so subtil in Frage stellen, warum dessen Vorzeigegebäude zu den wichtigsten Sehenswürdigkeiten von New York zählen sollte.

Doch warum kommen die Menschen wirklich in den Trump Tower? Vielleicht weil man schon ein bisschen fasziniert ist, wie sich ein einzelner Mann so ein gigantisches und protziges Denkmal an einer der prominentesten Stellen mitten in einer Stadt wie New York bauen konnte. Und damit es auch wirklich jeder weiß, trägt das Haus natürlich seinen Namen. So wie es bei den meisten Immobilien und Produkten des Hausherren üblich ist. Donald Trump zeigt gerne, was er hat. Obwohl er selbst einmal erzählte, dass er den Trump

---

206 Bump, Philip: The 13 best things to do at Trump Tower – 20.10.2015 – Stand: 24.10.2015 https://www.washingtonpost.com/news/the-fix/wp/2015/10/20/the-13-best-things-to-do-at-trump-tower/

Tower beinahe „Tiffany Tower" genannt hätte.[207] Jetzt trägt zumindest seine zweite Tochter – aus der Ehe mit Marla Maples – den Namen Tiffany. Ob das Mädchen tatsächlich nach dem berühmten Juwelier benannt wurde, ist nicht bekannt. Das Gebäude wurde dann aber doch nach Trump benannt und ist somit zum Denkmal für den Erbauer geworden. Der Trump Tower liegt an der Fifth Avenue gleich neben dem Juwelier Tiffany. Ganz in der Nähe findet man alle Luxus-Modemarken. Es ist schon eine sehr exklusive Gegend. Und mittendrin steht Donald Trumps Wolkenkratzer mit seinen 68 Etagen, derzeit steht der Trump Tower damit auf Rang 64 der höchsten Gebäude von New York. Um an das begehrte Grundstück an der Fifth Avenue zu gelangen, auf dem heute der Trump Tower steht, musste Trump allerdings wieder einmal seine Hartnäckigkeit, Geduld und geballte Überzeugungskraft einsetzen. Der Platz war nämlich bereits bebaut. Die renommierte Warenhauskette Bonwit Teller hatte dort ihren Flagship Store. Bekannt war das Kaufhaus nicht nur durch die hochwertigen Produkte, die man dort erwerben konnte, sondern auch durch die engagierte Unterstützung von Künstlern. Zur Winterzeit zogen die Schaufenster des Kaufhauses immer wieder Spaziergänger und Kunstliebhaber in ihren Bann. Dort stellten beispielsweise Salvador Dali, Robert Rauschenberg und Andy Warhol,

207 Trump, Donald: Gib niemals auf! – Wie ich meine größten Herausforderungen in meine größten Triumphe verwandelte (2008) – S. 53

aber auch viele unbekannte Nachwuchskünstler ihre Werke aus. Heutzutage sieht man häufiger die Zusammenarbeit von Modehäusern und Künstlern. Möglicherweise legte Bonwit Teller die Grundlage für diesen Trend.[208]

Aber Donald Trump wollte an der Stelle des Flagship Stores von Bonwit Teller sein eigenes Gebäude bauen und machte sich beharrlich an die Arbeit, um sein Ziel zu erreichen. Trump selbst beschreibt die verwickelte Geschichte, wie er seinen Trump Tower realisierte, immer wieder gerne. Ganz ausführlich erzählte er die Story in „Die Kunst des Erfolges". Bereits kurz nach seiner Umsiedlung von Brooklyn nach Manhattan im Jahr 1971 wurde der aufstrebende Immobilienunternehmer auf das Bonwit-Teller-Gebäude an der Ecke Fifth Avenue und 56th Street bzw. 57th Street (der Komplex erstreckte sich fast über den gesamten Block) aufmerksam. Er war von der Lage des Grundstückes sowie von dessen Größe beeindruckt und träumte davon, dort ein ganz besonderes Bauwerk zu errichten. Das Kaufhaus Bonwit Teller gehörte zum Genesco-Konzern, der das Gebäude aber auf keinen Fall verkaufen wollte. Donald Trump ließ sich

---

208 The Art Story Blog: How a NYC Department Store Launched the Art Careers of Warhol and Friends – Stand: 02.12.2015 http://www. theartstory.org/blog/how-a-nyc-department-store-launched-the-art-careers-of-warhol-and-friends/

jedoch nicht abwimmeln und schrieb Firmeninhaber Franklin Jarman regelmäßig Briefe und bekundete darin sein Interesse an dem Areal. Nach rund drei Jahren machte sich die Hartnäckigkeit des jungen Mannes mal wieder bezahlt. Genesco geriet nämlich in finanzielle Schwierigkeiten und Jarman wurde als Chef abgelöst. Der als harter Sanierer bekannte Jack Hanigan übernahm das Ruder. „Er war ein skrupelloser, smarter und einzig auf das Endergebnis fixierter Mann", beschrieb Trump den neuen Firmenchef von Genesco.[209]

Donald Trump rief Jack Hanigan sofort an. Dieser wusste genau, was der Unternehmer von ihm wollte, denn er hatte Trumps zahlreiche Briefe bereits entdeckt. Die beiden Männer verabredeten umgehend ein Treffen und Trump realisierte, dass der Genesco-Konzern ganz dringend Bargeld benötigte. Nach einigen Verzögerungen konnte man sich auf die Transaktion einigen, es gab jedoch noch ein paar Probleme. Dem Genesco-Konzern gehörte zwar das Bonwit-Gebäude, das Grundstück war jedoch nur gepachtet und die Restlaufzeit des Pachtvertrages betrug zum Zeitpunkt der Verhandlungen nur noch 29 Jahre. Zudem brauchte Donald Trump noch weiteres Land in der Umgebung, um das größere

---

209 Trump, Donald J./ Schwartz, Tony: Die Kunst des Erfolges (1988) –
    S. 122ff

Bauvorhaben, das ihm vorschwebte, realisieren zu können. Dann fehlten ihm auch noch die passenden Genehmigungen, um einen Wolkenkratzer in der geplanten Höhe bauen zu dürfen. Und die finanzielle Seite war auch noch nicht geklärt. Der junge Trump verfügte natürlich nicht über ausreichende Mittel, um ein Projekt dieser Größe zu realisieren. Der Unternehmer jonglierte also – ähnlich wie beim Penn-Central-Deal um das Commodore Hotel – wieder an verschiedenen Fronten herum und versuchte, das Optimum für sich herauszuholen. Dabei musste er seine Anstrengungen geheim halten, um nicht andere Anleger auf sein Projekt aufmerksam zu machen und damit den Preis in die Höhe zu treiben. Im schlimmsten Fall hätte ihm sogar ein anderer Investor das Objekt vor der Nase wegschnappen können. Und so veranlasste er, dass Jack Hanigan das per Handschlag besiegelte Geschäft mit einer schriftlichen Absichtserklärung fixierte. Nach Ausfertigung der Verträge sollte Donald Trump das Bonwit-Gebäude für 25 Millionen Dollar erwerben dürfen.

Nach dieser Vereinbarung konnte sich der Immobilienunternehmer beruhigt der nächsten Baustelle bei seinem Projekt zuwenden. Die Konditionen rund um den Pachtvertrag mussten geklärt werden, denn bei einer Restlaufzeit von nur 29 Jahren wäre es wirtschaftlich nicht sinnvoll gewesen, ein wirklich spektakuläres Gebäude auf dem Grundstück zu bauen. Grundstückseigentümer war zu diesem Zeitpunkt die Equitable Life Assurance Society. Trump konnte George Peacock, den Leiter der Real-Estate-Abteilung von Equitable, zu einer schriftlichen Zusage bewegen. Nach ihr durfte der Immobilienunternehmer das Grundstück an der Fifth Avenue kaufen, wenn er die nötigen Genehmigungen für die Baupläne bekommt.

So hatte Donald Trump nun zwei Zusagen in der Tasche – für das Haus und das Grundstück. Jetzt musste er nur noch sicherstellen, dass er sein Gebäude in der gewünschten Höhe bauen konnte. Und an dieser Stelle kam der Juwelier Tiffany & Co. ins Spiel. Trump verhandelte mit dem Unternehmen über die Weitergabe der Luftrechte. Die Stadt New York hatte in den 1960er Jahren einen Flächennutzungsplan eingeführt und damit den unkontrollierten Bau von Wolkenkratzern reglementiert. Die sogenannte „Floor-Area-Ratio" – also das Verhältnis zwischen der Größe des Grundstücks und des nutzbaren umbauten Raumes – legte fest, wie hoch ein Gebäude werden durfte. Wenn bei einem Gebäude die erlaubte Höhe nicht vollständig ausgeschöpft wurde, durften die Eigentümer die Luftrechte an einen Nachbarn verkaufen. Die Inhaber des Tiffany-Gebäudes hatten keine Pläne, den Firmensitz weiter aufzustocken und so wollte Donald Trump ihre Rechte gerne übernehmen. Er verhandelte mit dem Firmeninhaber Walter Hoving, einem Geschäftsmann der alten Schule. Hoving nahm Donalds Angebot von fünf Millionen Dollar für die Luftrechte per Handschlag an und wich auch nicht von dem vereinbarten Deal ab, als die Luftrechte von anderen Gebäuden in der Nähe für deutlich höhere Summen den Besitzer wechselten. Ein Handschlag unter Geschäftsleuten war für Walter Hoving ein verbindlicher Vertrag.

Jetzt war Donald Trump beinahe am Ziel, nur ein wichtiger Baustein fehlte noch. Neben den Luftrechten benötigte er für sein Projekt noch ein Grundstück neben Tiffany, damit er die erforderlichen Baugenehmigungen bekommen konnte. Der Besitzer des Grundstücks war ein Mann namens Leonhard Kandell, der die Parzelle auf keinen Fall verkaufen wollte und somit Trumps Pläne beinahe zum Scheitern gebracht hätte. Doch gerade noch rechtzeitig entdeckte der ehrgeizige junge Immobilienentwickler eine Klausel in seinem Vertrag mit Hoving über die Luftrechte. In dieser Klausel wurde Tiffany innerhalb eines bestimmten Zeitrahmens eine Kaufoption auf das Grundstück von Kandell zugesichert. Nach einigem Hin und Her und diversen Schachzügen erhielt Trump einen auf 100 Jahre verlängerten Pachtvertrag für die Kandell-Parzelle.

Nachdem Donald Trump alles vorbereitet hatte, fehlte ihm nur noch der abschließende Vertrag mit Genesco. Jetzt machte sich die Absichtserklärung, die Jack Hanigan unterschrieben hatte, bezahlt. Obwohl es mittlerweile eine Reihe von Kaufinteressenten mit lukrativen Angeboten für das Bonwit-Gebäude gab, bekam Trump den Zuschlag. „Ich bin mir nicht sicher, ob dieses Dokument vor Gericht anerkannt worden wäre, aber zumindest hätte ich es auf einen Rechtsstreit ankommen lassen und den Verkauf des Bonwit-Grundstückes dadurch für Jahre unterbinden können", beschrieb Trump die damalige Situation.[210] Und dann erzählte er von dem Telefonanruf eines Reporters der „New York Times". Dee Wedemeyer wollte wissen, ob Trump der Käufer des Bonwit-Gebäudes sei. Nachdem er seine Absichten bisher geheim gehalten hatte, wagte der Bauunternehmer nun die Flucht nach vorne, bestätigte die Gerüchte und sagte, dass es eine Kaufvereinbarung gebe. Eigentlich wollte Trump mit seiner Aussage nur die Einhaltung der Zusage von Genesco erzwingen. „Mein Schachzug sollte mir noch einen weiteren, ungeahnten Vorteil bringen", führte er aus. „Als Wedemeyers Artikel in der Morgenausgabe erschien, verließen die besten Bonwit-Manager reihenweise die Firma und wechselten zu Bergdorf Goodman, zu Saks an der Fifth Avenue und Bloomingdale. Die Massenflucht

---

210 Trump, Donald J./ Schwartz, Tony: Die Kunst des Erfolges (1988) –
   S. 122ff

machte einen reibungslosen Geschäftsablauf nahezu unmöglich. Ich glaube, dass dieser Umstand Genesco endlich zur Raison brachte. Plötzlich gingen die Verhandlungen zügig weiter. Fünf Tage nach Erscheinen des Artikels in der New York Times fand die Vertragsunterzeichnung statt. Die Zwangslage des Konzerns hatte sich zu meinen Gunsten ausgewirkt."[211] Donald Trump hatte sein ehrgeiziges Etappenziel erreicht, in dem er wieder seine besondere Gabe nutzte, jeden noch so kleinen Vorteil für sich zu entdecken und sofort auszunutzen. Aber es gab immer noch viel zu tun. So sagte der Jungunternehmer selbst: „Und damit waren wir noch nicht einmal in der Nähe des Baubeginns. Das ist ein gutes Beispiel für die Beharrlichkeit, die man braucht, und für die Hindernisse, die auftauchen können, wenn man etwas Großes vorhat."[212] Trump wusste bereits damals, dass eben diese Beharrlichkeit eine seiner wichtigsten Eigenschaften ist, die ihm beim Umsetzen von Ideen half. Und mit diesem Wissen und seinem unerschütterlichen Selbstbewusstsein konnte er sich auch beruhigt den weiteren Schritten auf dem Weg zu seinem Wolkenkratzer zuwenden.

---

211 Trump, Donald J./ Schwartz, Tony: Die Kunst des Erfolges (1988) – S. 134ff
212 Trump, Donald: Gib niemals auf! – Wie ich meine größten Herausforderungen in meine größten Triumphe verwandelte (2008) – S. 59

Jetzt ging es nur noch darum, die ambitionierten Baupläne umsetzen zu dürfen und zu können. Das heißt: Nun benötigte Donald Trump die entsprechenden Genehmigungen und finanziellen Mittel. Und auch bei diesen Problemen zeigte sich der Immobilienentwickler wieder außerordentlich kreativ. Er bot beispielsweise an, eine Passage durch sein Gebäude zu bauen, sodass Fußgänger eine Abkürzung zwischen zwei Blocks haben und damit der Strom der Passanten auf der Fifth Avenue etwas reduziert werden könnte. Zudem sorgte er dafür, dass das altehrwürdige Kaufhaus Bonwit Teller Verkaufsräume in seinem Gebäude bekommen würde. So würde die Institution Bonwit Teller in New York erhalten bleiben. Unter anderem aufgrund dieser Angebote bekam Donald Trump Zugeständnisse bei den Baugenehmigungen eingeräumt und erhielt gleichzeitig sogar noch lukrative Mieteinnahmen von Bonwit. Alles in allem war der Unternehmer sehr zufrieden mit sich und seinem großen Deal.

Aber natürlich gab es nicht nur Jubel und Zustimmung für das Projekt. So war es beispielsweise die moderne Optik, die für viele Menschen nicht in den Straßenzug passte. Architekturliebhaber hatten wenig Verständnis dafür, dass Donald Trump das historische Bonwit-Gebäude mit der liebevollen Art Deco an der Fassade einfach und ohne Auflagen in Grund und Boden stampfen durfte. Stattdessen entstand an die dieser Stelle ein gigantischer Klotz mit einer massiven Fassade in einem Farbton irgendwo zwischen Braun und Bronze. Aber auch die Tatsache, dass Donald Trump sich für einen Bau aus Beton entschied und nicht auf die zu diesem Zeitpunkt übliche Bauweise mit Stahlträger zurückgriff, gab Anlass zu massiver Kritik und Gerüchten. Der Pulitzer-Preisträger David Cay Johnston, der sich nach eigenen Aussagen bereits seit mehr als 27 Jahren immer mal wieder mit dem heutigen Präsidentschaftskandidaten beschäftigt, hat dazu in seinem interessanten und informativen Artikel „21 Questions for Donald Trump", der 2015 im „National Memo" erschien, interessante Fragen formuliert:

„Trump Tower is not a steel girder high rise, but 58 stories of concrete. Why did you use concrete instead of traditional steel girders?"

„Trump Tower was built by S&A Concrete, whose owners were „Fat" Tony Salerno, head of the Genovese crime family, and Paul „Big Paul" Castellano, head of the Gambinos, another well-known crime family. If you did not know of their ownership, what does that tell voters about your management skills?"

„You later used S&A Concrete on other Manhattan buildings bearing your name. Why?" [213]

Johnston wunderte sich über die von Donald Trump gewählte Bauweise. Warum musste es Beton sein? Und warum musste es der Beton der Firma S&A Concrete sein? Das Unternehmen gehörte nämlich „Fat" Tony Salerno und Paul „Big Paul" Castellano – beides Oberhäupter von bekannten Familien aus dem kriminellem Milieu. Und in der Annahme, dass der Bauherr auf diese Frage sicherlich antworten würde, dass er von diesen Umständen nichts gewusst habe, legte der Journalist geschickt nach: „Wenn Sie nichts von diesen Besitzverhältnissen gewusst haben, was sagt das Ihren Wählern über Ihre Führungsqualitäten?" So oder so spricht die Vorgehensweise nicht für jemanden, der Präsident der USA werden möchte. Doch nicht nur die Vergabe des Auftrags an Salernos und Castellanos animierte David Cay Johnston zu konkreten Fragen. In Zusammenhang mit dem Bau des Trump Towers bzw. dem Abriss des Bonwit-Gebäudes gab es noch weitere Ungereimtheiten. Denn Donald Trump, der Mann, der bekanntlich eine Mauer gegen illegale Einwanderer aus Mexiko bauen möchte, hatte den Abriss des alten Gebäudes mit Hilfe von rund 150

---

213 Johnston, David Cay: The National Memo – „21 Questions for Donald Trump" – 10.07.2015 – Stand: 25.11.2015 http://www.nationalmemo.com/21-questions-for-donald-trump/

Arbeitern aus Polen durchführen lassen. Nach Angaben von Johnston waren die meisten dieser Arbeiter illegal ins Land gekommen und hatten keine gültigen Papiere. Damit zählten sie definitiv zu den Personen, die Trump eigentlich unverzüglich aus den Vereinigten Staaten entfernen möchte. Wirklich praktisch für den Unternehmer, dass sich diese Arbeiter während der Bauarbeiten am Trump Tower in den USA aufhalten konnten. Die Lebensbedingungen der polnischen Arbeiter waren aber sehr schlecht. Die Männer schliefen zum Teil irgendwo auf der Baustelle und trugen bei den gefährlichen Abrissarbeiten keine schützenden Bauhelme, wie es auch damals schon vorgeschrieben war. Bezahlt wurden sie mit weniger als fünf Dollar pro Stunde, Sozialleistungen wurden gar nicht abgeführt. So wurden nicht nur die Bauarbeiter, sondern auch der Staat betrogen.[214]

Donald Trump haben diese Umstände damals offensichtlich nicht interessiert. Er hatte den Auftrag für den Abriss des alten Bonwit-Gebäudes unter rein wirtschaftlichen Aspekten vergeben und unter zwölf Bewerbern das Unternehmen mit dem günstigsten Angebot ausgewählt. Das Unternehmen Kaszycki & Sons Contractors, Inc. aus Herkimer, New York konnte die

---

214 Johnston, David Cay: The National Memo – „21 Questions for Donald Trump" – 10.07.2015 – Stand: 25.11.2015 http://www. nationalmemo.com/21-questions-for-donald-trump/

Arbeiten recht preisgünstig anbieten, da man eben gerne auf unterbezahlte polnische Arbeiter zurückgriff. Für die „Polnische Brigade", wie man den Trupp der Arbeiter nannte, war das Abbruchprojekt an der Ecke Fifth Avenue und 57th Street kein einfaches Unterfangen. Aufgrund der engen Bebauung rundherum waren gezielte Sprengungen und die Nutzung einer Abrissbirne nicht möglich. Die Polen arbeiteten sieben Tage die Woche – manchmal 18 Stunden am Tag, um den strengen Zeitplan einzuhalten.[215] Rund sieben Jahre später wurde Donald Trump vor Gericht als Zeuge zu diesem Sachverhalt befragt, berichtete die renommierte „New York Times" 1990. Der damals in gewaltigen finanziellen Schwierigkeiten steckende Immobilienunternehmer bestritt, davon gewusst zu haben, dass 200 Arbeiter ohne gültige Papiere am Abriss des Bonwit-Gebäudes beteiligt gewesen sein sollen. Damit stand sein Wort gegen das Wort des ehemaligen Gewerkschaftsmitarbeiters Daniel J. Sullivan. Sullivan, der als FBI-Informant arbeitete, bezeichnete sich als engen Berater von Trump während der Bauarbeiten am Trump Tower und versicherte, dass Trump von den illegalen Arbeitern gewusst habe. Zudem habe sich der Unternehmer geweigert, für diese Arbeiter einen Beitrag in die Pensionskasse einzuzahlen. Arbeitern, die sich über zu geringe Lohnauszahlungen

215 D´ Antonio, Michael: Never Enough – Donald Trump and the Pursuit of Success (2015) – S. 130f

beschwert hätten, sei damit gedroht worden, sie wieder nach Hause zu schicken. Trump dementierte alles und gab an, dass er sehr selten bei den Abbrucharbeiten dabei gewesen sei und daher kaum etwas über Details wisse. Er gab allerdings zu, dass es eine sehr enge Deadline gab und er sehr verärgert war, als die Abrissfirma Kaszycki & Sons mit den Arbeiten in Rückstand geriet. Trump löste das Problem, indem er dem Unternehmen mehr Geld zur Verfügung stellte. Daniel J. Sullivan machte dann noch einmal darauf aufmerksam, wie wichtig das Einhalten der Deadline für Trump war. Es ging mal wieder um einen Steuernachlass, der dem Unternehmer gewährt werden sollte sowie die geplante Finanzierung des Projekts.[216] Wirkliche Konsequenzen hatten diese Vorwürfe für Donald Trump aber nicht.

Und das war nicht der einzige Skandal im Zusammenhang mit den Abrissarbeiten des Bonwit-Gebäudes. Das alten Kaufhaus hatte an der Fassade – auf der Seite zur Fifth Avenue – kunsthistorisch wertvolle Verzierungen. So gab es zwei interessante Art-Deco-Friesen sowie ein verziertes Metallgitter. Der Scutt, der Architekt des Trump Towers, wollte

---

216 Baquet, Dean: Trump Says He Didn´t Know He Employed Illegal Aliens _ 13.07.1990 – Stand: 01.12.2015 http://www.nytimes. com/1990/07/13/nyregion/trump-says-he-didn-t-know-he-employed-illegal-aliens.html (Übersetzung der Autorin)

diese Elemente erhalten und in das neue Gebäude integrieren. Donald Trump war mit dieser Idee jedoch nicht einverstanden, er wünschte sich einen komplett modernen Look für seinen Turm. Der Unternehmer versprach jedoch, die Kunstwerke zu retten und dem Metropolitan Museum of Art zu schenken. Das Stadtplanungsbüro verzichtete danach auf Verhandlungen bezüglich der Fassade – die Kunstwerke sollten ja für die Nachwelt erhalten bleiben. Doch zum Entsetzen vieler Bürger von New York wurden die Fassadenelemente eines Tages von den Bauarbeitern einfach von der Wand geschlagen. Nach Betrachtung des entstehenden Aufwandes – zeitlich und finanziell – durch die sachgemäße Abtragung der Kunstwerke, hatte Donald Trump beschlossen, Nägel mit Köpfen zu machen.[217] Nachfragen der Presse wollte der Bauherr zu dem Vorfall aber nicht beantworten. Doch ein Mann namens John Baron, der sich als Vize-Präsident der Trump Organization vorstellte, gab eine Erklärung ab. Die Verzierungen an der Fassade seien ohne künstlerischen Wert gewesen, hätten Gutachten ergeben. Durch die sachgemäße Entfernung und den Transport zum Museum wären Kosten in Höhe von 32.000 Dollar entstanden. Daher sei man der Meinung, dass der Wert der Steine nicht groß genug gewesen sei, um die Kosten und Anstrengungen zu rechtfertigen.

---

217 D´Antonio, Michael: Never Enough – Donald Trump and the Pursuit of Success (2015) – S. 130ff

Besonders interessant ist in diesem Zusammenhang, dass dieser John Baron, der angab für die Trump Organization zu sprechen, überhaupt nicht existiert. John Baron – auch John Barron – ist ein Name, der von Donald Trump und in diesem Fall auch von irgendeinem seiner Mitarbeiter verwendet wird, wenn der eigene Name nicht mit einer Aussage in Zusammenhang gebracht werden soll, erzählte der Autor Michael D´Antonio in seinem Buch über den republikanischen Präsidentschaftskandidaten.[218]

Donald Trump ließ sich jedoch von solchen – für ihn unwichtigen – Kleinigkeiten nicht aufhalten. Er hielt eisern an seinen Plänen fest, den Mittelpunkt seines Trump-Imperiums an der berühmten Fifth Avenue zu errichten. Nach seinen Erfolgen im Zusammenhang mit dem Umbau des Commodore zum Grand Hyatt Hotel handelte er wieder mit den Entscheidungsträgern von New York einen Steuernachlass aus. „Der Spiegel" brachte die Geschichte in kurzen und treffenden Worten auf den Punkt: „1980 mehrte Trump sein Vermögen mit dem gleichen Trick: Für 20 Millionen Dollar kaufte er das historische Hauptgebäude des Kaufhauses Bonwit Teller an der Fifth Avenue, vernichtete rüde sämtliche Wertstücke der Art-Deco-Fassade, sicherte sich Steuergutschriften von diesmal 140 Millionen

---

218 D´Antonio, Michael: Never Enough – Donald Trump and the Pursuit of Success (2015) – S. 132f (Übersetzung der Autorin)

Dollar und zog den prunkstarrenden Trump Tower hoch .“[219] Nach der Fertigstellung gelang es Trump, einige prominente Käufer bzw. Mieter für die teuren Appartements in dem protzigen Gebäude zu finden. Namen wie die von Regisseur Steven Spielberg und Entertainer Johnny Carson trugen zum Image des Gebäudes bei. Im weiteren Verlauf zählten u. a. der berühmte Komponist Sir Andrew Lloyd Webber, Fußballstar Ronaldo und Schauspieler Bruce Willis zu den Bewohnern. Und ins Penthouse zog natürlich Donald Trump persönlich mit seiner Familie ein.

Zu den prestigeträchtigen Projekten, die man mit dem Namen Donald Trump verbindet, gehört neben dem Trump Tower auf jeden Fall auch der Wollman Rink – die berühmte Eislaufbahn im Central Park. Ivanka Trump hob bei der Bekanntgabe der Präsidentschaftskandidatur des Vaters im Juni 2015 auch dessen Verdienste bei der Renovierung des Rink hervor. Die Eislaufbahn im Central Park kennt man aus vielen romantischen Liebesfilmen und gehört zum Stadtbild von New York in der kalten Jahreszeit einfach dazu.

Eröffnet wurde der Wollman Rink bereits im Jahr 1949 und steht normalerweise von Oktober bis April für Schlittschuhfreunde zur Verfügung. 1980 schloss

---

219 Der Spiegel: Wärme für Ivana –19.02.1990 – Stand: 01.12.2015
   http://www.spiegel.de/spiegel/print/d-13507425.html

die Stadtverwaltung die Eislaufbahn für zweieinhalb Jahre, um notwendige Renovierungen vorzunehmen. Doch die ganze Aktion wurde zu einem Desaster. Nach mehr als sechsjähriger Arbeit war die Anlage immer noch nicht fertiggestellt. Die „New York Times" berichtete im März 1986 auf ihrer Titelseite, dass die Stadtverwaltung mit der Renovierung der Wollman-Rink-Eislaufbahn noch einmal ganz von vorn anfangen wolle. Auf die Wiedereröffnung müsse daher noch ungefähr zwei Jahren gewartet werden, erzählte Donald Trump in seinem Bestseller „Die Kunst des Erfolges". Der Baulöwe war entsetzt über die Entwicklung der Baumaßnahmen und konnte sich nicht vorstellen, dass man für die Renovierung einer Eislaufbahn so viel Zeit benötigen würde. „Im Juni hatte ich mit dem Bau des Trump Tower begonnen, einem achtundsechzigstöckigen Wolkenkratzer, der auf sechs Etagen Geschäfte, zahlreiche Büros und 263 Wohnungen beherbergen sollte. Zweieinhalb Jahre später waren die Bauarbeiten – pünktlich und ohne Kostenüberhänge – beendet", berichtet Trump vom Bau seines eigenen Wolkenkratzers. „Wenn es mir innerhalb von zweieinhalb Jahren gelungen war, einen riesigen Wolkenkratzer hochzuziehen, dann musste es doch möglich sein, eine Schlittschuhbahn für zwei Millionen Dollar in wenigen Monaten instandzusetzen."[220]

Bereits vor Beginn der ersten Renovierungsarbeiten am Wollman Rink im Jahr 1980 hatte Donald Trump angeboten, dass er die Aufgabe unentgeltlich übernehmen könne. Henry Stern, der für die öffentlichen Anlagen New Yorks zuständige Referent, hatte diese Offerte jedoch ausgeschlagen. Ed Koch, der amtierende Bürgermeister der Stadt, war bekanntlich kein Freund von Donald Trump und vielleicht wollte man daher keine weiteren Geschäftsverbindungen mit dem Unternehmer eingehen. Donald Trump schien dieses Projekt aber sehr am Herzen zu liegen. 1986 wagte er einen weiteren Vorstoß und schrieb Koch einen Brief. Darin verurteilte er die Inkompetenz der New Yorker Entscheidungsträger bei der Sanierung der Schlittschuhbahn. In seinem Buch „Die Kunst des Erfolges" führte Trump akribisch sämtliche Fehler auf, die die Stadtverwaltung seiner Meinung nach im Zusammenhang mit den Renovierungsarbeiten am Wollman Rink gemacht hatte. Aber er beschrieb auch in epischer Breite, wie er um das Projekt gekämpft hatte und wie er es unbedingt zu einem guten Ende bringen wollte. Und so bot er erneut seine Hilfe an. „Ich bin bereit, die Renovierungsarbeiten und -kosten zu übernehmen, und verpflichte mich, die Schlittschuhbahn bis

220 Trump, Donald J./ Schwartz, Tony: Die Kunst des Erfolges – (1988)
    – S. 241ff

zum November dieses Jahres der Öffentlichkeit zugänglich zu machen. Ich biete Ihnen außerdem an, sie zu einem fairen, marktgerechten Preis zu pachten und nach der Fertigstellung zu verwalten", schrieb Donald Trump nach eigenen Angaben in einem Brief an Ed Koch.[221] Zu Trumps großem Erstaunen lehnte der Bürgermeister das Angebot in einem Brief – gespickt mit sarkastischen Bemerkungen – wieder ab und ging mit der ganzen Sache an die Presse. Damit schoss Koch jedoch ein Eigentor. Denn die Medien schlugen sich ausnahmsweise auf die Seite von Donald Trump. Die Stadtverwaltung lenkte ein und war doch noch zu Gesprächen mit dem Immobilienmogul bereit. Dieser war überzeugt, dass er das Problem in kurzer Zeit kostengünstig lösen könnte. Daher bot er der Stadt an, dass er alle Kosten alleine tragen würde. Trump plante zunächst eine Bauzeit von eineinhalb Jahren und einen Betrag von drei Millionen Dollar ein. Als Gegenleistung verlangte er eine Beteiligung am Gewinn. Nach „Rückzahlung" der drei Millionen Dollar sollte die weitere Gewinnbeteiligung an eine Stiftung gehen, so Trumps Idee. Aber die Stadtväter waren damit nicht einverstanden und man einigte sich darauf, dass Trump die drei Millionen Dollar vorstreckte. Nach erfolgreichem Abschluss der Arbeiten sollte er den Betrag zurückbekommen. Zudem verpflichtete

---

221 Trump, Donald J./ Schwartz, Tony: Die Kunst des Erfolges (1988) – S. 243

sich der Bauunternehmer, die Sanierung innerhalb von nur sechs Monaten abzuschließen.

Aus der Sicht von Ed Koch sah die ganze Sache ein bisschen anders aus. Michael D´Antonio berichtete darüber in seinem Buch „Never Enough". Danach schrieb Trump dem New Yorker Bürgermeister im Mai 1986 tatsächlich einen Brief. Darin bot der Unternehmer an, Koch aus dessen „größter Verlegenheit" zu retten. Der Bürgermeister hielt den Brief für extrem selbstherrlich, ganz besonders den Teil, in dem Trump seine eigenen Leistungen aufführte und versprach, den Job vor Winteranfang erledigt zu haben. Ed Koch veröffentlichte den Brief daher in der Presse und erwartete breite Zustimmung seitens der Öffentlichkeit.[222] Wie bereits erwähnt, ging der Schuss jedoch nach hinten los.

So konnte Donald Trump doch noch mit der Instandsetzung des Wollman Rink loslegen. Obwohl in den vorangegangenen Jahren gravierende Fehler bei den Bauarbeiten gemacht worden waren, konnte der Unternehmer die Eislaufbahn mit Hilfe geeigneter Experten in kürzester Zeit in neuem Glanz erstrahlen lassen. Dabei setzte er wieder auf die bewährte Unterstützung von „seinen Freunden" bei der Chase Manhattan Bank

---

222 D´Antonio, Michael: Never Enough – Donald Trump and the Pursuit of Success (2015) – S. 178 – (Übersetzung der Autorin)

und von HRH Construction, eine Firma, die schon beim Bau des Trump Tower eine Rolle gespielt hatte. Manager von HRH Construction sollen später erzählt haben, dass man den Wollman Rink zu günstigen Konditionen renoviert habe, weil Trump im Anschluss einen größeren Deal in Aussicht gestellt hatte.[223]

Donald Trump blieb 750.000 Dollar unter dem veranschlagten Budget und benötigte nur vier Monate für die gesamten Bauarbeiten. Nachdem die Stadtverwaltung von New York in den vorhergehenden sechs Jahren 13 Millionen Dollar in das Projekt gesteckt hatte, war die Leistung von Trump durchaus beeindruckend. Und er konnte zu Recht stolz auf darauf sein: „Das ist die Geschichte über ein schwieriges Unterfangen – oder besser gesagt darüber, wie man offenen Auges in ein Desaster gerät. Aber das Endergebnis war für viele Einwohner von New York und auch für Tausende von Besuchern ein Glücksfall. Es war ein Liebesdienst, der sich zudem als einer meiner Lieblingserfolge erwiesen hat."[224] So verwundert es auch nicht, dass Tochter Ivanka diesen Verdienst bei der Bekanntgabe der Präsidentschaftskandidatur des Vaters im Juni 2015 ausdrücklich hervorhob.

223 D´ Antonio, Michael: Never Enough – Donald Trump and the Pursuit of Success (2015) – S. 178

224 Trump, Donald: Gib niemals auf! – Wie ich meine größten Herausforderungen in meine größten Triumphe verwandelte (2008) – S. 115f

Das Kapitel über die Renovierung der Schlittschuh-bahn schloss er in seiner Autobiografie „Die Kunst des Erfolges" folgendermaßen ab: „Noch heute, im Frühjahr 1987, freue ich mich über den Anblick, der sich mir bietet, wenn ich aus dem Fenster meines Wohnzimmers im Trump Tower den Läufern auf der Wollman-Rink-Schlittschuhbahn zusehe. Ich belasse es beim Zuschauen, weil ich keine Lust habe, mich aufs ‚Glatteis' zu begeben. Viele Leute warten nur da-rauf, dass ich ausrutsche, und diesen Gefallen werde ich ihnen nicht tun, denn Schlittschuhlaufen gehört nicht zu meinen Stärken."[225]

Durch diese großen und werbewirksamen Projekte – das Grand Hyatt Hotel, den Trump Tower und den Wollman Rink – hatte es Donald Trump tatsächlich geschafft, sich in New York und darüber hinaus ei-nen Namen zu machen. Damit ist er sicherlich der republikanische Präsidentschaftskandidat, der auch über die Grenzen der Vereinigten Staaten hinaus den größten Bekanntheitsgrad hat. Er hatte dabei immer sehr geschickt dafür gesorgt, dass sein Name mit den Bauprojekten in Verbindung gebracht wird. In der Re-gel heißen die Häuser, Anlagen und Hotels genau wie er – nämlich Trump. Auf der Website der Trump Or-ganization findet man eine detaillierte Auflistung des

225 Trump, Donald J./ Schwartz, Tony: Die Kunst des Erfolges (1988) – S. 244ff

Trump'schen Portfolios. Der Immobilienmogul konnte sich im Großraum New York noch an einigen weiteren prominenten Plätzen verewigen. Auf der Liste findet man unter 610 Park Avenue nur ein einziges Gebäude, bei dem man auf den werbewirksamen Namen verzichtet hatte. Die anderen Gebäude heißen Trump International Hotel & Tower New York, Trump Palace, Trump Parc, Trump Parc East, Trump Park Avenue, Trump Park Residences (Yorktown), Trump Place, Trump Plaza (New Rochelle), Trump SoHo New York, Trump Tower at City Center (Westchester) und Trump World Tower.[226] Aber auch in anderen amerikanischen Städten und im Ausland gibt es mittlerweile zahlreiche Gebäude, die den Namen des Unternehmers tragen. Nach ihm benannt sind beispielsweise die Trump International Hotel and Tower in Chicago, Las Vegas, Honolulu und Toronto sowie die Trump Towers Istanbul, Trump World in Seoul oder der Trump Tower in Mumbai.

In der Zeit als Donald Trumps Geschäfte boomten und er viele lukrative Nebeneinkünfte fand, reichten ihm und seiner damaligen Ehefrau Ivana das exklusive Penthouse im New Yorker Trump Tower nicht mehr aus. Die Familie erwarb ein im spanischen Stil erbautes Anwesen mit 118 Zimmern in der Nobelgemeinde Palm

---

226 Trump.com: Trump Real Estate Portfolio – Stand: 01.12.2015 http:// www.trump.com

Beach in Florida. Das Mar-a-Lago wurde Mitte der 1920er Jahre von der Cornflakes-Erbin Marjorie Merriweather Post und deren Ehemann Edward F. Hutton erbaut. Für die Trumps schien das Anwesen ein geeignetes Feriendomizil zu sein. Das Mar-a-Lago stand für 25 Millionen Dollar zum Verkauf, als Donald Trump es 1982 zum ersten Mal sah. „Wir alle haben schon einmal von Liebe auf den ersten Blick gehört – und mich traf dieser Blitz beim ersten Mal als ich Mar-a-Lago sah. Ich wusste sofort, dass ich es haben wollte", beschrieb Donald Trump selbst die Situation.[227]

Der Immobilienunternehmer bot spontan 15 Millionen Dollar für das Anwesen und der Eigentümer, die Post Foundation, lehnte ebenso spontan ab. Andere Interessenten wollten deutlich höhere Summen für das Traumhaus zahlen und so wurden Vorverträge unterschrieben. Allerdings machten die potenziellen Käufer stets einen Rückzieher und das Haus stand weiterhin zum Verkauf. Hartnäckig wie immer unterbreitete Donald Trump jedes Mal aufs Neue ein Angebot, das aber immer etwas niedriger war als das vorangegangene. Ende 1985 belief sich seine Offerte nur noch auf fünf Millionen Dollar plus drei Millionen Dollar für das Inventar. Die Post Foundation nahm dieses Angebot letztendlich

227 Trump, Donald: Gib niemals auf! – Wie ich meine größten Herausforderungen in meine größten Triumphe verwandelte (2008) – S. 167

wohl aus Mangel an echten Alternativen an, stieß damit in Palm Beach aber auf wenig Zustimmung. „Als der Besitzerwechsel bekannt gegeben wurde, berichtete die in Palm Beach erscheinende ‚Daily News' in einem Artikel auf der ersten Seite unter der Schlagzeile ‚Mar-A-Lagos Handelswert erschüttert die Gemeinde'", erzählte Donald Trump in dem Buch „Die Kunst des Erfolges". In der Folgezeit wurden weniger spektakuläre Häuser auf deutlich kleineren Grundstücken zu Preisen von mehr als 18 Millionen Dollar verkauft. Der Wert des Mobiliars soll ebenfalls höher gewesen sein, als der Kaufpreis, den Trump für das Mar-a-Lago gezahlt hat. „Damit will ich lediglich sagen, dass es sich auszahlt, schnell und entschlossen zu handeln, wenn der richtige Zeitpunkt gekommen ist", kommentierte der Immobilienmogul seine Investition.[228] Wieder einmal war es ihm gelungen, zur richtigen Zeit am richtigen Ort zu sein. Das Mar-a-Lago wurde aufwendig renoviert und Familie Trump verbrachte glückliche Zeiten in dem Anwesen.

Die finanzielle Entwicklung im Hause Trump machte es jedoch nach rund zehn Jahren unmöglich, die Unterhaltskosten für eine rein private Nutzung der Anlage weiterhin zu stemmen. Donald Trump wärmte daher 1995 eine alte Idee auf und verwandelte das Mar-a-Lago

---

228 Trump, Donald J./ Schwartz, Tony: Die Kunst des Erfolges (1988) – S. 29f

gegen alle Widerstände in einen exklusiven Privatclub um. Auf der Website der Trump Organization schwärmt man daher bis heute in Superlativen von dem Objekt, das angeblich weltweiten Ruf als einen der bekanntesten High-Society-Spots genießt:

„The world renowned Mar-a-Lago Club pairs the sophistication of the Trump name and the lavish Palm Beach lifestyle [...] After Donald J. Trump's restoration, it is now an exclusive private club and spa with members and guests of the Palm Beach social elite and celebrities from all over the world [...] It is singularly unique, exquisite, and only for the most discerning visitors. The world famous Mar-a-Lago is the very best of Palm Beach."[229]

Es ist also wie immer bei Donald Trump. Mit dem Mar-a-Lago hatte er einen Rückzugsort für seine Familie gekauft, der exquisit, einzigartig und imposant war. Der aufwendig dekorierte Ballsaal und der fast neun Meter lange Esstisch aus Marmor waren die Highlights des Anwesens. Damit die Trumps immer spontan von New York nach Florida reisen konnten, wurde außerdem eine dreistrahlige Boeing 727 gekauft, die Platz für 140 Personen bot. Zudem stand noch ein Militärhubschrauber

---

229 Trump.com: Trump Real Estate Portfolio –Florida – Mar-a-Lago – Stand: 01.12.2015 http://www.trump.com/real-estate-portfolio/florida/trump-mar-a-lago/

für Transporte bereit.[230] Und so nutzte die Familie das Mar-a-Lago oft und gerne für einen Kurzurlaub. Auch nach der Trennung von Ivana schien sich Donald Trump in dem Anwesen weiterhin sehr wohlzufühlen und feierte dort seine dritte Hochzeit.

---

230 Der Spiegel : Wärme für Ivana – 19.02.1990 – Stand: 01.12.2015
http://www.spiegel.de/spiegel/print/d-13507425.html

8.4 Donald – Rien ne va plus

Donald Trump war mit großen Ambitionen nach Manhattan gekommen und konnte in seiner Anfangszeit im Herzen von New York viele seiner großen Träume realisieren. Neben beeindruckenden Bauprojekten sorgte auch sein glamouröser Lebensstil über die Stadt- und Landesgrenzen hinaus für Aufmerksamkeit. In den 1980er und zu Beginn der 1990er Jahre wurde Trump in der ganzen Welt zu einem Sinnbild für Reichtum und Luxusleben. Aber der ehrgeizige Unternehmer war immer noch nicht zufrieden. Er strebte nach noch mehr Ruhm und Anerkennung, wollte noch mehr erreichen und weiteren Investitionen und Produkten seinen Stempel bzw. seinen Namen aufdrücken. So ergab es sich fast von selbst, dass es ihn nach Atlantic City zog. Seit Ende der 1970er Jahre war die rund 200 Kilometer von New York und 100 Kilometer von Philadelphia gelegene Stadt im US-Bundesstaat New Jersey eine Art Geldmaschine für mutige Investoren. Der Grund dafür war die Legalisierung des Glücksspiels in Atlantic City im Jahr 1976. Außerhalb des Bundesstaats Nevada gab es diese Genehmigung vorher sonst nirgends in den USA, und die Dollarscheine der Glücksspieler wanderten fast alle in Las Vegas über die Roulettetische. Nach der Erteilung der Sondererlaubnis besaß Atlantic City jedoch über Jahrzehnte das Casino-Monopol im Osten der Vereinigten Staaten und bekam ein großes Stück vom Kuchen ab. Die Stadt boomte und zog spielfreudige Touristen an, die den weiten Weg nach Las Vegas scheuten. Als Donald Trump diese lukrative Entwicklung erkannte, war sein Interesse an Atlantic City und dem Glücksspiel-Tourismus geweckt.

Der Bauunternehmer ließ in Atlantic City zunächst drei Casinos errichten, die alle von der Trump Hotels & Casino Resorts-Gesellschaft betrieben wurden. Beim Bau der Glücksspieltempel ließ Trump – damals noch unterstützt von seiner ersten Ehefrau Ivana – seinem Hang zu Protz und Kitsch freien Lauf. Insgesamt soll er mehr als 40 weitere – zum größten Teil aber nicht realisierte – Projekte in New Jersey geplant haben. Die Krönung von Trumps Aktivitäten in Atlantic City war sicherlich die Übernahme des Taj Mahal. Zunächst sah das Projekt sehr vielversprechend und lukrativ aus. Im Zusammenhang mit der Scheidung von Ivana berichtete „Der Spiegel" 1990 noch, dass die Trumps in ihren Casinos in Atlantic City einen täglichen Umsatz von 50 Millionen Dollar machten. „Demnächst will er in Atlantic City das angeblich größte und teuerste Spielhöllen-Hotel der Welt eröffnen, das Taj Mahal", hieß es in dem Artikel weiter.[231] Dabei hatte Donald Trump das Taj Mahal zunächst gar

231 Der Spiegel : Wärme für Ivana 19.02.1990 – Stand – 02.12.2015
http://www.spiegel.de/spiegel/print/d-13507425.html

nicht selbst geplant. Das Unternehmen Resorts International – Eigentümer des Resorts Casinos – hatte Mitte der 1980er Jahre mit dem Bau des Taj Mahal begonnen. Nachdem der Firmengründer im April 1986 verstarb, mussten die Arbeiten aber aufgrund von Zahlungsschwierigkeiten eingestellt werden. Donald Trump witterte seine Chance und wollte das perfekt gelegene Taj Mahal übernehmen. Er kaufte sogenannte „Class B"-Aktien des Unternehmens. Diese Wertpapiere waren zwar viermal so teuer wie die herkömmlichen „Class A"-Aktien, verfügten jedoch über 100 Stimmen pro Anteilsschein. Durch diesen Schachzug kam Trump in den Besitz von 88 Prozent der Stimmrechte bei einem finanziellen Einsatz von gerade einmal zwölf Prozent des Unternehmenswertes. Einige Anteilseigner, die die herkömmlichen Aktien besaßen, waren mit einer Übernahme von Resorts International durch Trump aber nicht einverstanden. Doch dieser bot ihnen tatsächlich 22 Dollar pro Aktie – was deutlich über dem eigentlichen Kurswert der Anteilsscheine lag – und konnte damit sein Ziel, die Gesellschaft zu übernehmen, beinahe erreichen. In die Quere kam ihm Merv Griffin, der ebenfalls an Resorts International interessiert war und den Aktienbesitzern 35 Dollar pro Anteilsschein bot. Griffin war eigentlich kein Geschäftsmann, sondern Moderator und Entertainer, der unter anderem auch die Quizsendung „Jeopardy" und das in Deutschland als

„Glücksrad" bekannte Format „Wheel of Fortune" entwickelt hatte. Die beiden Männer verklagten sich, und ihre Anwälte führten einen bitteren Streit um Resorts International – bis sie feststellten, dass sie eigentlich an völlig unterschiedlichen Dingen interessiert waren. Trump und Griffin kamen zu einer Einigung, die beide zufrieden stellte. Griffin erwarb die bereits fertiggestellten Gebäude des Unternehmens. Dagegen konnte Trump das Taj Mahal erwerben und sich dessen Fertigstellung widmen.[232] Die Eröffnung des damals größten Casinos von Atlantic City als Trump Taj Mahal wurde mit Michael Jackson als Stargast zelebriert. Donald Trump konnte und wollte wieder einmal mächtig protzen. In seinem Buch „Wie man reich wird" aus dem Jahr 2004 warf der Bauunternehmer bei der Beschreibung des Taj Mahal wie gewohnt mit Superlativen um sich: „Das Taj Mahal ist das luxuriöseste je gebaute Kasino-Hotel und das bedeutendste Spielkasino in Atlantic City. Es wurde am 2. April 1990 eröffnet und mit dem Mobil Five Star Award sowie mit dem AAA Five Diamond Award ausgezeichnet. Das Spielkasino hat eine Fläche von etwa 12.000 Quadratmetern und ist damit das größte Kasino in Atlantic City [...]"[233]

---

232 D´Antonio, Michael: Never Enough – Donald Trump and the Pursuit of Success (2015) – S. 166f
233 Trump, Donald J./ McIver, Meredith: Wie man reich wird – Ansichten und Einsichten eines Multimilliardärs. (2004) – S. 244

Doch das Glück war in Atlantic City nicht lange auf Trumps Seite. Der Run auf die Spieltische in New Jersey ließ schon bald nach dessen Einstieg in die Glücksspiel-Branche nach. Die Gesetze änderten sich und es durften auch in Bundesstaaten wie New York, Maryland, Connecticut und Pennsylvania Spielcasinos gebaut werden. Atlantic City verlor nach dem Verlust der Privilegien dramatisch an Bedeutung. Der Niedergang der Spielhallen in der Stadt und die allgemeine Rezession führten auch bei Donald Trump zu großen Verlusten. Diesmal hatte er wohl auf das falsche Pferd gesetzt. Sein Unternehmen geriet Ende der 1980er Jahre zunehmend in Schieflage. Insgesamt viermal wurde bei Donald Trumps Casino-Geschäften Gläubigerschutz nach Kapitel 11 des amerikanischen Handelsgesetzes angewendet. Dabei hatte der Unternehmer jedoch immer Glück im Unglück bzw. bewies bei der Absicherung seines Privatvermögens meistens ein gutes Händchen. Die Journalistin Debra J. Sanders fasst das in ihrem Artikel – in dem sie übrigens Parallelen zwischen Donald Trump und dem bösen Lord Voldemort aus den Harry-Potter-Büchern von Joanne K. Rowling herstellt – auf der Website sfgate.com zusammen: „Trump filed for corporate bancruptcy four times – in 1991, 1992, 2004 and 2009, but never for personal bancruptcy [...]." Trump´s investors paid for his sins."[234]

234 Saunders, Debra J.; Donald Trump and the GOP Primary of Horrors – 11.07.2015 http://www.sfgate.com/opinion/saunders/article/Donald-Trump-and-the-GOP-Primary-of-Horrors-6378015.php

„Im Jahr 1990 steckte ich tief in Schwierigkeiten", erzählte Donald Trump selbst. „Ich hatte geglaubt, was Business Week über mich geschrieben hatte: ‚Alles, was er anfasst, verwandelt sich in Gold.' Ich sagte mir: ‚Die haben recht. Ich bin der Größte. Ich bin der Größte.' Das war ein Fehler, denn wenn man meint, man könnte nicht scheitern, dann geht man früher heim [...]."[235] Eine ungewöhnliche Einsicht für den sonst so unerschütterlich selbstbewussten Präsidentschaftsbewerber.

Den ersten und sicherlich auch schmerzhaftesten Insolvenzantrag musste Donald Trump 1991 für sein Vorzeigeobjekt Taj Mahal stellen. Der Bauunternehmer verlor dabei nicht nur die Hälfte seines Anteils an dem Luxus-Casino, sondern er musste auch noch privat zubuttern und unter anderem die „Trump Princess" – seine 282-Fuß-Yacht – verkaufen. Nach dem Griff in seine Privatschatulle traf Trump Vorkehrungen, damit sein eigenes Geld in Zukunft vor Gläubigern gut geschützt war. Schon 1992 musste sich Trump dann aber mit der nächsten Pleite beschäftigen. Diesmal war die Firma Trump Castle Associates – mit dem Trump Plaza Hotel in New York, dem Trump Plaza Hotel and Casino in Atlantic City sowie dem Trump Castle Casino Resort in Schieflage geraten. „In den 1990er Jahren haben

---

235 Trump, Donald/ Zanker, Bill: Nicht kleckern, klotzen! – Der Wegweiser zum Erfolg aus der Feder eine Milliardärs (2008) – S. 211

viele gute Leute Bankrott gemacht. Ich habe zwar nicht Bankrott gemacht, aber ich bin durch die Hölle gegangen. Mein Unternehmen hatte Milliardenschulden und war zu stark fremdfinanziert. Ich war privat mit 900 Millionen verschuldet", erzählte Trump.[236]

Von der dritten Pleite im November 2004 war die Gesellschaft Trump Hotel & Casino Resorts betroffen. Nach dem Scheitern der Rettungsversuche wurde daraus die Trump Entertainment Resorts gebildet. Das absolute Aus für Donald Trump in Atlantic City kam dann 2009, als die Firma Trump Entertainment Resorts einer Zahlungsunfähigkeit entgegen schlitterte. Trump und seine Tochter Ivanka zogen sich aus dem Aufsichtsrat des Unternehmens zurück, der werbewirksame Zusatz „Trump" blieb aber weiter Bestandteil des Firmennamens. 2014 musste für Trump Entertainment Resorts Gläubigerschutz nach Kapitel 11 des US-Handelsgesetzes beantragt werden. Das Trump Taj Mahal wurde aus der Insovenzmasse an den Investor Carl Icahn verkauft – trug jedoch weiterhin den Namen des republikanischen Präsidentschaftskandidaten. Icahn zählt bis heute zu den reichsten Amerikanern und galt lange als Donald Trumps Wunschkandidat für den Posten des US-Finanzministers, falls dieser den Kampf um das Weiße Haus für sich entscheiden würde. Investor Icahn

236 Trump, Donald/ Zanker, Bill: Nicht kleckern, klotzen! – Der Wegweiser zum Erfolg aus der Feder eine Milliardärs (2008) – S. 211

hat aber bereits verlauten lassen, dass er den Job nicht zu übernehmen gedenkt.[237]

Keine andere große US-Gesellschaft musste Kapitel 11 des Gläubigerschutzgesetzes bisher so häufig in Anspruch nehmen wie Donald Trumps Casinoimperium. Peinlich scheinen Donald Trump seine Insolvenzen im Glücksspiel-Sektor jedoch nicht zu sein. Während einer Wahlkampfdebatte im August 2015 sagte der Neu-Politiker: „I have used the laws of this country [...] the [bankruptcy] chapter laws, to do a great job for my company, for myself, for my employees, for my family".[238] Er versuchte also, die Pleiten noch als unternehmerische Meisterleistungen zum Wohle des Unternehmens wie auch für sich selbst, seine Mitarbeiter und seine Familie zu verkaufen. Dann fuhr Donald Trump fort: „virtually every person that you read about on the front page of the business sections, they've used the [bankruptcy] law."[239] Er wollte seinen Zuhörern weismachen, dass

---

237 Gottschalck, Arne: Carl Icahn als Finanzminister? – Milliardär gibt Donald Trump einen Korb – 04.11.2015 http://www.manager-magazin.de/koepfe/carl-icahn-will-nun-doch-nicht-donald-trumps-finanzminister-werden-a-1061043.html

238 Isidore, Chris: Election 2016: Your money, your vote – Everything you want to know about Donald Trump´s bankruptcies – 31.08.2015 – Stand: 07.01.2015 http://money.cnn.com/2015/08/31/news/companies/donald-trump-bankruptcy/

239 Isidore, Chris: Election 2016: Your money, your vote – Everything you want to know about Donald Trump´s bankruptcies – 31.08.2015 – Stand: 07.01.2015 http://money.cnn.com/2015/08/31/news/companies/donald-trump-bankruptcy/

alle Persönlichkeiten, die auf den Titelseiten der Wirtschaftmagazine zu finden seien, das Insolvenzrecht schon in Anspruch genommen hätten. Doch diese Aussagen scheinen definitiv nicht der Wahrheit zu entsprechen. Gestützt durch Daten, die von bankruptcy.com und S&P Capital IQ erhoben worden waren, zeigte der Journalist Chris Isidore in einem Artikel auf der Website von CNN auf, dass in den letzten 30 Jahren weniger als 20% der Aktiengesellschaften mit einem Vermögen von mehr als einer Milliarde Dollar in den USA einen Insolvenzantrag gestellt hatten.[240] Ob Donald Trump die Informationen nicht kannte oder ob er absichtlich log, weiß man natürlich nicht.

Chris Wallace, der Moderator der ersten Fernsehdebatte der Republikaner im August 2015, wollte es genauer wissen und fragte Trump, ob man mit diesem Hintergund tatsächlich befähigt sei, Präsident der USA zu werden. Schließlich hätten viele Menschen durch ihn ihren Job und die Gläubiger viel Geld verloren. Allein die Pleite im Jahr 2009 hatte mehr als 1.000 Menschen den Arbeitsplatz gekostet und die Gläubiger büßten insgesamt mehr als eine Milliarde Dollar ein. „Diese Gläubiger sind keine Babys. Sie sind totale Killer",

---

240 Isidore, Chris: Election 2016: Your money, your vote – Everything you want to know about Donald Trump´s bankruptcies – 31.08.2015 – Stand: 07.01.2015 http://money.cnn.com/2015/08/31/news/companies/donald-trump-bankruptcy/

rechtfertigte sich Trump. Auf die Menschen, die ihren Job verloren hatten, ging er jedoch nicht ein und meinte an anderer Stelle: „Ich habe ein Nettovermögen von zehn Milliarden aufgebaut. Ich habe eine großartige Firma. Ich beschäftige Tausende. Ich bin sehr stolz auf das, was ich geleistet habe."[241] Ein schlechtes Gewissen scheint Donald Trump also nicht gehabt zu haben. Ganz im Gegenteil – seiner Meinung nach befähigen ihn gerade die Erfahrungen mit den Schulden und den finanziellen Schwierigkeiten dazu, Präsident der Vereinigten Staaten zu werden. „Dieses Land hat derzeit 19 Billionen Dollar Schulden und braucht jemanden wie mich, diesen Mist in Ordnung zu bringen."[242] Das Selbstbewusstsein des Unternehmers scheint wirklich unerschütterlich.

Die Erfolgsstory von Donald Trump weist aber auch noch andere dunkle Flecken auf. Der Milliardär brüstet sich oft und gerne mit seinem außerordentlichen Geschäftssinn sowie seinen unternehmerischen Fähigkeiten. Seine wirtschaftlichen Erfolge würden ihn qualifizieren, die USA vor dem Untergang zu retten, glaubt der Präsidentschaftskandidat. Nur er hat das

---

241 n-tv: „Gläubiger sind totale Killer" – Trump verteidigt seine Pleiten – 07.08.2015 – Stand: 07.01.2016 http://www.n-tv.de/politik/Trump-verteidigt-seine-Pleiten-article15674346.html
242 n-tv: „Gläubiger sind totale Killer" – Trump verteidigt seine Pleiten – 07.08.2015 – Stand: 07.01.2016 http://www.n-tv.de/politik/Trump-verteidigt-seine-Pleiten-article15674346.html

Know-how, die Vereinigten Staaten wieder zu alter wirtschaftlicher und politischer Größe zu führen. Dabei vergisst er wohl, dass er nicht nur mit seinen Casino-Geschäften schon viermal in die Pleite schlitterte. Trump setzte auch schon zahlreiche andere Projekte komplett in den Sand. In der Regel lag sein Scheitern daran, dass er den falschen Zeitpunkt gewählt oder nicht zielgruppenkonform gehandelt hatte. Natürlich kann das passieren. Wenn man sich aber rühmt, ein großartiger Unternehmer zu sein, der von sich selbst glaubt, dass er ein ganzes Land wieder zu wirtschaftlicher Blüte erwecken kann, darf man doch erwarten, dass die Hausaufgaben gründlich gemacht werden. In seinem Buch „Wie man reich wird" heißt sogar eine Kapitelüberschrift: „Sie müssen Ihre Hausaufgaben machen, denn die Prüfung wird kommen."[243] Donald Trump erklärt dort, dass es besser sei, aus den Erfolgen als aus den Fehlern zu lernen. „Ich selbst finde meine Schnitzer weder amüsant noch interessant." Später heißt es: „Bei allem, was Sie tun, sollten Sie sich über die Grenzen und die Möglichkeiten im Klaren sein."[244] Seine eigenen Ratschläge scheint der Unternehmer aber selbst nicht immer konsequent umgesetzt zu haben.

---

243 Trump, Donald J./ McIver, Meredith: Wie man reich wird – Ansichten und Einsichten eines Multimilliardärs – (2004) – S. 91
244 Trump, Donald J./ McIver, Meredith: Wie man reich wird – Ansichten und Einsichten eines Multimilliardärs – (2004) – S. 91f

Die von Trump 2006 gegründete Hypothekenbank schloss beispielsweise schon nach rund einem Jahr wieder. Die Immobilienkrise in den USA sorgte dafür, dass es nicht mehr viele Kunden für Hypothekenverleiher gab. Auch Donald Trumps Getränkeideen fanden keinen Absatz. Weder Trump Vodka noch Trump Ice, das selbstproduzierte Wasser des Unternehmers, wurde in ausreichenden Mengen verkauft. Noch im Gründungsjahr schlossen sowohl Trumps Steak-Firma als auch sein Steakhaus in Las Vegas wieder die Pforten. An der Schließung des Restaurants war wohl das Gesundheitsamt nicht ganz unbeteiligt, denn dort stieß man bei einer Kontrolle auf 51 Verstöße gegen die geltenden Richtlinien. Kundschaft im Luxussegment suchte Donald Trump mit einigen seiner Projekte ebenfalls vergebens. Die auf Luxusgüter ausgerichtete Suchmaschine goTrump.com fand kaum Nutzer und wurde daher nach einem Jahr wieder eingestampft. Schlechtes Timing war wohl auch der Grund für den Misserfolg des Trump Magazine, einer Zeitschrift für reiche Menschen. Luxusgüter wie Yachten und Co. in Zeiten einer Wirtschaftskrise vorzustellen und zu promoten, reizte deutlich zu wenig Leser zum Kauf des Hochglanzmagazins. Das Brettspiel „Trump: The Game" floppte 1989, als es auf den Markt kam, wie auch bei seiner Neuauflage im Jahr 2005. Selbst die Show „The Apprentice" und die damit verbundene Medienpräsenz des Unternehmers konnte kein Interesse an dem Spiel mit dem Immobilienmogul wecken.[245]

Bei all diesen Projekten hatte Donald Trump immer wieder versucht, seinen Namen gewinnbringend zu vermarkten und war kläglich gescheitert. Auf mich als Laie wirkt das ein bisschen wie „trial and error" und ist nur möglich, wenn man ausreichend Geld besitzt oder wohlhabende und einflussreiche Freunde hat, die die entsprechenden Mittel bereitstellen. Nur so lassen sich solche wiederholten Misserfolge kompensieren. Nach durchdachtem unternehmerischem Handeln klingt das für mich aber nicht. Zumal die hier vorgestellten gescheiterten Geschäfte nur ein kleiner Auszug aus der Akte der geschäftlichen Misserfolge des Donald Trump waren. Die Trump Airlines gehören beispielsweise auch zu den Fehlentscheidungen, die der Unternehmer sicherlich gerne vergessen möchte. In seinen zahlreichen Büchern voller Eigenlob geht er auf dieses Kapitel seiner unternehmerischen Laufbahn nämlich kaum ein. Scheinbar fehlen sogar einem Donald Trump die Worte, um das komplett fehlgeschlagene Projekt doch noch in ein positives Licht zu rücken. Ende der 1980er Jahre schien es für Donald Trump

---

245 Sackmann, Christoph: 12 Geschäfte, die Donald Trump an die Wand fuhr – 13.10.2014 – Stand: 04.01.2016 http://www.finanzen100.de/finanznachrichten/wirtschaft/schattenseite-des-schillernden-investors-12-geschaefte-die-donald-trump-an-die-wand-fuhr_H354805335_74908/

jedoch eine richtige und prestigeträchtige Entscheidung zu sein, eine eigene Fluglinie zu erwerben. Als die Eastern Airlines in finanzielle Schieflage geriet, schlug der Unternehmer daher zu und kaufte für rund 380 Millionen Dollar den Teilbereich Eastern Airlines Shuttle. Die Airline wurde natürlich umgetauft und hieß ab Juni 1989 Trump Shuttle bzw. wurde als Trump Airlines bekannt. Die mehr als 20 alten Boeings 727, die zum Unternehmensvermögen gehörten, wurden selbstverständlich mit dem Trump-Schriftzug versehen und flogen als Werbetafel unter anderem zwischen den Städten New York, Boston und Washington hin und her.

Donald Trump setzte bei der Ausrichtung seiner Fluglinie nach Ansicht von Experten und Mitarbeitern recht ungewöhnliche Prioritäten. Für den Neuling in der Flugbranche war beispielsweise das Interieur der Flugzeuge ein wichtiger Punkt. So wurden die Innenräume der alten Maschinen aufwendig umgebaut. Die Ausstattung mit beigen Ledersitzen, edlen braunen Teppichen sowie goldfarbenen Armaturen und Waschbecken im Marmordesign in den Toilettenräumen sollen mehr als eine Millionen Dollar pro Flugzeug verschlungen haben. Trump wollte damit wohlhabende Kunden von seinen Shuttleflügen überzeugen. Das Begleitpersonal der Trump'schen Fluglinie war exklusiv gekleidet und der Bordservice lag ebenfalls über den üblichen

Standards. Für Kurzstreckenflüge, die weniger als eine Stunde dauerten, war der ganze Aufwand jedoch übertrieben. Die Geschäftsleute, die zu Trumps Zielgruppe gehörten, waren nicht bereit, für diesen Service einen Aufpreis zu zahlen.[246] Die allgemeine schwierige wirtschaftliche Lage in den USA führte in vielen Unternehmen zu drastischen Einsparmaßnahmen, sodass auch die Budgets für Geschäftsreisen gekürzt wurden. Nahezu alle Fluggesellschaften gerieten in schwieriges Fahrwasser. Auf der Suche nach Sparpotenzial entwickelte Donald Trump kreative Ideen. Nur noch zwei statt der bei diesem Flugzeugtyp vorgeschriebenen

---

246 Peterson, Barbara: The Crash of Trump Air – 10.04.2015 – Stand: 07.01.2016 http://www.thedailybeast.com/articles/2015/10/04/the-crash-of-trump-air.html

drei Piloten einzusetzen, war eine davon. Zudem trennte sich der Unternehmer von Führungskräften, deren Gehälter hoch waren. Letztendlich fehlte aber deren Know-how und Trump hatte keine andere Wahl, als die Fluglinie mit Verlust wieder abzustoßen. Mitte 1992 übernahm US Airways und Trumps Ausflug in die Welt der Airlines blieb, wie zahlreiche seiner anderen Unternehmungen, nur von kurzer Dauer. Ganz aufgegeben hat der Unternehmer den Traum vom selbstbestimmten Fliegen aber nicht. Heute reist Donald Trump wieder mit einem eigenen Flugzeug durch das Land. Seine Boeing 757-200 oder sein privater Helikopter bringen ihn ganz komfortabel zu seinen Wahlkampfterminen.

Da Donald Trump in seinem Berufsleben aber nicht nur Missgeschicke aufzuweisen hat, gibt es Menschen, die gerne etwas von dem Unternehmer lernen möchten. So kam Trump vor einigen Jahren auf die Idee, die Trump University zu gründen – 2005 setzte er diesen Plan in die Tat um. Bis zu 35.000 Dollar sollen einige der Studenten gezahlt haben, damit sie an den „Seminaren" teilnehmen konnten, um vom Wissen des Unternehmers zu profitieren. Doch bei der Trump University handelte es sich gar nicht um eine echte Universität. Die Studenten waren mit den „Seminaren" und der Qualität der Dozenten sehr unzufrieden und einige von ihnen reichten schließlich sogar Klage ein.

Der New Yorker Generalstaatsanwalt Eric Schneidermann begann Ende 2013 mit einer Untersuchung der Geschäftspraktiken der Trump University. Er fand heraus, dass insgesamt wohl rund 40 Millionen Dollar von rund 5.000 „Studenten" an das Unternehmen geflossen waren. Nachdem auch in Kalifornien eine Klage gegen die Trump University vorbereitet wurde, zog Donald Trump die Konsequenzen. Er änderte einfach nur den Namen, und die teuren „Seminare" kann man jetzt bei der Firma Trump Entrepreneur Initiative buchen.[247]

---

247 Lange, Kai: Die zweifelhaften Geschäfte des Prsädientschaftskandidaten – Wie Donald Trump Studenten das Geld aus der Tasche zog – 21.06.2015 – Stand: 07.01.2016 http://www.manager-magazin. de/finanzen/artikel/wie-donald-trump-studenten-der-trump-university-geld-abnahm-a-1039957.html

9. Donald hat Ideen

9.1 Donald und die Reality-Show

Donald Trump mag das Rampenlicht. Er nutzt jede sich ihm bietende Gelegenheit, um sich der Öffentlichkeit zu präsentieren. So hat der Immobilienmogul schon an einigen Filmproduktionen mitgewirkt und kleinere Rollen übernommen. Dabei spielte er in der Regel – sich selbst. Sehen kann man den Präsidentschaftsbewerber beispielsweise in „Kevin allein in New York" (1992), „Wer ist Mr. Cutty?" (1996), „Kindsköpfe 2" (2013) und auch in dem Kinderfilm „Die kleinen Superstrolche" (1994). Für seine Mitwirkung in der Komödie „Mein Geist will immer nur das Eine ..." aus dem Jahr 1991 bekam Donald Trump sogar eine Auszeichnung. Er wurde mit der Goldenen Himbeere für den schlechtesten Newcomer und den schlechtesten Nebendarsteller dekoriert. Aber damit befindet er sich in bester Gesellschaft, denn sogar Sandra Bullock erhielt diesen gefürchteten Preis im Jahr 2010 für den Flop „Verrückt nach Steve". Allerdings wurde Mrs. Bullock am nächsten Tag für ihre Rolle in „Blind Side – Die große Chance" mit dem Oscar als beste Hauptdarstellerin ausgezeichnet. So weit hat es Donald Trump bisher in seiner Filmkarriere noch nicht gebracht. Sein Gesicht gezeigt hat er aber auch in ein paar populären Serien. So trat er bei „Der Prinz von Bel-Air", „Die Nanny" und „Sex and the City" auf. Für einen Immobilienunternehmer ist das schon eine bemerkenswerte Präsenz auf den Fernsehbildschirmen der Nation. Aber Donald Trump mag es bekanntlich, wenn man ihn kennt. Die Zeichentrickserie „Die Simpsons" wagte in der elften Staffel im Jahr 2000 sogar einen Blick in die Zukunft. Lisa Simpson wurde in dieser Folge zur Präsidentin der USA gewählt und musste sich mit dem Scherbenhaufen beschäftigen, den ihr unfähiger Vorgänger hinterlassen hatte. Dieser Vorgänger war – man ahnt es schon – Donald Trump.[248]

Seinen großen Durchbruch im TV-Geschäft hatte Donald Trump im Jahr 2004 mit der ersten Staffel der Reality-Show „The Apprentice" – übersetzt heißt das „Der Lehrling". Bei dieser Show bewarben sich junge ambitionierte Menschen um einen mit 250.000 Dollar dotierten Einjahresvertrag in einem Unternehmen von Donald Trump. Woche für Woche mussten die in zwei Teams aufgeteilten Kandidaten eine bestimmte Aufgabe lösen. Das Ergebnis der Bemühungen wurde anschließend ausgewertet und ein Mitglied des Verliererteams musste anschießend die Show verlassen. Der Satz, mit dem Donald Trump den Verlierer nach Hause

---

248 Dorfer, Tobias: Die Donald-Trump-Vision der Simpsons – 29.07.2015 – Stand: 02.12.2015 http://blog.zeit.de/ teilchen/2015/07/29/die-donald-trump-vision-der-simpsons/

schickte, ist in den Vereinigten Staaten mittlerweile zu einem geflügelten Wort geworden. „You´re fired" – „Du bist gefeuert" – hat sich zu einem Markenzeichen von Trump entwickelt. Vor dem Trump Tower in New York kann man immer wieder Menschen sehen, die Trumps Geste imitieren und „You´re fired" sagen, während sie sich fotografieren lassen. Der Bauunternehmer hat mit diesem Satz sozusagen einen gewissen Kultstatus erlangt. Die Serie „The Apprentice" hat beachtlich zum Bekanntheitsgrad des Immobilienmoguls beigetragen. Doch während sich dieser als souveräner Moderator und erfolgreicher Geschäftsmann in einem gefakten Vorstandszimmer über die unternehmerischen Fähigkeiten der Kandidaten ausließ, segelte sein eigenes Unternehmen Trump Hotels and Casino Resorts gerade dem Bankrott entgegen. Für Donald Trump schien diese Situation jedoch kein Widerspruch zu sein.

Begonnen hatte Trumps Einstieg in das Fernsehgeschäft bei den Dreharbeiten zur Realtiy-Serie „Survivor" im Jahr 2002. Die Macher des Formats wollten das Finale live aus dem Wollman Rink im New Yorker Central Park senden. Donald Trump, der bekanntlich die Eisbahn gepachtet hatte, gab seine Erlaubnis und so verwandelte die Produktionsfirma die Location in einen künstlichen Dschungel. Trump war von den Arbeiten sehr beeindruckt. Er erinnert sich noch gut daran, dass

Mark Burnett, der Autor der Show, auf ihn zukam und über eine neue Idee mit ihm sprechen wollte. Trump zeigte sich interessiert und schon eine Woche später trafen sich die beiden Männer zu Verhandlungen. Burnett bewies dabei großes unternehmerisches Geschick. Donald Trump war auf jeden Fall sehr angetan von dem jungen Mann: „Bevor er seine Idee präsentierte, tat er das, was jeder kluge Unternehmer tun würde: Er stellte eine Verbindung zu mir her. Das tat er, indem er mir erzählte, ich sei ein Genie."[249] Das war natürlich ein sehr intelligenter Gesprächseinstieg von Mark Burnett. Bescheidenere Menschen hätten diesen Anfang möglicherweise für übertrieben oder sogar für zu schleimig gehalten, aber Donald Trump fühlte sich mit diesen Worten offensichtlich ausgezeichnet charakterisiert. Burnett legte dann noch gekonnt nach und erzählte eine persönliche Story. Als er 15 Jahre zuvor am Venice Beach Hemden verkaufen musste, um sich irgendwie über Wasser zu halten, fiel ihm ein Buch in die Hände. Es war „The Art of the Deal" – „Die Kunst des Erfolges" –, der Motivations-Bestseller von Donald Trump. Burnett las das Buch und nach seiner Aussage veränderte sich sein Leben danach völlig. Nachdem Burnett Donald Trump so viel Honig ums Maul geschmiert hatte, kam er zum eigentlichen Punkt seines Besuches. Er schwärmte dem Milliardär von einer Serie vor, in

---

249 Trump, Donald J./ McIver, Meredith: Wie man reich wird – Ansichten und Einsichten eines Multimilliardärs (2004) – S. 219

der sich 16 Kandidaten um einen Job streiten sollten. Nach 13 Wochen sollte der Gewinner gekürt werden, der dann als „Apprentice" ein Jahr lang bei Donald Trump arbeiten dürfte. „Am meisten gefiel mir dabei, dass das Konzept von ‚The Apprentice' lehrreich für die Zuschauer sein würde",[250] kommentierte Donald Trump das Angebot. Als erfolgreicher Geschäftsmann könne er die Fernsehnation natürlich mit wertvollem Wissen rund um das Business versorgen. Nachdem ihm von Mark Burnett zugesichert wurde, dass es für den Unternehmer höchstens drei Stunden pro Woche an zusätzlicher Arbeit bedeuten würde, stimmte Trump dem Projekt begeistert zu. Wie könnte es auch anders sein. Es ist ja auch eine tolle Sache, wenn man dafür bezahlt wird, im Mittelpunkt zu stehen und wichtig zu sein – also alles ganz nach dem Geschmack von Donald Trump. Natürlich blieb es nicht bei den drei Wochenstunden, die der Unternehmer für die Reality-Show aufbringen musste, trotzdem war er mit Feuereifer dabei. Fast alle großen Fernsehsender waren an dem Konzept interessiert und wollten die Reality-Show in ihr Programm aufnehmen, doch die beiden Macher entschieden sich für NBC. Da Trump auch bei den Shows zu seinen Misswahlen mit dem Sender zusammenarbeitete, konnte man sich schnell und unkompliziert auf die Konditionen einigen.

---

250 Trump, Donald J./ McIver, Meredith: Wie man reich wird – Ansichten und Einsichten eines Multimilliardärs (2004) – S. 220

Alles an dieser Fernsehshow war perfekt auf Donald Trump und dessen Ego zugeschnitten. „[...] im Grunde genommen mache ich in ‚The Apprentice' nichts anderes als sonst: Ich engagiere Leute. Ich feuere Leute. Ich bringe die Dinge zum Laufen. Mit am besten an der Show gefallen mir meine dramatischen Auftritte und Abgänge – aus Limousinen und Flugzeugen oder ins Vorstandszimmer. Es ist gut, der Chef zu sein." So beschrieb der „Fernsehstar", warum er diese neue Herausforderung mit so viel Begeisterung annahm.[251] Gekonnt baute Mark Burnett das Image des ambitionierten und erfolgsverwöhnten Milliardärs weiter aus. Der Trailer für die erste Staffel der neuen Serie fing mit einem Blick auf Manhatten und Trumps Stimme aus dem Off an: „New York. My city." Danach zeigte man Donald Trump in seiner Stretch-Limousine sitzend. Er spicht dabei direkt in die Kamera: „My name is Donald Trump, and I´m the largest real estate developer in New York." Und weiter erzählt der – nach eigener Aussage – größte Immobilienentwickler New Yorks, dass er Gebäude überall habe. Und nicht nur das, sondern auch Modelagenturen, den Miss-Universe-Schönheitswettbewerb, Flugzeuge, Golfplätze, Casinos und private Resorts wie das Mar-a-Lago. Er verschweigt aber auch nicht, dass es schwierige Zeiten gegeben hatte. Dreizehn Jahre zuvor hatte er Milliarden Dollar Schulden. Aber

---

251 Trump, Donald J./ McIver, Meredith: Wie man reich wird – Ansichten und Einsichten eines Multimilliardärs (2004) – S. 220

er habe sich zurückgekämpft und gewonnen. Seinen Verstand habe er benutzt und seine Verhandlungsfähigkeiten. „Now my company´s bigger than it ever was, and stronger than it ever was, and I´m having more fun than I ever had." Mit Hilfe seiner Fähigkeiten habe Donald Trump es geschafft: Sein Unternehmen sei größer und stärker als jemals zuvor und er selbst habe mehr Spaß als jemals zuvor. Dann erzählt Trump weiter und erklärt, dass er die Kunst des Erfolges beherrsche und den Namen „Trump" zu einer erstklassigen Marke gemacht habe. Nun wolle er andere an seinem Wissen teilhaben lassen. Die Musik im Videoclip wird lauter und Donald Trump erklärt dramatisch: „I´m looking for the apprentice." Und ein Helikopter mit der Aufschrift „Trump" fliegt der atemberaubenden Skyline von Manhattan entgegen.[252]

Beim Betrachten des Trailers nahm man es dem Unternehmer tatsächlich ab: Er hatte es geschafft, er war wieder ganz oben. Von diesem Mann konnte man etwas lernen. Donald Trump glaubte an sich und seinen Erfolg mit der neuen Fernsehshow. Und er sollte Recht behalten. Begeistert sahen von Woche zu Woche immer mehr Fernsehzuschauer zu, wie die zunächst 16 Anwärter auf die Lehrstelle bei Trump die unterschiedlichsten

---

252 Youtube: The Apprentice – Intro Season 1 – Donald Trump – Hochgeladen: 22.12.2011 – Stand: 03.12.2015 – https://www.youtube.com/watch?v=qgiWk4zWnJo (Übersetzung der Autorin)

Aufgaben meisterten. Anfangs waren die Teams nach Geschlechtern aufgeteilt. Die erste Challenge, die von den Gruppen bewältigt werden musste, war der Verkauf von Limonade in den Straßen von Manhattan. Die Frauen hatten dabei die Nase deutlich vorn. Sie setzten ihre weiblichen Reize nach dem Motto „Sex sells" sehr geschickt ein und gewannen damit den vom Chef persönlich ausgelobten Preis: eine Führung durch die heiligen Hallen des Trump Towers. Die Kandidatinnen durften Donald Trumps privates Appartement besichtigen. Nach Aussage des Besitzers wurde es im Laufe der Zeit nur ganz wenigen Menschen gezeigt – Königen, Präsidenten, ... und damals eben den siegreichen Kandidatinnen der Limonaden-Challenge bei „The Apprentice". Damit hatte sich die Teilnahme an der TV-Show für die Damen doch schon gelohnt.

Während die weiblichen Kandidaten für ihren Sieg belohnt wurden, mussten die erfolglosen Herren eine Wahl treffen. Ein Mitspieler musste zum Immobilienmogul ins Büro geschickt werden, um sich feuern zu lassen. Die Männer einigten sich recht schnell auf einen allgemein sehr unbeliebten Kandidaten, doch Trump war mit dieser Wahl überhaupt nicht einverstanden. Der Bewerber hatte nämlich sehr leidenschaftlich und engagiert für seine eigenen Belange gekämpft. Statt dem von der Gruppe Ausgewählten zitierte Trump darum einen jungen Mann namens David in sein Büro, der sich bei der zu bewältigenden Aufgabe vornehm und höflich im Hintergrund gehalten hatte und eher auf die Belange der Gemeinschaft als auf die eigenen Rücksicht genommen hatte. David war also in seinem Verhalten das komplette Gegenteil von Donald Trump und kassierte deshalb das erste „You´re fired".[253]

„Wie jeder sehen konnte, dominierten die Frauen zunächst die Männer und so mancher fragte sich, ob Frauen die besseren Geschäftsleute sind", erzählte Trump über die erste Staffel von „The Apprentice". „Ich denke, dass wir alle gleich sind – mit einer Einschränkung: Frauen müssen für ihren Erfolg härter arbeiten, und das wissen sie auch. Sie tun, was sie tun müssen, um ihre Ziele zu erreichen, und dabei gehen sie nicht unbedingt zimperlich vor." Und was ihn natürlich ganz besonders gefreut haben muss: „Alle Frauen in ‚The Apprentice' flirteten mit mir – bewusst oder unbewusst. Das kann auch gar nicht anders sein, denn wenn sich Menschen begegnen, ist sexuelle Dynamik immer präsent – außer natürlich, man ist asexuell."[254] So war es offensichtlich auch sehr erfreulich für Trump, dass die 16 Kandidaten scheinbar nicht ausschließlich aufgrund

253 D´Antonio, Michael: Never Enough – Donald Trump and the Pursuit of Success (2015) – S. 262ff
254 Trump, Donald J./ McIver, Meredith : Wie man reich wird – Ansichten und Einsichten eines Multimilliardärs (2004) – S. 229

ihrer Qualifikationen für die Serie ausgesucht wurden. Ganz besonders die Damen entsprachen sichtlich den Trump'schen Vorstellungen in Sachen Optik.

Die Teams wurden im weiteren Verlauf von „The Apprentice" neu gemischt und es gab einige Aufgaben zu bewältigen, bei denen jetzt Männer und Frauen Seite an Seite kämpften. Vielen Mitspielern ging es dabei aber nicht nur um den Sieg, sie wollten sich profilieren und durch ihre Teilnahme an der Show einfach in den Fokus der Öffentlichkeit gelangen. Eine Vorgehensweise, die Donald Trump nicht fremd sein dürfte. Kapital schlagen aus ihren Auftritten bei „The Apprentice" konnte beispielsweise eine dunkelhäutige Frau namens Omarosa Manigault-Stallworth, die von den Machern der Serie als aggressiv und unkooperativ dargestellt wurde. Zum Sieg reichte es für sie nicht, aber wie Donald Trump schaffte sie es, das Negativ-Image für sich und ihre Zwecke zu nutzen. Als Belohnung dafür durfte sie sogar 2008 in der Promi-Ausgabe von „The Apprentice" mitwirken.

Gewonnen hat die erste Staffel von „The Apprentice" der damals 23-jährige Bill Ranic, der dafür zum Manager beim Bau des Trump International Hotel and Tower in Chicago ernannt wurde. Später durfte Ranic als Juror in weiteren Staffeln der Show mitwirken und konnte so ebenfalls von seiner Teilnahme profitieren. Der eigentliche Sieger von „The Apprentice" war jedoch Donald Trump. Das Finale der ersten Staffel sahen mehr als 27 Millionen Menschen und der Marktwert des Unternehmers stieg damit gewaltig. Der Immobilienmogul und Neu-Fernsehstar legte aber auch großen Wert darauf, dass jeder von seinem Erfolg erfuhr und verkaufte seine Sendung gerne als Nummer-Eins-Fernsehshow. Das entsprach aber nicht ganz der Wahrheit. Als die finale Sendung der ersten Staffel im Frühjahr 2004 die höchste Einschaltquote aller Folgen der Show erzielte, waren beispielsweise die Werte bei der letzten Folge der Serie „Friends" doppelt so hoch.[255] Aber auch wenn „The Apprentice" nicht auf die absoluten Spitzenplätze im Zuschauer-Ranking klettern konnte, so hat Donald Trump dem Format dennoch eine Menge Ruhm zu verdanken. Doch es gab nicht nur Anerkennung für den Immobilienunternehmer sondern auch eine Gage von 100.000 Dollar pro Episode. Für einen Multi-Milliardär wie Trump ist so ein Betrag natürlich nicht so wichtig. „Mein Honorar pro Episode ist zwar beträchtlich, aber für mich bedeutet es nicht viel. Es ist weit von dem entfernt, was die Stars von ‚Friends' erhalten. Weit wertvoller ist die kostenlose Werbung und Publicity,

---

255 D´Antonio, Michael: Never Enough – Donald Trump and the Pursuit of Success (2015) – S. 270

die mein Unternehmen erhält.“[256] Möglicherweise hatte er zu diesem Zeitpunkt begriffen, wie leicht es ist, die Medien für die eigenen Zwecke einzusetzen. Wie kein anderer Bewerber bedient er sich im gegenwärtigen US-Präsidentschaftswahlkampf der Presse und sorgt mit spektakulären sowie polarisierenden Äußerungen immer wieder dafür, dass sein Name und sein Bild in allen amerikanischen Haushalten präsent ist. Und da bekanntlich nichts so alt wie die Nachricht von gestern ist, legt Donald Trump beinahe täglich nach. Die Lektion zum Thema Selbstmarketing hat er offensichtlich begriffen.

Der Erfolg der ersten Staffel von „The Apprentice“ ließ Rufe nach einer Fortsetzung laut werden. Und da Donald Trump als exzentrischer Selbstdarsteller die Herzen der Zuschauer erobert hatte, sollte er natürlich wieder mit von der Partie sein. Auch wenn ihm das Einkommen nach eigenen Angaben nicht wichtig gewesen sein soll, hinderte es ihn nicht daran, seine Gagenforderungen deutlich zu erhöhen. Wozu ist man schließlich Geschäftsmann. Die Serie wurde zu einem festen Bestandteil des NBC-Programms, auch wenn Donald Trump immer weiter an der Einkommensschraube drehte. Die vierte Staffel soll beinahe an zu hohen Forderungen des Geschäftsmannes gescheitert

---

256 Trump, Donald J./ McIver, Meredith : Wie man reich wird – Ansichten und Einsichten eines Multimilliardärs.(2004) – S. 231

sein, wurde schlussendlich aber doch noch umgesetzt. Staffel 7 und 8 wurden zu Promi-Versionen umgestaltet und es gab ein Spin-off mit Martha Stewart, einer prominenten amerikanischen Moderatorin, die sich als Hausfrau der Nation einen Namen gemacht hatte. Doch alle Neuerungen und Experimente halfen nicht. Im Laufe der Zeit wollten immer weniger Menschen „The Apprentice" sehen. Donald Trump konnte die Massen mit seinem „You´re fired" – den Begriff ließ er sich übrigens schützen – nicht mehr wirklich begeistern. Finanziell gelohnt haben sich die 14 Staffeln der Show für Donald Trump aber auf jeden Fall. Insgesamt habe er 213.606.575 Dollar Gage erhalten, behauptete der Geschäftsmann.[257] Außerdem brachte ihm „The Apprentice" einen Stern auf dem berühmten Walk of Fame in Hollywood und mehrere Nominierungen für den Emmy Award, dem bedeutendsten Fernsehpreis der USA, ein. Bei der ersten Nominierung waren Donald Trump und sein Umfeld fest davon überzeugt, dass sie den Preis bekommen würden. Der Immobilien-Tycoon flog nach Kalifornien, um den Award entgegenzunehmen. „Ich fand das wirklich cool, denn wer hätte gedacht, dass Donald Trump, ein Immobilienunternehmer, der zufällig eine Fernsehserie machte, einen Emmy bekommen würde?", erinnerte sich der heutige Präsidentschaftskandidat in seinem Buch

---

257 Byers, Duylan: Trump claims $213M payout for 'Apprentice' – 15.07.2015 – Stand: 04.12.2015 http://www.politico.com/blogs/media/2015/07/trump-claims-213m-payout-for-apprentice-210595

„Nicht kleckern, klotzen!". Seiner Meinung nach „hatte die Sendung den Emmy absolut verdient; sie war gut gemacht und sie war in aller Munde."[258] Den Preis bekam zu Trumps großer Enttäuschung jedoch eine andere Serie.

Im Juni 2015 verkündete Donald Trump, dass er für eine weitere Staffel von „The Apprentice" nicht mehr zur Verfügung stehen würde, obwohl die „top people" von NBC zu ihm ins Büro gekommen wären und um eine Fortsetzung gebeten hätten. Trump lehnte jedoch ab, weil er sich auf seine Präsidentschaftsbewerbung konzentrieren wolle. Der Sender NBC erzählt die Geschichte jedoch ganz anders: „Due to the recent derogatory statements by Donald Trump regarding immigrants, NBC Universal is ending its business relationship with Mr. Trump", hieß es in einem offiziellen Statement des Senders.[259] Trumps diskriminierende Bemerkungen über Immigranten waren ausschlaggebend für die Beendigung der Zusammenarbeit. Passenden Ersatz für die nächste Promi-Ausgabe von „The Apprentice" hatte NBC übrigens schon gefunden. Der ehemalige Gouverneur von Kalifornien und Ex-Terminator Arnold Schwarzenegger, ein „riesiger Fan" des Formats, sollte in die

---

258 Trump, Donald/ Zanker, Bill : Nicht kleckern, klotzen! – Der Wegweiser zum Erfolg – aus der Feder eines Milliardärs (2008) – S. 224
259 Siegal, Jacob: NBC Just Fired Presidential Hopeful Donald Trump From `The Apprentice´ – 29.06.2015 – Stand: 03.12.2015 http:// bgr.com/2015/06/29/nbc-fires-donald-trump-the-apprentice/

Fußstapfen von Donald Trump treten.[260] Und Trump hatte ja zu diesem Zeitpunkt bereits höhere Ambitionen und stand dabei sogar noch mehr im Rampenlicht. Die Medien begleiteten seinen Wahlkampf jedenfalls höchst aufmerksam.

---

260 Focus Online: Arnold Schwarzenegger – Arnie tritt in Donald Trumps Fußstapfen – 14.09.2015 – Stand: 03.12.2015 http://www.focus.de/kultur/vermischtes/arnold-schwarzenegger-arnie-tritt-in-donald-trumps-fussstapfen_id_4946859.html

9.2 Donald und das Geschäft mit den schönsten Frauen

„Ich liebe schöne Frauen und schöne Frauen lieben mich", sagte Donald Trump einmal.[261] In seinem Buch „Nicht kleckern, klotzen!" ging er noch ein bisschen ausführlicher darauf ein. „Ich sehe mich selbst immer als den bestaussehenden Mann und es ist kein Geheimnis, dass ich schöne Frauen liebe. Deshalb habe ich die Schönheitswettbewerbe ‚Miss USA' und ‚Miss Universe' gekauft. Ich liebe es, mich mit schönen Frauen zu umgeben. Meine Frau hat nichts dagegen, weil sie die schönste Frau von allen ist [...]."[262] Und so stieg der Bauunternehmer 1996 in das Geschäft mit den schönen Frauen ein. Er erwarb Anteile bzw. das Komplettpaket von Miss Universe, Miss USA und Miss Teen USA und schuf sich so ein weiteres attraktives Standbein. Damit er das finanzielle Risiko nicht alleine tragen musste, verkaufte er die Hälfte der Miss Universe Organization umgehend an den Fernsehsender CBS, der die Veranstaltung auch übertragen sollte. Für Donald Trump war es selbstverständlich, dass der Sender als Miteigentümer an einer passenden Marketingstrategie

---

261 Die Welt: US-Tycoon – Die Frauen des Donald Trump – 21.07.2015
– Stand: 04.12.2015 http://www.welt.de/politik/ausland/article144281088/Die-Frauen-des-Donald-Trump.html
262 Trump, Donald/ Zanker, Bill: Nicht kleckern, klotzen! – Der Wegweiser zum Erfolg aus der Feder eines Milliardärs (2008) – S. 249

interessiert sein müsste. Doch CBS bastelte am Konzept der Show herum, baute mehr Musik und dadurch weniger Zeit für die schönen Frauen ein. Damit war Donald Trump ebenso unzufrieden, wie mit dem Marketing. „Die Partnerschaft war ein tolles Konzept, aber nach fünf Jahren war es nicht so gelaufen wie geplant. CBS war nicht dazu bereit, für die Show so zu werben, wie ich es mir vorstellte."[263]

Und so machte sich der findige Unternehmer auf die Suche nach einem passenden Partner, der seine Vorstellungen von einem Schönheitswettbewerb umsetzen konnte und die entsprechende Werbung übernehmen würde. Der Sender NBC schien alle Voraussetzungen zu erfüllen und so wurde im Jahr 2003 ein Joint Venture geschlossen. Einige Jahre lang funktionierte die Kooperation mit NBC wunderbar und Donald Trump übernahm immer wieder gerne die Rolle des Gastgebers für die Events rund um die Wahlen. Doch die Rede, die Trump zur Ankündigung seiner Präsidentschaftskandidatur im Juni 2015 hielt, setzte der Zusammenarbeit ein abruptes Ende. Die beleidigenden Aussagen des angehenden Politikers zu illegalen Einwanderern sorgten nicht nur bei den zahlreichen Anhängern der Misswahlen in Mittel- und Südamerika für große Empörung. Auch bei der NBC stieß Trump mit seinen

---

263 Trump, Donald J./ McIver, Meredith: Wie man reich wird – Ansichten und Einsichten eines Multimilliardärs (2004) – S. 151

Beschimpfungen auf wenig Gegenliebe. Der Sender distanzierte sich umgehend von dem Unternehmer und schmiss die Misswahlen aus dem Programm. Trump löste das Problem auf seine Weise. Zunächst verklagte er den Sender NBC auf 500 Millionen Dollar und kaufte der Fernsehanstalt dann ihren Anteil von 50% an der Miss Universe Organization für eine Summe zwischen zehn und 20 Millionen Dollar ab. Die Klage gegen NBC wurde nach dem Deal wieder eingestellt.[264]

Möglicherweise war dem Unternehmer zu diesem Zeitpunkt aber schon klar, dass er als Veranstalter von Schönheitswettbewerben wohl keinen großen Erfolg mehr haben würde, da er mit keinerlei Unterstützung und Zustimmung aus dem südamerikanischen Raum mehr rechnen konnte. Daher hatte Donald Trump seinen nächsten Schachzug wohl schon geplant. Schon drei Tage nachdem er zum Allein-Eigentümer der Miss Universe Organization geworden war, trennte er sich schon wieder von dem Unternehmen und verkaufte das Gesamtpaket – bestehend aus den Schönheitswettbewerben Miss USA, Miss Teen USA und Miss Universe – an die WME/IMG. Über den Kaufpreis wurde nichts bekannt. Trumps Abschiedsstatement lautete: „Als ich

---

264 Bild: „Mexikaner-Streit" mit NBC beigelegt – Trump ist jetzt „Miss Universe" – 12.09.2015 – Stand: 27.12.2015 http://www.bild.de/politik/ausland/donald-trump/kauft-miss-universe-42547866.bild.html

die Schönheitswettbewerbe vor vielen Jahren erwarb, waren sie in ernsten Schwierigkeiten. Es war mir eine große Ehre, sie so erfolgreich zu machen und ich hatte viel Freude daran, zu beobachten, wie die Wettbewerbe in den gesamten USA und weltweit heranwuchsen."[265] Das Kapitel Schönheitswettbewerbe war für Donald Trump also mit der Übertragung der Miss Universe Organization im September 2015 endgültig beendet, auch wenn er den nächsten Wettbewerb scheinbar noch mit Interesse verfolgte.

Bei der Wahl zur Miss Universe im Dezember 2015 gab es nämlich eine ziemlich dumme Panne. Der Moderator Steve Harvey ernannte Ariadna Gutierrez zur schönsten Frau des Universums. Die junge Kolumbianerin freute sich riesig über den Titel und ihr Krönchen – bis der Moderator kleinlaut eingestehen musste, dass er sich geirrt hatte. Steve Harvey hatte falsch von seinem Zettel abgelesen. Der Titel gehörte nicht Miss Gutierrez sondern Pia Alonzo Wurtzbach, der schönsten Frau der Philippinen. Donald Trump ließ diesen peinlichen Faux Pas natürlich nicht unkommentiert. „Very sad what happened last night at the Miss Universe Pageant. I sold it 6 months ago for a record price. This would never

265 Koblin, John: Trump Sells Miss Universe Organization To WME-IMG Talent Agency – 14.09.2015 – Stand: 27.12.2015 http://www.ny-times.com/2015/09/15/business/media/trump-sells-miss-universe-organization-to-wme-img-talent-agency.html?_r=1

have happened!", twitterte der Unternehmer. Trump äußerte sein Bedauern über diesen Vorfall und wies darauf hin, dass es unter seiner Führung nicht passiert wäre – natürlich nicht. Aber er hatte seine Rechte an dem Schönheitswettbewerb ja verkauft – natürlich zu einem Rekordpreis. Anschließend hatte der häufig auf Krawall gebürstete Geschäftsmann jedoch noch einen diplomatischen Vorschlag. „I'll tell you what I think I'd do. I think I'd make 'em a co-winner. It would be very cool" erklärte er.[266] Trump hätte also einfach zwei Gewinnerinnen gekürt und er empfahl, dafür eine eigene Zeremonie zu veranstalten. Es sei verheerend, was man dem Mädchen aus Kolumbien angetan habe. Ein Herz für schöne Frauen hat Donald Trump eben immer.[267]

Das zeigte der knallharte Unternehmer unter anderem schon im Jahr 2006. In dem Jahr wurde Tara Conner zur Miss USA gekürt. Nach der Wahl verstieß die junge Frau gegen sämtliche Richtlinien des Misswahlen-Kodex. Obwohl sie noch minderjährig war, trank sie Alkohol und schlimmer noch – sie wurde positiv auf Kokain, Heroin und Crystal Meth getestet. Dass sie die amtierende Miss Teen USA küsste, sorgte

---

266 Twitter: @realDonaldTrump – 21.12.2015
267 Chan, Melissa: Donald Trump's Solution to Miss Universe Mistake: 'Do a Co-Winner' – 21.12.2015 – Stand: 27.12.2015 http://time.com/4156790/donald-trump-miss-universe-cowinner/

ebenfalls für einen Skandal. Diese Entgleisungen hätten eigentlich dazu führen müssen, dass Tara Conner ihren Titel verliert. Doch Donald Trump zeigte sich in diesem Fall sehr nachsichtig, was ihm von Kritikern, wie TV-Moderatorin Rosie O´Donnell, vorgeworfen wurde. O´Donnells und Trumps öffentliche Auseinandersetzung im Anschluss daran ist immer wieder eskaliert. Unter der Voraussetzung, dass sie einen Drogenentzug macht, durfte sich Tara Conner auch weiterhin Miss America nennen. In der „Oprah Winfrey Show" erklärte Donald Trump, warum er der jungen hübschen Frau eine zweite Chance gegeben und sich damit gegen seine Mitarbeiter gestellt hatte, die natürlich auf die Einhaltung der Regeln gepocht hatten. Für Trump spielten bei der Entscheidung persönliche Gründe eine Rolle: Trumps älterer Bruder Fred starb an seiner Alkoholsucht. „I believe in second chances, and sometimes it works when you give somebody a second chance", erklärte der Immobilienmogul.[268] Es stellt sich nur die Frage, ob Donald Trump bei allen Menschen, die Unterstützung benötigen, so großzügig zweite Chancen verteilt. Möglicherweise fällt ihm das bei hübschen jungen Frauen aber auch ein kleines bisschen leichter.

---

268 Oprah.com: Beauty Queen Tara Conner´s Revelations – Stand: 27.12.2015 http://www.oprah.com/oprahshow/The-Truth-About-Beauty-Queen-Tara-Conner

Es war Donald Trump aber offensichtlich immer sehr wichtig, dass die Frauen auch seinem Schönheitsideal entsprechen. Judy Bachrach, eine Journalistin des Magazins „Vanity Fair" beschäftigte sich etwas intensiver mit Trumps Begeisterung für Schönheitswettbewerbe und erinnerte dabei an dessen Verhalten bei dem Miss-Universe-Wettbewerb 1997. Trump soll sich während der Veranstaltung – die nach seiner eigenen Aussage „ein riesiger Erfolg" war – ziemlich gemein über die amtierende Miss Universe aus Venezuela ausgelassen haben. „I could just see Alicia Machado, the current Miss Universe, sitting there plumply [sic]. God, what problems I had with this woman [...] First, she wins. Second, she gains 50 pounds. Third, I urge the committee not to fire her. Fourth, I go to the gym with her, in a show of support. Final act: She trashes me in The Washington Post [...] What's wrong with this picture?"[269], wurde er von Judy Bachrach zitiert. Der Unternehmer war sehr unzufrieden mit der amtierenden Miss Universe. Seit ihrer Wahl zur schönsten Frau des Universums hatte die Venezuelanerin deutlich zugenommen. Trotzdem hatte sich Donald Trump für die junge Frau eingesetzt. Er hatte verhindert, dass sie gefeuert wurde und ging dann mit ihr in ein Fitnessstudio, um sie zu unterstützen. Dass ihn die Beauty-Queen für

---

269 Bachrach, Judy: What´s behind Donald Trumps obsession with Beauty Peagants – 13.01.2016 http://www.vanityfair.com/news/2016/01/donald-trump-miss-universe-beauty-pageants

sein Verhalten öffentlich beschimpfte, konnte Trump nicht nachvollziehen. Alicia Machado stellte die Situation jedoch ganz anders dar. Sie erzählte der „Washington Post", dass sie – wie fast alle der Teilnehmerinnen von Schönheitswettbewerben – magersüchtig und bulimisch gewesen war. Sie hatte sich mit der Bitte um Hilfe an Donald Trump gewandt und ihn nach einem Trainer oder Ernährungsberater gefragt. Der Unternehmer schickte sie daraufhin in ein New Yorker Fitnessstudio. Eine Hilfe war diese Aktion jedoch nicht, denn am Fitnessstudio warteten schon rund 80 Reporter, die der Beauty-Queen beim Training zuschauen wollten. Donald Trump fühlte sich jedoch im Recht: „When you win a beauty pageant, people don't think you're going to go from 118 to 160 in less than a year, and you really have an obligation to stay in a perfect physical state."[270]

Frauen mit Gewichtsproblemen scheinen für Donald Trump im Allgemeinen ein Problem darzustellen. So berichtete die ehemalige Mitarbeiterin Louise Sunshine, dass sie beim Eintritt in die Firma des Immobilienmoguls in den 1970er Jahren ständig mit ihrem Gewicht zu kämpfen hatte. Donald Trump hätte das wohl bemerkt und ein sehr unvorteilhaftes Foto von ihr in einer

---

270 Romero, Angie: Ex-Miss Universe Alicia Machado to write book about Donald Trump´s abuses of power & racism´. – 07.10.2015 http://www.billboard.com/articles/columns/latin/6627228/alicia-machado-donald-trump-book-former-miss-universe

Schublade aufbewahrt. Wenn sie etwas tat, was ihm nicht gefiel, zog er dieses Foto heraus und hielt es ihr vor die Nase. Doch Louise Sunshine nimmt ihrem ehemaligen Chef dieses Verhalten nicht übel, erzählte sie der „Washington Post". „He just is that way", erklärte sie.[271] Donald Trump selbst stritt Sunshines Geschichte ab – sie sei total falsch und lächerlich.[272]

Aber nicht nur das Gewicht muss stimmen. Einen weiteren Skandal im Zusammenhang mit Donald Trumps Schönheitswettbewerben gab es 2012. Die als Mann geborene Jenna Talackova wollte an der Wahl zur Miss Universe Canada teilnehmen. Veranstalter Donald Trump war damit nicht einverstanden und mit Hinweis auf das umfassende Regelwerk des Wettbewerbs wurde Miss Talackova disqualifiziert. Die junge Frau – in deren Ausweis nach einer geschlechtsangleichenden Operation ein „F" für female verzeichnet ist – ließ sich den Rauswurf aber nicht gefallen. Sie engagierte die prominente Frauenrechtsanwältin Gloria Allred und schaltete die Öffentlichkeit ein. Die Organisatoren des

---

271 Stead Sellers, Frances: Donald Trump, a champion of women? His female employees think so – 24.11.2015 https://www.washingtonpost.com/politics/donald-trump-a-champion-of-women-his-female-employees-think-so/2015/11/23/7eafac80-88da-11e5-9a07-453018f9a0ec_story.html
272 Bachrach, Judy: What´s behind Donald Trumps obsession with Beauty Peagants – 13.01.2016 http://www.vanityfair.com/news/2016/01/donald-trump-miss-universe-beauty-pageants

Wettbewerbs lenkten unter der Bedingung ein, dass die Kandidatin sozusagen beweisen musste, dass sie eine Frau sei. Anwältin Allred konterte, Jenna habe „Mr. Trump ja auch nicht aufgefordert, zu beweisen, dass er ein natürlich geborener Mann ist, sie wollte keine Fotos seiner Geburt sehen oder seine Anatomie in Augenschein nehmen." Donald Trump nahm zu den Vorwürfen telefonisch bei der Klatsch-Website tmz.com kein Blatt vor den Mund: „Ich denke, Gloria wäre sehr sehr beeindruckt von meinem Penis."[273] Die Öffentlichkeit schlug sich auf die Seite von Jenna Talackova und die junge Frau durfte an der Wahl zur Miss Universe Canada teilnehmen. Trump reagierte darauf nur lapidar: „[...] der Ticketverkauf geht durch die Decke' – doch: ,Es könnte mich nicht weniger kümmern, ob sie teilnimmt.'"[274] Jenna Talackova kam bei dem Wettbewerb übrigens unter die Top 12.

---

273 Süddeutsche Zeitung: Streit um Transgender-Kandidatin bei Misswahl: Trump tritt nach – unter die Gürtellinie – 04.04.2012 – Stand: 15.01.2016 http://www.sueddeutsche.de/panorama/streit-um-transgender-kandidatin-bei-misswahl-trump-tritt-nach-unter-die-guertellinie-1.1325804
274 Süddeutsche Zeitung: Streit um Transgender-Kandidatin bei Misswahl: Trump tritt nach – unter die Gürtellinie – 04.04.2012 – Stand: 15.01.2016 http://www.sueddeutsche.de/panorama/streit-um-transgender-kandidatin-bei-misswahl-trump-tritt-nach-unter-die-guertellinie-1.1325804

9.3 Donald und seine Bestseller

Sie wollen denken wie ein Milliardär? Das kann man lernen, behauptet Donald Trump. Seiner Meinung nach ist das „as simple as turning the page" – also so leicht wie das Umblättern einer Seite. Diese Information findet man auf der Website der Trump Organization. Und weiter heißt es, dass alle von Mr. Trump persönlich geschriebenen Bücher Bestseller geworden sind.[275] Es werden 16 Bücher aus dem Hause Trump angepriesen (allerdings stammt „The Trump Card" aus der Feder von Tochter Ivanka). In fast allen angebotenen Werken geht es um den Unternehmer, seinen Erfolg, seinen Aufstieg, sein Comeback, seinen Reichtum und wie er es geschafft hatte, immer wieder erfolgreich zu sein. Die Titel für seine Publikationen hat Trump dementsprechend gewählt:

- Crippled America
- Time To Get Tough
- The Art Of The Deal
- The Art Of The Comeback
- The America We Deserve
- The Trump Card: Playing To Win In Work And Life By Ivanka Trump
- The Way To The Top

---

275 Trump.com: Publications _ Trump Books – Stand: 24.11.2015
http://www.trump.com/publications/

- How To Get Rich
- Think Like A Billionaire
- The Best Golf Advice I Ever Received
- Why We Want You To Be Rich
- The Best Real Estate Advice I Ever Received
- Think Big And Kick Ass
- Never Give Up
- Think Like A Champion
- Midas Touch

Selbstverständlich möchte ich sehr gerne wissen, wie ich so unverschämt reich werden kann wie Donald Trump. Ich möchte unbedingt lernen, wie ein Milliardär zu denken. Trotzdem muss ich etwas gestehen. Ich habe nicht alle 16 Bücher von Donald Trump gelesen. Denn leider präsentiert sich der ambitionierte Autor und US-Präsidentschaftskandidat in seinen Werken als Freund von Wiederholungen. Nicht nur in seinen Wahlkampfreden benutzt er immer wieder dieselben Phrasen und wiederholt diese, um den Effekt zu verstärken. Auch in seinen Büchern erzählt Trump häufig die gleichen Geschichten. Trotzdem habe ich in einige der Publikationen des Immobilienmoguls intensiv hineingeschaut und viele Passagen gründlich gelesen. Einige sehr persönliche Beschreibungen gefielen mir ausgesprochen gut, sie waren unterhaltsam und ich konnte ein bisschen mehr über den Menschen Donald

Trump erfahren – auch oder gerade weil die Geschehnisse komplett aus seiner Sicht erzählt werden. Doch einige Punkte haben mich bei meiner Lektüre gestört.

Zunächst einmal sind da, wie schon erwähnt, die permanenten Wiederholungen. Bestimmte Themen greift der Autor in den verschiedenen Büchern immer wieder auf und verändert nur ein wenig die Formulierungen. Trump erzählt mehrfach über seine wichtigsten Deals und hebt immer wieder dieselben Punkte hervor. Aber da sich fast alle Bücher um Erfolg und Reichtum drehen, ist das wohl ganz natürlich. Für mich hat es diesen „Dieter Bohlen-Effekt". Dabei schafft man es, immer wieder mit der gleichen Sache viel Geld zu verdienen. Als „Modern Talking" stürmte Dieter Bohlen mit Partner Thomas Anders in den 1980er Jahren immer wieder die Hitparaden und nicht nur für mich klang dabei jedes Lied irgendwie gleich. Bohlen kassierte als Komponist allerdings für jeden Song aufs Neue. Ganz ähnlich ist es mit den Büchern von Donald Trump. Einzelne Ereignisse aus dem Leben des Unternehmers sowie seine Gedanken zu bestimmten Themen werden ständig wiederholt. Daher habe ich entschieden, dass ich wirklich nicht alle Trump-Bücher lesen muss, um zu wissen, was darin steht. Ich habe da so eine Ahnung.

Außerdem zählen die Bücher von Donald Trump zu jener Art Motivationsliteratur, die insgesamt wenig Inhalt bei recht vielen Wörtern bietet. Allgemeinplätze werden aneinandergereiht und immer wieder wiederholt. „Glaub an dich", „Arbeite hart", „Gib nicht auf", „Denke positiv" und so weiter. Das sind die gängigen Schlagworte, die von den Autoren des Genres gerne gebetsmühlenartig wiederholt werden. Aber möglicherweise halten die Leser solche Worte aus dem Munde eines Multi-Milliardärs für ganz besonders glaubwürdig. Denn schließlich hat es Donald Trump nach ganz oben geschafft, also muss er ja eigentlich wissen, wovon er spricht. Zu einem Bestseller wurde schon das erste Buch des Unternehmers, das er 1987 zusammen mit Co-Autor Tony Schwartz veröffentlichte. „The Art of the Deal" hielt sich beachtliche 51 Wochen auf der Bestsellerliste der „New York Times". Das Buch heißt in der deutschen Version „Die Kunst des Erfolges" und ist auch hier zum bekanntesten Titel des Amerikaners geworden. Das Erfolgsrezept von Donald Trump erschien den Lesern zum Zeitpunkt der Veröffentlichung sehr glaubwürdig und nachahmenswert. Der junge Autor hatte sich mit seinen Bauprojekten einen Platz in der Oberliga der Immobilienunternehmer von New York erkämpft und zeigte der Umwelt gerne seine zahlreichen Statussymbole. Jeder konnte also sehen: Dieser junge Mann hatte es geschafft. Die Tipps von einem erfolgreichen Aufsteiger waren bei vielen Menschen äußerst willkommen. Von dem bevorstehenden finanziellen Desaster Anfang der 1990er Jahre ahnten die Leser ja noch nichts.

Donald Trump hält „The Art of the Deal" für das „beste Buch der Welt" – nach der Bibel, die nach eigener Aussage das Lieblingsbuch des republikanischen Präsidentschaftskandidaten ist. Für ein bisschen Erheiterung sorgte im Oktober 2015 jedoch die Tatsache, dass es dem selbsternannten Bibelkenner nicht möglich war, auf die Frage eines Journalisten hin eine spezifische Stelle aus der Heiligen Schrift zu benennen.[276] Aber die eigene Publikation wenigstens hinter die Bibel zu stellen, kommt sicherlich bei vielen Amerikanern gut an und versprüht einen winzigen Hauch von Bescheidenheit. Weniger bescheiden ist, dass er „The Art of the Deal" als erfolgreichstes Business-Buch aller Zeiten bezeichnet, was laut politifact. com – einer Website, die sich mit dem Check von Fakten rund um die politische Landschaft der USA auseinandersetzt – nicht der Wahrheit entspricht. In einer auf der Website veröffentlichten Liste landet Trumps

276 Graw, Ansgar: US-Präsidentschaftskandidat – Warum Trump auf seinem Buch so böse aussieht. 04.11.2015 – Stand: 02.12.2015 http:// www.welt.de/politik/ausland/article148455271/Warum-Trump-auf-seinem-Buch-so-boese-aussieht.html

erstes Werk auf Platz vier.[277] Das ist natürlich immer noch eine gute Position, lässt sich aber definitiv nicht so gut vermarkten, wie die Nummer eins zu sein. Donald Trump ist sich übrigens sicher, dass man sein Buch gelesen haben sollte. In einem Interview erklärte er, dass der umstrittene Atomdeal mit dem Iran, den Trump immer wieder kritisiert, schlecht sei, weil die Verhandlungspartner „The Art of the Deal" nicht gelesen hätten.[278]

Die nachfolgenden Werke von Donald Trump wurden nicht ganz so erfolgreich wie der Erstling. Reißerische Titel wie zum Beispiel „How to Get Rich", „Think Like a Billionaire" und „Think Like a Champion" motivierten aber dennoch zahlreiche Leser zum Kauf – Tipps für Reichtum und Karriere von einem, der es nach ganz oben geschafft hatte, klingen natürlich vielversprechend. Doch auch die Phasen, in denen der Pleitegeier um das Luxus-Penthouse im Trump Tower kreiste, nutzte Donald Trump, um die entsprechenden Ratgeber zu schreiben. In Publikationen wie „The Art of Comeback"

---

277 Qiu, Linda: Is Donald Trumps `The Art of the Deal´ the bestselling business book of all time? – 06.07.2015 – Stand: 02.12.2015 http://www.politifact.com/truth-o-meter/statements/2015/jul/06/donald-trump/donald-trumps-art-deal-best-selling-business-book-/
278 Bump, Philip: Donald Trump says `most people read his book´. Not exactly – 15.07.2015 – Stand: 02.12.2015 https://www.washingtonpost.com/news/the-fix/wp/2015/07/15/donald-trump-claims-most-people-read-his-book-no-one-we-talked-to-at-trump-tower-has/

und „Never Give Up" erklärt der Unternehmer den Lesern, wie man es nach einem schweren Fall wieder nach ganz oben schafft.

Trumps Tipps sind in der Regel die üblichen Motivationsparolen, die man aus der einschlägigen Literatur kennt. Man soll nicht aufgeben, immer an sich glauben und so weiter. Donald Trump outete sich selbst als begeisterter Leser anderer Bücher dieses Genres. „In sehr jungen Jahren habe ich ‚Die Kraft positiven Denkens' von dem großen Redner und Priester Dr. Norman Vincent Peale gelesen. Soeben ist ein populäres Buch mit dem Titel ‚The Secret – das Geheimnis' erschienen, das in die gleiche Richtung geht: positives Denken. Es steht auf Platz eins der Bestsellerlisten [...] Ich glaube fest an die Kraft des positiven Denkens. Die Lehren aus ‚Die Kraft des positiven Denkens' haben sich bei mir so richtig festgesetzt. Bei jedem Deal, den ich mache, ist es meine Hauptaufgabe positiv zu sein, auch wenn alle anderen negativ und trübselig sind."[279]

Doch Donald Trump überrascht und unterhält teilweise auch mit sehr ausgefallenen Anregungen. Mir ist zwar nicht ganz klar, wie die Umsetzung dieser

---

279 Trump, Donald/ Zanker, Bill: Nicht kleckern, klotzen! – Der Wegweiser zum Erfolg aus der Feder eines Milliardärs – (2008) – S. 121f

Tipps konkreten Einfluss auf meinen Erfolg im Geschäftsleben und auf mein Bankkonto nehmen kann, aber ich möchte doch einmal kurz meine persönlichen Tipp-Highlights aus den Trump'schen Werken vorstellen:

Denken Sie jeden Tag drei Stunden intensiv nach.

„Der Lärmpegel hierzulande ist sehr hoch. Offenbar scheuen wir Momente der Ruhe. Sogar Gesprächspausen werden schnell mit irgendwelchem Geschwätz gefüllt. Das hat mich daran erinnert, wie dringend ich Phasen brauche, in denen mich niemand stört – in der Regel drei Stunden am Tag –, um mein inneres Gleichgewicht zu bewahren. In dieser Zeit lese ich und denke nach. Immer habe ich danach das Gefühl, etwas gelernt zu haben und erfrischt zu sein. Außerdem gewinne ich so die nötige Energie, um meinen extrovertierten Charakter zu füttern."[280]

Das ist ja im Prinzip ein toller Tipp – aber wer hat neben Beruf, Haushalt und Familie schon drei Stunden am Tag zur Verfügung, die er zum Nachdenken nutzen kann?

---

280 Trump, Donald J./ McIver, Meredith: Wie man reich wird – Ansichten und Einsichten eines Multimilliardärs (2004) – S. 97

Schütteln Sie niemandem die Hand, wenn es sich vermeiden lässt.

„Manche Manager glauben an einen festen Händedruck. Ich glaube, dass man diese Art der Begrüßung, wenn möglich, vermeiden sollte. Es ist ein schrecklicher Brauch. Nur zu oft begegne ich Leuten, die ganz offensichtlich krank sind, eine schlimme Erkältung oder die Grippe haben. Sie kommen auf mich zu und sagen: „Mr. Trump, ich möchte Ihnen die Hand schütteln." Es ist eine medizinische Tatsache, dass auf diese Weise Keime übertragen werden. Ich wünschte, wir würden die japanische Sitte bei uns einführen, einander mit einer Verbeugung zu begrüßen."[281]

Ein bisschen seltsam klingt dieser Rat schon, wie ich finde. Ich werde erfolgreich und reich, wenn ich es vermeide, anderen Leuten die Hand zu schütteln? Ich befürchte eher, dass mich die Menschen dann für total skurril halten oder aber sehr unhöflich. Ein Präsident der Vereinigten Staaten, der niemandem die Hand schütteln möchte, ist auf jeden Fall eine befremdliche Vorstellung.

---

281 Trump, Donald J./ McIver, Meredith: Wie man reich wird – Ansichten und Einsichten eines Multimilliardärs" (2004) – S. 65

Lassen Sie sich von Muhammad Ali und mir eine Lektion erteilen: Prahlen Sie, wenn es sein muss.

„Ich erinnere mich an die Zeit, als Muhammad Ali behauptete, er sei der Größte [...] Glücklicherweise bewies er auch, dass er das war, sonst hätte man ihn für größenwahnsinnig gehalten. Es ist im Nachhinein betrachtet eine interessante Feststellung, dass er eine Situation schuf, die von ihm forderte, sich selbst zu beweisen, und das tat er auch. Ich glaube, er hat die Messlatte für sich selbst extra so hoch gelegt. Ich jedenfalls tue das. Man hört mich oft sagen, dass mein nächstes Projekt riesengroß und ein sensationeller Erfolg sein wird. Warum? Erstens weil ich darauf vertraue, dass es so sein wird. Zweitens weil ich weiß, dass ich meinen eigenen Erwartungen gerecht werden muss."[282]

Muhammad Ali habe ich selbst als ziemliches Großmaul in Erinnerung. Der Erfolg gab ihm jedoch tatsächlich Recht. Doch es liegt sicherlich nicht jedem, sich auf die Art und Weise zu präsentieren. Freunde macht man sich durch so ein Verhalten sicher nicht. Außerdem sind großspurige Parolen nicht zwingend ein Erfolgsgarant bzw. eine „self-fulfilling prophecy". Trumps Bewunderung von Muhammad Ali, der 1964 zum Islam

---

282 Trump Donald: Gib niemals auf! Wie ich meine größten Herausforderungen in meine größten Triumphe verwandelte (2008) – S. 203

konvertierte, beruht scheinbar nicht auf Gegenseitigkeit. Das Verhalten des republikanischen Präsidentschaftskandidaten gegenüber Muslimen hatte den
Ex-Boxer jedenfalls zu einem Statement veranlasst. Die
Überschrift hieß zunächst „Präsidentschaftsbewerber,
die ein Einreiseverbot für Muslime in die USA fordern",
wurde aber später abgeändert in „Statement von Muhammad Ali, mit dem er alle Muslime auffordert, sich
gegen radikale Dschiadisten zur Wehr zu setzen". In
dem Text fordert der ehemalige Boxweltmeister alle
Muslime auf, „sich gegen die zu wehren, die den Islam für ihre persönliche Agenda nutzen". Donald Trump
sprach er dabei allerdings nicht explizit an.[283]

Ich denke, die meisten Leute könnten sich ein Scheib-
chen von Trumps Selbstbewusstsein und dem enormen
Glauben an sich selbst abschneiden, aber bitte nur ein
kleines. Es ist immer wieder erstaunlich, wie sich der
Unternehmer selbst feiert, auch wenn die Party längst
vorbei ist. Beispielsweise heißt es in der Kurzbeschrei-
bung von „Wie man reich wird": „Donald J. Trump ist
die Verkörperung der amerikanischen Erfolgsstory. Er
setzt ständig neue Qualitätsmaßstäbe in den Bereichen
Immobilien, Glücksspiel, Sport und Unterhaltung [...] In

---

283 Spiegel Online: US-Prominente versus Donald Trump: Vereint gegen
    den Hetzer – 10.12.2015 – Stand: 10.12.2015 http://www.spiegel.
    de/politik/ausland/donald-trump-muhammad-ali-und-mark-zucker-
    berg-ueben-scharfe-kritik-a-1067009.html#ref=kalooga

der Glücksspielbranche zählt die Trump Organization zu den weltweit bedeutendsten Betreibern von Hotels und Kasinos, vor allem in Atlantic City, New Jersey."[284] Das Buch erschien in den USA 2004. Im gleichen Jahr musste die Firma Trump Hotels and Casino Resorts einen Insolvenzantrag stellen. Und auch wenn das Unternehmen nur einen kleinen Teil des Imperiums von Donald Trump darstellte, musste dieser 72 Millionen private Dollar locker machen, um es zu retten.[285] Sich in diesem Zusammenhang noch als Geschäftsmann zu verkaufen, der neue Qualitätsmaßstäbe setzt, ist ein Zeichen von einer ungewöhnlichen – oder besser gesagt fragwürdigen – Selbstwahrnehmung.

Dass man unbedingt einen Ehevertrag abschließen muss und dass man zurückschlagen soll, wenn man angegriffen wird, habe ich schon an anderer Stelle aus Trumps Büchern zitiert. Profitiert hat auf jeden Fall der Autor selbst von diesen Tipps. Nicht nur weil er sie umsetzte, sondern weil er seine Ratschläge millionenfach verkaufen konnte und eine Menge Geld damit verdiente. Und so äußert Trump in einem seiner Werke auch Dankbarkeit gegenüber der berühmten

---

284 Trump, Donald J./ McIver, Meredith : Wie man reich wird – Ansichten und Einsichten eines Multimilliardärs. (2004) – S. 254
285 Suddath, Claire: Top Ten Donald Trump Failures – Trumped – The Bankruptcies – 29.04.2011 – Stand: 03.12.2015 http://content.time.com/time/specials/packages/article/0,28804,2068227_2068229_2068209,00.html

Talkshow-Moderatorin Oprah Winfrey, die ihre Zuschauer aufforderte, mehr zu lesen. „In meinem Buch ‚The America we deserve' habe ich beschrieben, wie schlecht es in dieser Hinsicht in unserem Land aussieht. Seit Oprah sich entschlossen hat, etwas dagegen zu tun, werden erheblich mehr Bücher verkauft. Schriftsteller gelten wieder als cool und nicht mehr als Dinosaurier. Ich kann Oprah gar nicht genug für ihren Einsatz danken und hoffe, dass jeder in diesem Land ihren positiven Einfluss anerkennt."[286] Vielleicht hatte Oprahs Einsatz für den gesteigerten Buchverkauf ja den Ausschlag gegeben, dass die Moderatorin zwischenzeitlich als Kandidatin für das Amt des Vize-Präsidenten unter Trump gehandelt wurde. Nach Angaben des Unternehmers soll es sich dabei aber nur um einen Scherz gehandelt haben.[287]

Donald Trump hatte sein Erfolgsbuch „The Art of the Deal" 1988 übrigens in der „Oprah Winfrey Show" vorgestellt. Die Moderatorin erkundigte sich schon damals nach seinen politischen Ambitionen. Nachdem Donald Trump seine Ansichten über Japan und Kuwait verbreitet hatte, fragte Oprah:

---

286 Trump, Donald J./ McIver, Meredith: Wie man reich wird – Ansichten und Einsichten eines Multimilliardärs (2004) – S. 98

287 Latimer, Matt: It's Time to Discuss Donald Trump's Running Mate Could it be Oprah, Jesse Ventura or Roger Ailes? – 06.09.2015 – Stand: 02.12.2015 http://www.politico.com/magazine/story/2015/09/donald-trump-running-mate-mark-cuban-213123

„‚This sounds like political, presidential talk to me,‘ she said. ‚I know people have talked to you about whether or not you want to run; would you ever?‘

‚Probably not,‘ Trump responded. ‚But I do get tired of seeing the country get ripped off [...] I just don't think I have the inclination to do it.‘

Zu diesem Zeitpunkt hielt Donald Trump seine Präsidentschaftskandidatur nach eigenen Aussagen noch nicht für wahrscheinlich. Doch er war bereits unzufrieden mit dem, was mit seinem Land vor sich ging. „Wir sorgen dafür, dass andere Menschen wie die Könige leben und wir tun es nicht."[288]

Viel hat sich seitdem scheinbar nicht geändert. Mit der Situation im eigenen Land ist Donald Trump nach wie vor unzufrieden. Und das betont er auch in seinem neuesten Buch „Crippled America" – von dessen Titelbild der Unternehmer mit wildem Gesichtsausdruck seinen potentiellen Wählern entgegenblickt. Übersetzen kann man den Titel mit „Gelähmtes Amerika" oder – noch etwas härter – mit „Verkrüppeltes Amerika". Die aktuelle Publikation erschien gerade rechtzeitig zur

288 Capretto, Lisa: In 1988 Oprah asked Donald Trump if he´d eer run for president. Here´s how he replied – 28.07.2015 – Stand: 02.12.2015 http://www.huffingtonpost.com/entry/donald-trump-oprah-show_55b691b9e4b0074ba5a5a7a0

Anmeldung für die Vorwahlen in New Hampshire und ist eigentlich nur eine Zusammenfassung von Trumps Wahlkampfreden, ein paar Anekdoten rund um den Präsidentschaftsbewerber sowie einer Auflistung zu seinen Besitztümern und seiner finanziellen Verhältnisse. Der interessierte Leser kann etwas über Donalds Pläne und manchmal auch deren Umsetzung nachlesen. Der Unternehmer nutzt das „Crippled America" und die Aufmerksamkeit rund um die Veröffentlichung des Buches wieder einmal perfekt zur Selbstvermarktung. Mit seinen Phrasen steht er somit erneut im Fokus der Öffentlichkeit – selbst wenn die Aussagen gar nicht so neu sind. Trump versteht es ausgezeichnet, die Medien als verlässlichen Partner in seinen Wahlkampf einzubinden. Dass er ausreichend Geld hat, um seine Kandidatur ohne die Unterstützung von wohlhabenden Geldgebern zu finanzieren, ist ein großer Pluspunkt. So nimmt er einfach keine hohen Spenden an und akzeptiert nur kleinere Summen aus der Bevölkerung.[289] Diese entspannte finanzielle Situation hilft dem Unternehmer, unabhängig zu bleiben. Die Kosten für seinen Wahlkampf dürften sich jedoch auch durch seine ständige Präsenz in den Medien reduzieren. Mit seiner unkonventionellen und häufig unverschämten und

---

289 von Petersdorff, Wienand: Wahlspenden in Amerika – Der Wahlkampf der gekniffenen Millionäre – 08.03.2016 http://www.faz.net/aktuell/wirtschaft/fruehaufsteher/wie-trump-die-wahlkampffinanzierung-in-amerika-veraendert-14112020.html#/status

beleidigenden Art ist Donald Trump immer wieder ein Platz in den Schlagzeilen sicher.

In „Crippled America" erzählt Trump, dass ihn eine Anzeige in der „New York Times" über 100.000 Dollar kostet. Wenn die Zeitung dagegen einen Artikel über ihn oder eines seiner Geschäfte schreibt, dann kostet es ihn gar nichts und bringt zugleich noch mehr Aufmerksamkeit. „Ich bin ein Geschäftsmann, ich habe eine Marke zu bewerben", bringt Trump seine Strategie auf den Punkt.[290] Er machte sich in der Vergangenheit bekanntlich auch als Reality-Star einen Namen und stand beispielsweise mit seiner Show „The Apprentice" erfolgreich im Rampenlicht. Trump lernte, das Interesse der Medien für seine Belange zu nutzen. Soziale Medien wie Twitter und Facebook setzt er bis heute sehr geschickt in seinem Wahlkampf ein. Und so wurde auch die Veröffentlichung von „Crippled America" zu einem Event stilisiert. Donald Trump rief und Hunderte von Anhängern und Neugierigen strömten in den Trump Tower. Viele Besucher ließen sich ihr Exemplar vom Autor persönlich signieren. Donald Trump nutzte außerdem die Gunst der Stunde und die Anwesenheit von zahlreichen Journalisten geschickt für seine Wahlkampfshow und watschte nebenbei mal wieder ein paar Konkurrenten ab. Senator Marco Rubio, ein

---

290 Buchter, Heike: Warum Trump trompetet – 30.11.2015 – 02.11.2015
http://www.zeit.de/2015/46/donald-trump-vermoegen-wahlkampf

Kandidat mit kubanischen Wurzeln, wurde von Trump vorgeworfen, dass er „schwach bei illegaler Immigration" sei und außerdem „Probleme mit seinen Kreditkarten" habe. Rubio lebe „über seine Verhältnisse", fügte Trump hinzu. Für Jeb Bush hatte Trump schon am Vortag den Rat, die Präsidentschaftsbewerbung fallen zu lassen, da die Kandidatur des Mannes aus der Präsidentenfamilie Bush auf eine „Verschwendung von Zeit und Geld" hinauslaufe. Dann rühmte sich Donald Trump noch einmal selbst für seinen Wahlkampf. „Wir sagen, wie es ist. Wir sagen die Wahrheit. Und Amerika ist verkrüppelt. Wir sind demnächst mit 19 Billionen Dollar verschuldet."[291]

Und falls sich jemand wundern sollte, warum der Autor Donald Trump auf dem Titelbild so grimmig schaut, gibt es im Vorwort von „Crippled America" eine ausführliche Erklärung. „Ich hatte ein paar schöne Fotos machen lassen, die mich mit einem breiten Lächeln im Gesicht zeigten. Ich sah darauf glücklich und zufrieden aus, wie ein sehr netter Kerl, der ich ja zumindest theoretisch auch bin. Meiner Familie gefielen diese Bilder und sie wollte, dass ich eines davon verwende. Der Fotograf hatte da wirklich ein Meisterwerk vollbracht. Aber ich

---

291 Graw, Ansgar: US-Präsidentschaftskandidat – Warum Trump auf seinem Buch so böse aussieht – 04.11.2015 – Stand: 02.12.2015 http://www.welt.de/politik/ausland/article148455271/Warum-Trump-auf-seinem-Buch-so-boese-aussieht.html

entschied mich dennoch dagegen. Denn dieses Buch handelt eben von einem „Crippled America". Leider gibt es nur sehr wenig Angenehmes zu diesem Thema zu sagen. Daher auch dieses Bild auf dem Cover", wird der Text übersetzt.[292] Und wahrscheinlich denkt Donald Trump, dass er so entschlossener und kompetenter wirkt, als seine Kontrahenten, die freundlich von ihren aktuellen Buchcovern lächeln. Beispielsweise ist auch Hillary Clinton mit aktuellen Publikationen in den Buchhandlungen zu finden – mit einem Lächeln im Gesicht. Was bei den Lesern besser ankommt, sei dahingestellt.

---

292 Info-direkt.eu: Donald Trump: Das verkrüppelte Amerika – 08.11.2015 – Stand: 02.12.2015 http://www.info-direkt.eu/donald-trump-das-ver-krueppelte-amerika/

9.4 Donald liebt Sport

Nachdem Donald Trump seine unternehmerischen Tätigkeiten in der Baubranche begonnen hatte, weitete er
seinen Aktionsbereich immer mehr aus. Er engagierte
sich in den unterschiedlichsten Branchen und suchte
irgendwann auch seinen Einstieg in den Sportbereich.
Die medienwirksamen Aktivitäten beim Wrestling schienen ihm da eine optimale Plattform zu bieten. „[I]ch
kann gar nicht genug betonen, wie wichtig es ist, dass
man etwas Neues ausprobiert", erklärte Donald Trump
in seinem Buch „Nicht kleckern, klotzen!".[293] Ein Angebot von seinem Freund Vince McMahon, dem Eigentümer der World Wrestling Entertainment Inc. (WWE),
nahm Trump im Jahr 2007 daher gerne an. McMahon
hatte den vielseitigen Unternehmer eingeladen, bei der
Wrestling-Veranstaltung „Battle of the Billionaires" – also dem „Kampf der Milliardäre" – teilzunehmen. „Zum
Teufel. Warum probiere ich das nicht einfach? Was habe
ich zu verlieren?", meinte Trump und sagte zu. Er und
McMahon wählten Wrestler aus, die sie beim Kampf
im Footballstadion der Detroit Lions vertreten sollten.
„Wenn mein Mann verlor, sollte mir Vince vor 82.000
kreischenden Fans den Kopf rasieren. Wenn sein Mann
verlor, sollte ich ihm den Kopf rasieren [...] Der Kampf

---

293 Trump, Donald/ Zanker, Bill: Nicht kleckern, klotzen! – Der Wegweiser
   zum Erfolg – aus der Feder eines Milliardärs (2008) – S. 116

war großartig und die beiden Wrestler brachten vollen Einsatz. Ich konnte es gar nicht abwarten, dass mein Mann gewann und ich Vince festnageln und ihm den Kopf scheren konnte."[294] Tatsächlich verlor der Kämpfer von Vince McMahon und Donald Trump durfte seine Haare – bedauerlicherweise – behalten. „Das Wrestling-Ereignis stellte Rekorde auf, die ‚New York Times' berichtete in einem umfangreichen Artikel darüber. Es war eine große Sache, die von allen heiß diskutiert wurde [...]", erinnerte sich Trump in seinem Werk „Gib niemals auf!".[295] Die Wrestling-Szene profitierte auf jeden Fall von diesem gelungenen Marketing-Coup.

Beim Publikum wäre die Freude aber sicher noch größer gewesen, wenn es dem Baulöwen an die Frisur gegangen wäre. Trumps Haare stehen nämlich immer wieder im Fokus des öffentlichen Interesses. In den amerikanischen Medien wird regelmäßig darüber spekuliert, ob Trump ein Toupet trägt oder nur toupiert ist. Die Journalisten überbieten sich in Wortakrobatik, um die Haarpracht des republikanischen Präsidentschaftsbewerbers zu beschreiben. Aber auch Donald Trump äußerte sich zu dem Thema. In seinem Buch „Wie man reich wird" gibt es sogar ein Kapitel, das „Die Kunst des Haarschmucks"

294 Trump, Donald/ Zanker, Bill: Nicht kleckern, klotzen! – Der Wegweiser zum Erfolg – aus der Feder eines Milliardärs (2008) – S. 161f
295 Trump Donald: Gib niemals auf – Wie ich meine größten Herausforderungen in meine größten Triumphe verwandelte (2008) – S. 208

genannt wurde. „Ich persönlich finde, dass mein Haar gut aussieht, aber ich habe nie behauptet, es sei meine größte Stärke", kommentierte Trump seine Frisur.[296] An späterer Stelle des Buches wunderte sich der Autor, dass die Leute so oft fragen, ob er ein Haarteil oder Toupet trage. „Die Antwort ist ein ausdrückliches und kategorisches Nein. Ich trage kein Toupet. Mein Haar gehört zu 100 Prozent mir. Für meine Haartracht musste kein Tier leiden. Ich muss allerdings zugeben, dass der Tag noch kommen könnte, an dem ich ein Haarteil oder Toupet aufsetze [...] Die Ursache liegt darin, dass ich, wie die meisten Männer, sehr eitel bin", gab Trump zu.[297]

Die Haare sind also sehr wichtig für Donald Trump. Für die Zuschauer wäre es daher sicherlich viel unterhaltsamer gewesen, wenn der Unternehmer beim „Kampf der Milliardäre" eine Glatze verpasst bekommen hätte. So fand der gerne im Rampenlicht stehende Immobilienunternehmer durch das medienwirksame Spektakel aber wohl Gefallen am Wrestling-Zirkus, denn 2009 engagierte er sich erneut. Im Juni 2009 gab es eine WWE Storyline – also eine erfundene Geschichte, die aber als real dargestellt wurde – bei der Trump die Show „RAW" übernahm. Die Storyline ließ Trump dann einige Kämpfer zwischen

---

296 Trump, Donald J./ McIver, Meredith: Wie man reich wird – Ansichten und Einsichten eines Mulitmilliardärs (2004) – S. 157
297 Trump, Donald J./ McIver, Meredith: Wie man reich wird – Ansichten und Einsichten eines Mulitmilliardärs. (2004) – S. 157f

den verschiedenen Shows hin- und herwechseln. Die Sache wurde am Aktienmarkt von den Anlegern jedoch für real gehalten und der Kurs der WWE-Aktien fiel dadurch. Daher legten die Veranstalter ihre Geschichte offen und Trump „verkaufte" seinen fiktiven Anteil an Vince McMahon zurück. Die ganze Aktion sorgte für eine Menge Wirbel in den USA und Trump stand wieder einmal im Rampenlicht. Im Jahr 2013 wurde der Unternehmer als Belohnung für sein Engagement in die WWE Hall of Fame aufgenommen. „Donald is a global icon whose status brought an unmatched level of publicity and grandeur to WWE", begründete Vince McMahon die Wahl. Die Werbung, die der weltweit bekannte Unternehmer für den Verband gemacht hatte, war scheinbar unbezahlbar.[298] Nach Trumps Stimmungsmache gegen die islamische Bevölkerung sowie die mexikanischen Einwanderer gab es eine Online-Petition auf der Plattform change.org, die forderte, den Milliardär aus der Ruhmeshalle zu entfernen. Die WWE wollte auf diese Forderung jedoch nicht eingehen. Man wolle nicht „auf irgendeine politische Rhetorik" reagieren, hieß es in einem Statement der Organisation.[299]

---

298 Murphy, Ryan: Donald Trump announced for WWE Hall of Fame – 25.02.2013 – Stand: 16.12.2015 http://www.wwe.com/classics/wwe-hall-of-fame/donald-trump-announced-for-wwe-hall-of-fame-26090724
299 Sport1: Donald Trump raus aus Wrestling-Hall-of-Fame? WWE reagiert Trump bleibt in WWE Hall of Fame – 15.12.2015 http://www.sport1.de/mehr-sport/2015/12/donald-trump-raus-aus-wrestling-hall-of-fame-wwe-reagiert

Aber Wrestling ist nicht der einzige Sport, mit dem Donald Trump Geld verdienen wollte. In Unternehmer- und Politikerkreisen spielt man Golf. Da ist es nur natürlich, dass auch Donald Trump in der Golf-Szene munter mitmischen will. Aber er übt den Sport nicht nur aus, er baut und besitzt auch zahlreiche Golfplätze. Insgesamt gehören 16 Anlagen zu seinem Portfolio. Den Einstieg in das Geschäft mit dem Sport der reichen Leute beschrieb Donald Trump in „Nicht kleckern, klotzen!". „Als sich mir die Möglichkeit bot, meinen ersten Golfplatz zu bauen, musste ich sorgfältig darüber nachdenken. Etwas zu bauen, was ich noch nie gebaut hatte, war eine aufregende Gelegenheit. Das war eine Chance, meine Muskeln spielen zu lassen und etwas Neues zu schaffen, das sowohl funktional als auch Ehrfurcht gebietend war."[300] Das gelang dem Unternehmer nach eigenen Angaben. Er baute – über die ganzen USA verteilt – die schönsten und besten Golf-Anlagen. Außerdem besitzt Donald Trump Plätze beispielsweise in Puerto Rico, Irland und Schottland. Besonders das Engagement im Heimatland seiner Mutter brachte jedoch einige Probleme. Nachdem der Unternehmer sehr lange nach einer geeigneten Location in Schottland gesucht hatte, wurde er schließlich nördlich von Aberdeen fündig. Man entdeckte ein traumhaftes und perfekt passendes Areal. Doch leider stellten sich

---

300 Trump, Donald/ Zanker, Bill: Nicht kleckern, klotzen! – Der Wegweiser zum Erfolg – aus der Feder eines Milliardärs (2008) – S. 115

Umweltschützer gegen das Bauvorhaben. Trump und seine Mitarbeiter beschäftigten sich daraufhin sehr intensiv mit Geomorphologie, Tier- und Pflanzenschutz und fanden Lösungen, die den Stadtrat überzeugten. Trump war sehr stolz, als die Baugenehmigung schließlich doch erteilt wurde. „Wenn Sie also glauben, alles würde mir zufliegen, nur weil ich Donald Trump heiße, dann lassen Sie sich gesagt sein, dass das nicht der Fall ist."[301]

In weiten Teilen der Bevölkerung stieß Donald Trumps Projekt aber immer noch auf Ablehnung. „Der Streit um Trump International Scotland, so der Name des Projekts, dauerte Jahre, beendete die Karrieren von Lokalpolitikern, verschlang Unsummen, entzweite die Bürger rund um Aberdeen und lieferte Stoff für zwei Dokumentarfilme", beschrieb „Der Spiegel" die Entstehungsphase des neuen Golfcourts.[302] Besonders die direkten Nachbarn fühlten sich von dem Großprojekt massiv gestört. Trotz allem wurde der Platz im Jahr 2012 eröffnet und stieß bei vielen Golfern auf große Begeisterung. Die Umgebung und der Ausblick aufs Meer waren einfach traumhaft schön. Und so war das Entsetzen bei

---

301 Trump, Donald: Gib niemals auf – Wie ich meine größten Herausforderungen in meine größten Triumphe verwandelte (2008) – S. 70
302 Krick, Denis: Trump-Golfkurs in Schottland: Der amerikanische Platzhirsch – 10.08.2012 – Stand: 07.01.2016 http://www.spiegel.de/reise/europa/trump-in-schottland-einer-der-schoensten-golfplaetze-der-welt-a-849051.html

Trump verständlicherweise groß als bekannt wurde, dass ein großer Windpark in der Nordsee geplant sei. Er klagte gegen das Projekt mit dem Argument, dass die rund ein Dutzend Windräder die Aussicht von seinem Golfplatz aus verschandeln würden. Im Dezember 2015 wies der Supreme Court of the United Kingdom die Klage des Unternehmers in einem Berufungsantrag zurück und die Planungen für den Windpark wurden fortgesetzt.[303] Aber auch sonst blies dem ambitionierten Bauunternehmer ein eisiger Wind von der Insel entgegen. Nach Trumps Äußerungen gegen Muslime – er wolle ein generelles Einreiseverbot verhängen – wurde in Großbritannien eine Petition gestartet, nach der ein Einreiseverbot für Donald Trump verhängt werden sollte. Mehr als 600.000 Bürger unterzeichneten die Online-Petition und sogar das britische Parlament diskutierte über das Thema.[304]

Insgesamt sorgte Trump mit seinen Äußerungen gegen Mexikaner und Muslime in der Golferszene für großen Unmut. Die PGA, ein Zusammenschluss von

303 Frankfurter Allgemeine Zeitung: Geplantes Golfparadies – Donald Trump muss Windräder akzeptieren – 16.12.2015 http://www.faz.net/aktuell/wirtschaft/schottland-donald-trumps-golfplatz-verliert-gegen-windpark-13969181.html
304 Spiegel Online: Trump-Debatte im britischen Parlament: „Wir haben ihm schon zu viel Aufmerksamkeit geschenkt – 18.01.2016 http://www.spiegel.de/politik/ausland/donald-trump-britisches-parlament-diskutiert-ueber-einreiseverbot-a-1072657.html

Golflehrern, sagte beispielsweise kurzfristig den Grand Slam of Golf ab – bei diesem spielen die Sieger der Major-Turniere noch einmal gegeneinander. Der Wettbewerb sollte ursprünglich auf einem Trump-Golfplatz in Kalifornien ausgetragen werden. Zudem erklärte die PGA Tour, dass sie einen auslaufenden Vertrag mit einem Golfplatz von Donald Trump in Florida nicht mehr verlängern werde. Wenn keine großen Wettbewerbe auf den Plätzen von Donald Trump gespielt werden, verlieren sie ihr Prestige und ihren Wert. Trumps Aussage: „Ich glaube, mir gehört die großartigste Sammlung an Plätzen, die ein einzelner Mensch besitzt", wäre dann wohl nicht mehr so zutreffend.[305] Genauso wird mittlerweile in Fachkreisen bezweifelt, dass Donald Trumps Handicap tatsächlich – wie offiziell behauptet – bei 3,7 liegt. Immer mehr ehemalige Mitspieler und Caddies sollen wohl bestätigen, dass „er seine Leistungen manipuliere."[306]

Auch in Amerikas Nationalsport Football hatte sich Donald Trump in den 1980er Jahren engagiert. Gemeinsam mit anderen Unternehmern hatte er 1982 die United States Football League (USFL) gegründet, die damit

---

305 Kalwa, Jürgen: Golf – Das Handicap des Donald Trump – 13.01.2016 http://www.faz.net/aktuell/sport/mehr-sport/us-praesidentschaftskandidat-donald-trump-liebt-golf-14006063.html

306 Kalwa, Jürgen: Golf – Das Handicap des Donald Trump – 13.01.2016 http://www.faz.net/aktuell/sport/mehr-sport/us-praesidentschaftskandidat-donald-trump-liebt-golf-14006063.html

in direkte Konkurrenz zur schon etablierten National Football League (NFL) trat. Zunächst trug die USFL ihre Spiele im Frühjahr aus, während die NFL-Saison traditionsgemäß im Herbst stattfand. Den Medien zufolge kaufte Donald Trump damals die New Jersey Generals für neun Millionen Dollar – oder für fünf Millionen Dollar, wie der Unternehmer selbst erzählte – und machte sie mit großem finanziellen Aufwand zu einem der erfolgreichsten Teams der neuen Liga. Die neue Football-Liga fand großen Zuspruch beim Publikum und die Einschaltquoten waren beachtlich. Donald Trump kam darum wohl auf die Idee, in direkte Konkurrenz zur NFL zu treten und die eigenen Liga-Spiele auch im Herbst abzuhalten. Die Miteigentümer der neuen Football-Liga hatten zunächst große Bedenken und fürchteten das Risiko, aber Trump überzeugte letztendlich eine kleine Mehrheit von seinem Vorhaben. Doch die NFL hatte Vorsorgemaßnahmen getroffen und eine Vereinbarung mit den drei größten Fernsehgesellschaften der USA abgeschlossen. Es kam zu einem Rechtsstreit zwischen der USFL und der NFL.[307]

Donald Trump berichtete in seinem Bestseller „Die Kunst des Erfolges" sehr ausführlich über seinen Ausflug ins

---

307 Terris, Ben: And then there was the time Donald Trump bought a football team ... – 19.10.2015 https://www.washingtonpost.com/lifestyle/style/and-then-there-was-the-time-donald-trump-bought-a-football-team-/2015/10/19/35ae71ca-6dd6-11e5-aa5b-f78a98956699_story.html

Football-Business. Dabei kommentierte er auch die Entscheidung des Gerichts im Rechtsstreit mit der NFL. „Ich hätte mir allerdings nie träumen lassen, daß wir zwar gewinnen, aber am Ende doch als Verlierer dastehen würden." Nach einer fünftägigen Beratung hatten die Geschworenen ihr Urteil verkündet: Die NFL habe „mit ihrem Bestreben, das Monopol im Profi-Football an sich zu reißen, gegen das Kartellgesetz verstoßen". Sie werde daher zu einer symbolischen Entschädigung von einem Dollar verurteilt.[308] Mit dieser lächerlichen Entschädigung, die die NFL leisten musste, konnten die entstandenen Schäden in der USFL nicht aufgefangen werden und einige USFL-Teambesitzer waren damit am Ende ihrer finanziellen Möglichkeiten angekommen. Der Spielbetrieb der Liga wurde 1986 eingestellt. Donald Trump räumte sogar ein kleines bisschen Mitschuld an dem Desaster ein: „Ich war an diesem Problem nicht ganz unschuldig. Als ich in den Zeugenstand gerufen wurde, sprach ich fließend und sachlich [...] Aber mein sicheres Auftreten wirkte sich zugunsten der NFL aus. Vom ersten Tag an verteufelte mich die NFL als geldgierigen, machthungrigen Milliardär, dem jede Intrige recht sei, um seine Interessen auf Kosten anderer durchzusetzen."[309] Das US-Magazin „Esqui-

---

308 Trump, Donald J./ Schwartz, Tony: Die Kunst des Erfolges (1988) –
   S. 238
309 Trump, Donald J./ Schwartz, Tony: Die Kunst des Erfolges (1988) –
   S. 237

re" veröffentlichte im Januar 2016 einen ausführlichen Artikel mit dem Titel „How Donald Trump destroyed a Football League."[310] Dabei kamen viele Zeitzeugen zu Wort und berichteten von Trumps Einfluss auf die Geschehnisse in den 1980er Jahren. Sehr gut kam der republikanische Präsidentschaftskandidat in dem Artikel nicht weg.

Möglicherweise ist Donald Trump jetzt froh, dass er keine Verbindung mehr zum American Football hat. Für ihn ist der Lieblingssport der US-Amerikaner nämlich nicht mehr brutal genug. Bei einer Wahlkampfveranstaltung im Januar 2016 lästerte der Unternehmer: „Das ganze Spiel geht den Bach runter [...] Football ist ein Sport für Softies geworden. So wie unser ganzes Land verweichlicht ist."[311] Damit teilte er gleich wieder einen Seitenhieb gegen den amtierenden Präsidenten Barrack Obama aus. Nachdem wissenschaftliche Studien bewiesen hatten, dass die harten Tacklings beim Football schwere Hirnerkrankungen auslösen können, änderte die NFL ihre Regeln. Präsident Obama bezeichnete Football kürzlich als derart gefährlich, dass er seinen Sohn – vorausgesetzt, er hätte einen – nicht

---

310 Jubera, Drew: How Donald Trump destroyed a Football League – 13.01.2016 http://www.esquire.com/news-politics/a41135/donald-trump-usfl/

311 Cöln, Christoph: Donald Trump wettert gegen Amerikas liebsten Sport – 12.01.2016 http://www.welt.de/sport/article150937144/Donald-Trump-wettert-gegen-Amerikas-liebsten-Sport.html

zu dem Sport schicken würde. Viele Eltern meldeten ihre Kinder daraufhin lieber beim Soccer an. Donald Trump konnte diese Entwicklung nicht nachvollziehen. „Das Spiel ist erledigt", meinte er bei einer Wahlkampfveranstaltung im Januar 2016 und suchte die Schuld bei der Obama-Regierung, die sich für diese Regeländerungen eingesetzt hatte. Für ihn ergab sich hier sogar ein Zusammenhang zwischen den Regeländerungen im American Football und der vermeintlichen Schwäche der US-amerikanischen Außenpolitik.[312] Für den Angriff auf den populären Sport wählte Donald Trump sicherlich ganz bewusst einen Zeitpunkt im Januar. Rund drei Wochen vor dem Superbowl, also dem ganz großen Finale, war ihm die Aufmerksamkeit der Fans damit ganz sicher.

---

312 Cöln, Christoph: Donald Trump wettert gegen Amerikas liebsten Sport – 12.01.2016 http://www.welt.de/sport/article150937144/Donald-Trump-wettert-gegen-Amerikas-liebsten-Sport.html

10. Donald hat viele Seiten

Mit seiner Kandidatur für die US-Präsidentschaftswahl 2016 ist Donald Trump verstärkt in den Fokus der Öffentlichkeit gerückt. Es vergeht kaum ein Tag ohne neue Schlagzeilen über den Unternehmer. Trump präsentiert sich sehr gerne und möchte seine Mitbürger unbedingt an seiner Sicht der Dinge teilhaben lassen. Die sozialen Medien nutzt er dabei wie kein anderer Präsidentschaftsbewerber. Er ist präsent auf Twitter, Facebook, YouTube, Foursquare, Instagram, Pinterest und Tumblr – nutzt also die gesamte Klaviatur der digitalen Medien – und verschafft sich so einen deutlichen Präsenzvorteil. Und das, obwohl er beispielsweise von der deutschen Bild-Zeitung schon als „faulster Wahlkämpfer der Welt" tituliert wurde. Während beispielsweise Jeb Bush im November 2015 insgesamt 50 Wahlkampftermine absolvierte, ließ sich Donald Trump nur ganze 17 Mal bei entsprechenden Veranstaltungen sehen. Bis zu sechsmal am Tag widmet sich Ted Cruz dem Händeschütteln und Beantworten von Fragen. Donald Trump verbringt die Zeit lieber auf dem heimischen Sofa im Trump Tower und kommuniziert via Smartphone mit der Welt und den Wählern. Die erforderlichen Wahlkampftermine hält er so kurz wie möglich, sodass er die meisten Nächte in seinem eigenen

Bett verbringen kann. Perfekte Planung und seine eigene Boeing 757 oder der private Helikopter – beide mit auffälligem Trump-Schriftzug versehen – helfen ihm bei der Umsetzung. Trumps Auftritte finden in der Regel ganz in der Nähe des jeweiligen Ankunftsflughafens statt. So kann er nach einer knapp einstündigen Ansprache, ein paar Selfies und Autogrammen sowie ein wenig – von ihm verhassten – Händeschütteln schnell wieder zum Flughafen fahren und mit seinem Privatflugzeug umgehend nach New York zurückfliegen.[313]

Der körperliche Aufwand für den beinahe 70-Jährigen hält sich somit in Grenzen. Doch obwohl sich die anderen Kandidaten deutlich mehr abrackern, wirft Trump seinen Kontrahenten zu wenig Energie für den Job vor. Nachdem er zunächst den früheren Gouverneur von Florida, Jeb Bush, als „too low-energy" bezeichnet hatte, recycelte er das Argument und benutzte es auch für seine demokratische Gegenspielerin Hillary Clinton. Gegenüber der ehemaligen US-Außenministerin legte er sogar noch nach. „Hillary is a person who doesn't have the strength or the stamina, in my opinion, to be president. She doesn't have strength or stamina. She's not a strong enough person to be president",

---

313 Bauernebel, Herbert: Donald Trump – Der faulste Wahlkämpfer der Welt – 17.12.2015 – Stand: 07.01.2016 http://www.bild.de/ politik/ausland/donald-trump/der-faulste-wahlkaempfer-der-welt-43816224.bild.html

erklärte Trump bei einem Auftritt in der ABC-Show „The Week".[314] Der republikanische Präsidentschaftskandidat behauptete also, dass die Frau von Bill Clinton nicht stark genug sei, um Präsidentin der Vereinigten Staaten zu werden. Hillary verfüge nicht über genug Kraft und Ausdauer für den Job.

Trump selbst vereint natürlich seiner Ansicht nach sämtliche Eigenschaften, die man benötigt, um ein Land zu führen. Und so versorgt er seine potenziellen Wähler über sämtliche Multimedia-Kanäle mit Informationen über sich und seine Ansichten zu aktuellen Ereignissen in der ganzen Welt. Egal was passiert und wo es passiert – in den USA, Frankreich, Belgien oder Deutschland –, wenn Donald Trump der Meinung ist, dass das Ereignis seinem Wahlkampf nützt, dann kommentiert er es sofort. Dabei provoziert er gern und nimmt grundsätzlich kein Blatt vor den Mund. Er macht selbst rechtsradikale Einstellungen sozusagen salonfähig, denn sein Status als erfolgreicher amerikanischer Geschäftsmann macht ihn glaubwürdig und lässt ihn kompetent erscheinen. Offenbar glauben ganz besonders die männlichen Vertreter der weißen Mittelschicht, Trump wisse, wo der Hase langläuft. Und sie freuen

---

314 Haberman, Maggie: Donald Trump Steals From his Attacks on Bush to Hit Hillary Clinton´s ‚Stamina' – 23.11.2015 – Stand: 07.01.2016
http://www.nytimes.com/politics/first-draft/2015/11/23/donald-trump-steals-from-his-attacks-on-bush-to-hit-hillary-clintons-stamina/

sich, dass endlich mal einer offen ausspricht, was von vielen Menschen sonst nur hinter vorgehaltener Hand thematisiert wird. Obwohl Trump als Multimilliardär eigentlich anderen Kreisen angehört, spricht er dem „Mann von der Straße" oftmals aus der Seele. In einfachen Worten, die er ständig wiederholt, sagt er, was er denkt. Und er bietet Lösungen für die Probleme an. Dass die Lösungen nicht umzusetzen sind bzw. dem Land schaden würden, interessiert dabei anscheinend nicht. Terroristische Anschläge und Übergriffe sorgen dafür, dass Donald Trump auf immer breitere Zustimmung stößt. Das gibt er auch selber zu. Nach den Attentaten in Paris und San Bernardino, Kalifornien, Ende 2015 erklärte er vor der Presse: „Es ist traurig, aber jedes Mal, wenn es so eine Tragödie gibt, gehen meine Umfragewerte hoch. Die Menschen fühlen, dass ich mich um sie kümmern werde und sie wollen Stärke."[315]

Ein Mann, der Sicherheit verspricht, in einer Zeit in der die Welt von einer Terrorwelle überrollt wird, findet breite Zustimmung. Da wird es vielen Menschen plötzlich ganz egal, dass dieser Mensch extrem diskriminierende und teilweise menschenverachtende Positionen einnimmt. Aussagen werden vielfach gar nicht weiter hinterfragt und auf ihren Wahrheitsgehalt überprüft. So

315 Postinett, Axel: Attentat von San Bernardino – Terror für Trump – 05.12.2015 http://www.handelsblatt.com/politik/international/attentat-von-san-bernardino-terror-fuer-trump/12683730.html

behauptete Donald Trump beispielsweise, dass er in allen Umfragen vor Hillary Clinton gelegen habe. Doch Medienberichten zufolge gab es von Beginn der Vorwahlen bis Ende März insgesamt 29 Erhebungen, und Donald Trump ging nur bei einer einzigen dieser Umfragen als Gewinner hervor.[316] Doch der Unternehmer behauptet weiter vehement, dass er vorne liegt und kaum jemand wiederspricht ihm. Er präsentiert sich als strahlender Sieger und umgibt sich mit der Aura des Erfolges. Und viele Amerikaner lassen sich scheinbar von Trumps großmäuligen Versprechungen nur zu gerne blenden.

Doch ganz egal wie der Wahlkampf auch ausgeht, Donald Trump hat schon gewonnen. Er ist bekannt wie ein Popstar, es gibt kaum noch einen Amerikaner, der mit dem Namen Trump nichts anfangen kann. Das gerötete kämpferische Gesicht und die kreativ gekämmte Frisur verschaffen dem Unternehmer einen hohen Wiedererkennungswert. Seine „blassen" Gegenkandidaten im republikanischen Lager verstärken diesen Effekt noch. Das Selbstmarketing von Donald Trump funktioniert ausgezeichnet. Auch wenn er nicht zum Präsidenten der Vereinigten Staaten gewählt wird, hat sein Marktwert neue Dimensionen erreicht – die der

316 Volmer, Hubertus: "Ein Bild sagt mehr als 1000 Worte" – Trump hat ein Problem mit Frauen – 25.03.2016 http://www.n-tv.de/politik/Trump-hat-ein-Problem-mit-Frauen-article17316661.html

Unternehmer geschickt in bare Münze zu verwandeln versteht.

Und so kann Donald Trump auch weiterhin irgendwelche Dinge mit seinem Label versehen. Ohne großes Risiko für sich selbst und sein Bankkonto kann er neuen Projekten und Produkten seinen Namen aufkleben und schon läuft das Marketing wie von selbst. Der Name Trump spricht für sich. Neben den zahlreichen Gebäuden, die mit der Aufschrift Trump versehen sind, gibt es auch Trump-Bekleidung, Trump-Möbel, Trump-Matratzen, Trump-Energydrinks und vieles mehr. Und auch wenn er durch seine negativen Äußerungen die zahlungskräftige Kundschaft aus den arabischen Ländern und Mittelamerika verprellt hat, konnte die Marke Trump ihren Wert steigern. So wird sich Donald Trump auch in Zukunft wieder über den Abschluss vieler lukrativer Verträge freuen können. „Eine meiner größten Leidenschaften ist das Abschließen von Verträgen", erzählt er in seinem Buch „Nicht kleckern, klotzen!". „Ich liebe es, groß abzusahnen und große Deals zu schließen. Ich liebe es, die andere Seite zu zermalmen und den Nutzen zu haben. Warum? Weil es nichts Großartigeres gibt. Für mich ist das noch besser als Sex, und dabei liebe ich Sex."[317]

---

317 Trump, Donald/ Zanker, Bill: Nicht kleckern, klotzen! – Der Wegweiser zum Erfolg – aus der Feder eines Milliardärs (2008) – S. 51

Donald Trump stellt sich gern in den Mittelpunkt und liebt das Rampenlicht. Für seinen Erfolg tut er einfach alles – das haben wir bei seinem Wahlkampf gesehen. Doch jeder Mensch hat verschiedene Seiten – und so muss es doch auch bei dem ehrgeizigen Unternehmer und Neu-Politiker noch andere Facetten geben. Es ist nachvollziehbar, dass Donald Trump seine eigenen Träume erfüllen möchte. Aber es muss doch auch Situationen geben, in denen er Dinge einfach nur für einen anderen Menschen tut. Das Bild, das ich mir bisher durch meine Recherchen zusammengebastelt habe, zeigt einen sehr egozentrischen Menschen. Humor scheint er aber zu haben. In einer der zahlreichen Fernsehdebatten wurden die republikanischen Bewerber gefragt, welchen Codenamen für den Secret Service sie denn auswählen würden. Donald Trump entschied sich spontan für den Namen Humble – das bedeutet Demut oder bescheiden und sorgte damit für große Erheiterung.[318] Da bleibt nur zu hoffen, dass dieser Vorschlag auch wirklich witzig gemeint war.

Doch was steht noch auf der Habenseite der Bilanz – außer den unternehmerischen Erfolgen? Vielleicht hat er als Familienvater nicht alles falsch gemacht. Seine Kinder stehen offensichtlich uneingeschränkt hinter

---

318 Ross, Andreas: Amerikas Republikaner – Donald Trump will Demut heißen – 17.09.2015 http://www.faz.net/aktuell/politik/wahl-in-amerika/donald-trump-will-demut-heissen-13807866.html

ihm, obwohl er sicherlich nicht viel Zeit mit ihnen verbracht hat. Besonders Tiffany, die aus der zweiten Ehe mit Marla Maples stammende und in Kalifornien aufgewachsene Tochter, dürfte da deutlich zu kurz gekommen sein. Trotzdem unterstützt sie ihren Vater im Wahlkampf. Die erwachsenen Kinder scheinen auf dem richtigen Weg zu sein. Keines von ihnen wird mit großen Skandalen oder gar Alkohol- und Drogenexzessen in Verbindung gebracht – so wie es bei Kindern von anderen Prominenten häufig der Fall ist. Über seine Erziehungsmethoden sagte Donald Trump einmal: „Ich habe meinen Kindern immer beigebracht, dass sie sich alles in ihrem Leben hart erarbeiten müssen und dass der ganze Luxus, den sie genießen können, auf meiner harten Arbeit beruht." Und stolz fügte er noch hinzu: „Ich wurde mit großartigen Kindern gesegnet und sie scheinen eine große natürliche Begabung zu haben."[319] Und auch über seine 1999 bzw. 2000 verstorbenen Eltern Fred und Mary Anne spricht Trump bis heute sehr positiv: „Sie haben eine Lücke hinterlassen, die nie geschlossen werden kann. Was sie mir vorgelebt haben, wird immer ein wichtiger Teil meines Lebens sein. Ich liebe meine Familie und beziehe daraus einen großen Teil meiner Motivation. Das war schon immer so, und es wird auch immer so bleiben. Bin ich ein

319 Trump, Donald/ Zanker, Bill: Nicht kleckern, klotzen! – Der Wegweiser zum Erfolg – aus der Feder eines Milliardärs (2008) – S. 68

reicher Mann? Ja, sogar ein sehr reicher."[320] Das sind schöne und liebevolle Worte von einem Menschen, den man in den letzten Monaten von einer ganz anderen Seite kennengelernt hat.

---

320 Trump, Donald, J./ McIver, Meredith: Wie man reich wird – Ansichten und Einsichten eines Multimilliardärs (2004) – S. 166

11. Donalds politisches Programm

Als sich Donald Trump am 16. Juni 2015 mit seiner Rede im Trump Tower in die bereits gut gefüllten Reihen der republikanischen Präsidentschaftsbewerber einreihte – zu diesem Zeitpunkt standen schon elf Kandidaten parat – waren sich die meisten Politexperten einig. Der prominente Unternehmer, der seine Meinung stets unverblümt kundtut und gegen jeden gerne austeilt, würde im Wahlkampf sicherlich für enorme Aufmerksamkeit in den Medien sorgen. Er galt von Anfang an als ein Garant für Unterhaltung bei den zahlreichen Fernsehdebatten und anderen Wahlkampfveranstaltungen. Doch seine Chancen, zum Spitzenkandidaten der Republikaner gewählt zu werden, standen laut Meinung der meisten US-amerikanischen Politologen eher schlecht. Als absolute Favoriten für diese Position galten andere. Die Kenner der Szene räumten insbesondere den Kandidateten Scott Walker, Rand Paul und Politfamilien-Spross Jeb Bush im Vorfeld große Chancen auf die Nominierung ein. Nach Ansicht der Experten fehlte es Donald Trump, dem Multi-Milliardär, dagegen an allem, was ein erfolgreicher Kandidat benötigt: politische Erfahrung, diplomatisches Fingerspitzengefühl und ein durchdachtes Programm. Daher rechnete zunächst auch niemand damit, dass Donald

Trump seine Kandidatur ernst meinen könnte. Schließlich hatte er schon mehrfach öffentlich mit dem Gedanken gespielt, sich an einem Präsidentschaftswahlkampf
zu beteiligen. Zuletzt war das 2011 der Fall gewesen.
Aber Donald Trump machte – nach einigen werbewirksamen Auftritten – immer wieder einen Rückzieher.
Doch diesmal ist alles ganz anders. Die „Frankfurter
Allgemeine Zeitung" zitiert auf ihrer Website aus einem
Interview, das die „Washington Post" Anfang 2014 mit
dem Immobilienunternehmer führte: „Jeder denkt, ich
mach das aus Spaß oder um meiner Marke zu nützen. Aber diesmal ist es kein Spaß." Und dann sagte
der zu diesem Zeitpunkt 68-jährige Mann mit klassisch
amerikanischem Pathos: „Ich tue das, weil das Land
in ernsthaften Schwierigkeiten steckt."[321] Wirklich ernst
genommen hat diese Ankündigung damals jedoch
trotzdem kaum jemand.

Mittlerweile wissen wir, dass sich alles ganz anders
entwickelte, als zunächst gedacht. Während Donald
Trump weiter im Rennen um das Weiße Haus ist, haben
sich bis zum März 2016 die meisten vermeintlichen
Favoriten schon verabschiedet. Trump machte immer
wieder beleidigende, diskriminierende, schockierende

321 Petersdorff, Winand: Präsidentschaftskandidat – Donald Trump:
    „Jeder denkt, ich mach Spaß" – 26.02.2015 – Stand: 26.11.2015
    http://www.faz.net/aktuell/wirtschaft/balance-akt/donald-trump-will-
    us-praesident-werden-13452206.html

sowie skandalöse Aussagen – nach Ansicht von Experten entsprechen zahlreiche Behauptungen noch nicht einmal der Wahrheit – und die Folge war: Der eigenwillige und ehrgeizige Kandidat legte in den Umfrageergebnissen in der Regel immer weiter zu. Es ist einfach unglaublich – je skurriler und menschenverachtender seine Parolen wurden, desto mehr US-Bürger schlugen sich auf die Seite des Unternehmers. Erst als Trump es innerhalb von wenigen Tagen schaffte, die gesamte muslimische Bevölkerung sowie einen behinderten Reporter zu beleidigen, fielen die Ergebnisse um mehr als zehn Prozentpunkte – aber erstaunlicherweise nur ganz kurz.

Doch mit welchem Wahlprogramm versucht Donald Trump eigentlich, seine Mitbürger von sich zu überzeugen? Um das herauszufinden, habe ich mir einmal sehr genau die Wahlkampf-Website des Unternehmers angeschaut. Unter dem Titel „Trump – Make America great again" stellt er sein Programm vor. Im November 2015 hatte Donald Trump dort nur fünf Punkte aufgeführt, die für ihn als potenziellen Präsidenten der Vereinigten Staaten wichtig sind. Im weiteren Verlauf des Vorwahlkampfes hat er im März 2016 ein einziges weiteres Thema hinzugefügt – die Healthcare Reform. Das sind nicht sehr viele Themen für einen Mann mit so großen Ambitionen. In Kurzform lauten Trumps Programmpunkte folgendermaßen:

U.S. – China Trade Reform

„The most important component of our China Policy is leadership and strength at the negotiating table. We have been too afraid to protect and advance American interests and to challenge China to live up to its obligations. We need smart negotiators who will serve the interests of American workers – not Wall Street insiders that want to move U.S. manufacturing and investment offshore."

Veterans Administration Reforms

„The current state of the Department of Veterans Affairs (VA) is absolutely unacceptable. Over 300,000 died waiting for care. Corruption and incompetence were excused. Politicans in Washington have done too little too slowly to fix it. This situation can never happen again, and when Donald J. Trump is president it will be fixed – fast."

Tax Reform

„Too few Americans are working, too many jobs have been shipped overseas, and too many middle class families cannot make ends meet. This tax plan directly meets these challenges with four simple goals."

Second Amendment Rights

„Donald J. Trump on the Right to Keep and Bear Arms. The Second Amendment to our Constitution is clear. The right of the people to keep and bear Arms shall not be infringed upon. Period."

Immigration Reform

„Real immigration reform puts the need of working people first – not wealthy globetrotteing donors. We are the only country in the world whose immigration system puts the need of the other nations ahead of our own. That must change."

Healthcare Reform

„Since March of 2010, the American people have had to suffer under the incredible burden of the Affordable Care Act – Obamacare. This legislation, passed by totally partisan votes in the House and Senate and signed into law by the most divisive and partisan President in American history, has tragically but predictably resulted in runaway costs, websites that don´t work, greater rationing of care, higher premiums, less competition and fewer choices."

Ein Link mit „Read more" zu jedem Schlagwort gibt dem Leser die Gelegenheit noch tiefer in die jeweiligen Themen einzusteigen und Trumps genaue Pläne zu erfahren.[322] Ich wollte außerdem gerne wissen, wie Donald Trump seine favorisierten Themen im Wahlkampf behandelt. Welche Lösungen verspricht er bei seinen Fernsehdebatten und Wahlkampfveranstaltungen? Was erzählt er der Presse? Wie reagiert er auf konkrete Nachfragen? Welche Themen sind ihm noch wichtig? Um ein wenig Licht ins Dunkel zu bringen, reicht es natürlich nicht, einen Blick auf die offizielle Website des Präsidentschaftsbewerbers zu werfen. In diesem Kapitel beschäftige ich mich daher mit Zitaten, Artikeln und Kommentaren aus diversen Publikationen und vor allem den entsprechenden Websites. Da das Thema Einwanderung brandaktuell ist und jeden Tag neue Meldungen über Donald Trump erscheinen, kann ich dabei nicht nur auf Printmedien oder veröffentlichte Bücher zurückgreifen. Onlinemedien bieten beim Thema Trump praktisch jeden Tag etwas Neues.

Doch zunächst zurück zum Ausgangspunkt – zurück zur offiziellen Website von Donald J. Trump. Der Unternehmer fängt bei der Auflistung der wichtigsten Punkte seines Wahlprogramms zunächst mit dem Thema China an – das scheint ihm sehr am Herzen zu liegen. Für

---

322 Website Donald J. Trump: Make America great again! – Positions – Stand: 27.11.2015 https://www.donaldjtrump.com/positions

Unterhaltung sorgt in diesem Zusammenhang ein amüsantes Video, das im Netz kursiert. Donald Trump sagt das Wort China so häufig in seinen diversen Ansprachen und Interviews, dass ein Zusammenschnitt davon für einen rund dreiminütigen Videoclip reicht.[323] Der „Focus" fasst Trumps Ansichten zur Wirtschaftsmacht China auf seiner Website beispielsweise folgendermaßen zusammen: „China [...] habe sich amerikanische Arbeitsplätze einverleibt, manipuliere seine Währung, um ertragreicher exportieren zu können, und sei ‚wirtschaftlich erfolgreicher' als die USA. Warum? Weil die chinesische Regierung klüger und geschickter sei [...] als die Dummköpfe in Washington."[324] Und pathetisch fragte Trump bei seiner Ansprache zur Präsidentschaftskandidatur in die Runde seiner Zuhörer: „Wann war das letzte Mal, dass wir China etwa bei einem Handelsabkommen geschlagen haben?" Und fügte dann hinzu, er dagegen schlage China „immer".[325]

323 Bump, Philip: Why Donald Trump is smart to talk about China, China, China – 10.09.2015 – Stand: 27.11.2015 https://www.washingtonpost.com/news/the-fix/wp/2015/09/10/why-donald-trump-is-smart-to-talk-about-china-china-china/

324 Jäger, Thomas: Es würde teuer – Mauer, Dollar, China-Zoff: Was ein US-Präsident Trump für Deutschland bedeuten würde – 01.11.2015 – Stand: 27.11.2015 http://www.focus.de/politik/experten/jaeger/es-geht-um-dollar-nicht-um-demokratie-donald-trump-als-us-praesident-fuer-deutschland-koennte-das-teuer-werden_id_5049395.html

325 Der Tagesspiegel: Donald Trump kandidiert für das Präsidentenamt – 16.06.2015 – Stand: 27.11.2015 http://www.tagesspiegel.de/politik/us-wahlkampf-donald-trump-kandidiert-fuer-das-praesidentenamt/11927212.html

Auf seiner Website schreibt Donald Trump daher sinngemäß, dass die wichtigsten Komponenten der China-Politik Führungsverhalten und Stärke am Verhandlungstisch seien. Er wirft den USA – und damit der aktuellen Regierung – vor, zu ängstlich zu sein. Man habe die Interessen der Vereinigten Staaten weder geschützt noch gefördert. Ein bisschen befremdlich ist in diesem Zusammenhang, welche Meinung Donald Trump im November 2015 bei einer der vielen Debatten der republikanischen Präsidentschaftskandidaten bezüglich des gerade verhandelten transpazifischen Freihandelsabkommens TPP vertrat. Der Multi-Milliardär erklärte, dass die vereinbarten Maßnahmen nur China helfen, aber nichts gegen die chinesischen Währungsmanipulationen nützen würden. Übersehen hat er bei seiner Kritik aber wohl, dass China überhaupt nicht als Partner an diesem Abkommen beteiligt ist. Ganz im Gegenteil soll das Freihandelsabkommen die Bestrebungen der Volksrepublik eindämmen, weil die USA hier verstärkt Geschäfte mit Chinas Konkurrenten vereinbart hat. Da hätte sich der Präsidentschaftskandidat im Vorfeld wohl besser informieren sollen.

So konsequent er sich auch auf die Volksrepublik China einschießt, so inkonsequent scheint Donald Trump in seinem eigenen Verhalten zu sein. So echauffierte sich der Unternehmer schon 2010 in einem

Fox-News-Interview, dass das Problem mit den USA sei, dass nichts mehr im Land produziert werde. „The stuff that's been sent over from China," beschwerte er sich, „falls apart after a year and a half. It's crap." Das Zeug, das aus China rübergeschickt wird, fällt laut Trump schon nach anderthalb Jahren auseinander. Es sei Mist. Besonders peinlich ist in diesem Zusammenhang jedoch, dass Donald Trumps eigene Bekleidungslinie in China hergestellt wird – zumindest zum großen Teil. Weitere Produktionsländer sind beispielsweise Mexiko und Bangladesch.[326]

Aber warum greift Donald Trump bei wirtschaftsspezifischen Themen häufig die Volksrepublik China an? Die „Washington Post" ist der Meinung, dass der Unternehmer damit die allgemeine Angst bzw. die mehrheitlich negative Einstellung der Amerikaner gegenüber China für sich nutzen will. Warnungen – beispielsweise der Citigroup – vor einer globalen Rezession in den nächsten Jahren, die durch die zurückgehende Nachfrage aus Wachstumsmärkten wie zum Beispiel China drohe, verunsichern die Bevölkerung. Ein spürbarer wirtschaftlicher Rückgang würde erfahrungsgemäß aber

326 Silver, Alexandra: Top Ten Donald Trump Failures – Trumped
  – The China Connection – 29.04.2011 – 03.12.2015
  http://content.time.com/time/specials/packages/arti-
  cle/0,28804,2068227_2068229_2068318,00.html

immer der amtierenden Partei schaden.[327] Unter der Entwicklung hätten also die Demokraten zu leiden. Wenn Trump jetzt argumentiert, dass er die Situation mit China klären könne, setzt er ein eindeutiges Signal: Er kann das Problem lösen wie kein anderer.

In den Fernsehdebatten spricht sich Donald Trump aber auch ganz allgemein gegen den Freihandel aus. Sollte er Präsident werden, hätten die Verträge mit den Pazifik-Anrainern und der Europäischen Union keine Zukunft. Zudem zeigt er sich auch als Gegner des Freihandelsabkommens mit Mexiko und Kanada. Dabei ist er überzeugt davon, dass er seine Vorstellungen problemlos durch den Kongress bekommen wird. „Ich bin mit Politikern mein ganzes Leben lang ausgekommen. Ich habe ein Vermögen mit ihnen gemacht. Keiner kennt Politiker besser als ich", erklärt er.[328] Ob er damit wohl die Beziehungen zu den Politikern meint, die er in der Vergangenheit mit seinen zahlreichen Wahlkampfspenden unterstützt hat??

---

327 Bump, Philip: Why Donald Trump is smart to talk about China, China, China" – 10.09.2015 – Stand: 27.11.2015 https://www.washingtonpost.com/news/the-fix/wp/2015/09/10/why-donald-trump-is-smart-to-talk-about-china-china-china/
328 von Petersdorff, Wienand: Donald Trump und sein „phantasischer Steuerplan" – 28.09.2015 – Stand: 02.12.2015 http://www.faz.net/aktuell/wirtschaft/fruehaufsteher/donald-trump-will-mehr-steuern-von-reichen-13827274.html

Dass Trump sehr überzeugt von sich und seinen Fähigkeiten ist, trägt er immer wieder zur Schau. „Ich gebe nicht an, wenn ich sage, dass ich ein Sieger bin. Ich bin erfahren im Gewinnen. Das ist das, was wir Leadership nennen. Das heißt, dass Leute mir folgen und inspiriert werden durch das, was ich tue. Woher ich das weiß? Ich bin mein ganzes Leben lang ein Anführer", zitiert die Frankfurter Allgemeine Zeitung aus Trumps aktuellem Buch „Crippled America", das zeitlich passend zum Wahlkampf veröffentlicht wurde.[329]

Ein weiterer wirtschaftlicher Aspekt, mit dem sich Donald Trump auf seiner Website beschäftigt und mit dessen Hilfe er die USA – getreu seinem Slogan „Make America great again" – wieder großartig machen möchte, ist die Steuerpolitik. „Zu wenige Amerikaner arbeiten, zu viele Jobs sind ins Ausland verlagert worden und zu viele Familien der Mittelschicht kommen nicht gut über die Runden" erklärt Trump auf seiner Website.[330] Mit einer Steuerreform möchte er Abhilfe schaffen und den Arbeitnehmern zu mehr Nettoeinkommen verhelfen sowie die US-amerikanische Wirtschaft

---

329 von Petersdorff, Winand: Amerikas Präsidentschaftswahl – Das Buch Trump – 04.11.2015 – Stand: 27.11.2015 http://www.faz. net/aktuell/wirtschaft/fruehaufsteher/us-praesidentschaftswahlen-das-buch-trump-13892715-p2.html
330 Donald J. Trump.com: Make America great again! – Positions – Stand – 27.11.2015 https://www.donaldjtrump.com/positions (Übersetzung der Autorin)

wieder wettbewerbsfähig machen.[331]

Konkret plant der Immobilien-Tycoon für den Fall seiner Wahl zum Präsidenten der Vereinigten Staaten eine Steuersenkung. Er möchte sowohl den Spitzensteuersatz als auch die Einkommenssteuer senken. Amerikaner mit einem Jahreseinkommen von bis zu 25.000 Dollar sollen dann ganz von der Einkommenssteuer befreit werden, bei verheirateten Paaren würde sogar der doppelte Betrag gelten. Rund 31 Millionen Haushalte in den USA wären von dieser Maßnahme betroffen. Aber auch die gutverdienenden Bürger würden von Trumps Steuerreform profitieren. Der Höchststeuersatz soll von derzeit nahezu 40% auf 25% heruntergefahren werden. Eine Idee zur Finanzierung der Steuererleichterungen hat der Unternehmer natürlich auch schon. Neben dem positiven Effekt auf die Wirtschaft durch die Steuersenkung will Trump bestehende Steuerschlupflöcher schließen und zudem eine Einmalsteuer in Höhe von 10% auf Profite von US-Firmen in Übersee erheben.[332] Mit dieser Maßnahme möchte Trump verhindern, dass US-Konzerne ihre Zentralen aus steuerlichen Gründen

---

331 Website Donald J. Trump: Make America great again! – Positions
– Stand: 27.11.2015 https://www.donaldjtrump.com/positions
(Übersetzung der Autorin)

332 Spiegel Online: US-Wahlkampf – Trump will Steuern für Millionen Amerikaner auf Null senken"– 28.09.2015 – Stand: 27.11.2015
http://www.spiegel.de/politik/ausland/donald-trump-steuersenkungen-fuer-millionen-amerikaner-a-1055144.html

ins Ausland verlegen. Für Erleichterung will er aber auch bei der Steuererklärung sorgen. Sie soll ohne größeren Aufwand erledigt werden können und alles soll ganz einfach auf eine einzige Seite passen. Das klingt alles wirklich verlockend. Was auf den ersten Blick ein Geschenk für Geringverdiener zu sein scheint, stellt sich bei genauerer Betrachtung aber eher als besonderer Segen für die Reichen heraus. Die Experten der Tax Foundation (eine in Washington beheimatete Gesellschaft, die seit 1937 Steuerdaten sammelt und analysiert) haben nämlich ermittelt, dass das obere eine Prozent im Einkommensranking über 21,6% an zusätzlichem Einkommen durch die Steuermaßnahmen erhalten würde. Weitere zehn Prozent könnten sich über 14,6% mehr Geld freuen, während es beim Mittelstand sowie der Unterschicht deutlich schlechter aussähe. Die Ansicht, dass sich die Steuersenkung sozusagen selbst finanzieren würde, teilte die Tax Foundation übrigens nicht und prognostizierte für die folgenden zehn Jahre ein Minus von rund zehn Billionen Dollar bei den Steuereinnahmen.[333] Das sind auf jeden Fall sehr unterschiedliche Einschätzungen zu ein und demselbem Thema.

---

333 Wergin, Clemens: Was steckt hinter Donald Trumps bizarren Parolen? – 01.12.2015 – Stand: 02.12.2015 http://www.welt.de/politik/ausland/article149479509/Was-steckt-hinter-Donald-Trumps-bizarren-Parolen.html

Mit Aussagen zu seinen eigenen Steuerdaten ist Donald Trump jedoch recht zurückhaltend. Und das, obwohl er eigentlich gerne mit seinem Reichtum prahlt. Im Juli 2015 hieß es in einer Presseerklärung von Trumps Wahlkampfteam, dass das Vermögen des Unternehmers zu dem Zeitpunkt mehr als zehn Millarden Dollar betragen würde. Allein 2014 habe Trump 362 Millionen Dollar verdient. Finanzanalysten waren allerdings der Meinung, dass bei diesen Angaben ziemlich übertrieben worden war. Das Magazin „Forbes" schätzte das Vermögen von Trump beispielsweise auf rund 4,1 Milliarden Dollar – knapp die Hälfte des vom Präsidentschaftskandidaten angegeben Betrages.[334] Die Nachrichtenagentur Bloomberg kam auf der Grundlage einer 92-seitigen Selbsterklärung des Unternehmers nur auf ein geschätztes Vermögen von 2,9 Milliarden Dollar.[335] Aber ganz egal, welcher Wert jetzt richtig ist: Geld hat Donald Trump auf jeden Fall, kann so seinen Wahlkampf finanzieren und bleibt weitgehend unabhängig von irgendwelchen Geldgebern bzw. muss sich nicht um Wahlkampfspenden kümmern.

---

334 Spiegel Online: US-Präsidentschaftsbewerber: Donald Trump prahlt mit Vermögen von 10 Milliarden Dollar – 16.07.2015 – Stand: 02.12.2015 http://www.spiegel.de/politik/ausland/donald-trump-prahlt-mit-vermoegen-von-zehn-milliarden-dollar-a-1043888.html#
335 Wergin, Clemens: „US-Republikaner – Was steckt hinter Donald Trumps bizarren Parolen? – 01.12.2015 – Stand: 02.12.2015 http://www.welt.de/politik/ausland/article149479509/Was-steckt-hinter-Donald-Trumps-bizarren-Parolen.html

Der Immobilienmogul vermittelt damit glaubhaft den Eindruck, dass er die Fähigkeiten hat, um die amerikanische Wirtschaft zu sanieren. Möglicherweise hat Donald Trump daher den Autor Timothy O´Brien verklagt. In seinem Buch „TrumpNation: The Art of Being the Donald" hatte O´Brien Trumps Vermögen auf 250 Millionen Dollar geschätzt. Der Unternehmer fühlte sich dadurch verleumdet und wollte 2,5 Milliarden Dollar Schadensersatz kassieren.[336]

In den USA ist es eigentlich üblich, dass die Präsidentschaftskandidaten veröffentlichen, wieviel Steuern sie gezahlt haben. Obwohl alle anderen Präsidentschaftsbewerber – sowohl der Republikaner als auch der Demokraten – ihre Steuerinformationen veröffentlicht haben, will Trump seine Daten bis heute nicht preisgeben. Er sei Geschäftsmann und versuche immer, „so wenig wie möglich zu zahlen", erklärte der Unternehmer dem TV-Sender CBS. Und er ergänzte: „Ich hasse es, wie unsere Regierung unser Geld verschwendet."[337]
Schon bei frühen Bau-Aktivitäten wie dem Grand Hyatt

---

336 Spiegel Online: Gekränkter Superreicher: Donald Trump verklagt Autor – 24.01.2006 – Stand: 26.01.2016 http://www.spiegel.de/wirtschaft/gekraenkter-superreicher-donald-trump-verklagt-autor-a-397129.html
337 Frankfurter Allgemeine Zeitung: Steuern – Trump zahlt „so wenig wie möglich" – 03.08.2015 – Stand: 27.11.2015 http://www.faz.net/aktuell/politik/ausland/amerika/donald-trump-will-steuerzahlungen-nicht-oeffentlich-machen-13731879.html

Hotel und dem Trump Tower legte der Unternehmer, wie wir gesehen haben, einen ausgesprochen kreativen Umgang mit Steuerzahlungen an den Tag.

Ein weiterer wichtiger Punkt in Trumps Wahlkampfagenda betrifft die Kriegsveteranen. Mit der Reform des Departments of Veterans Affairs (VA) will Donald Trump dafür sorgen, dass alle Veteranen die optimale Unterstützung erhalten, also dass man sich sowohl um deren physische als auch psychische Belange kümmert. Bei einer Rede Ende Oktober 2015 vor der USS Wisconsin versprach Donald Trump mehr finanzielle Mittel zur Behandlung von den nach Kriegseinsätzen oft auftretenden Posttraumatischen Belastungsstörungen (PTBS) und für die Prävention von Selbstmorden bei Veteranen. Zudem wolle er das Jobtraining von ehemaligen Soldaten unterstützen und Anreize für Unternehmen schaffen, diese einzustellen.[338] Die Wählergruppe der Veteranen wird es Trump möglicherweise danken. Auch wenn dieser nie einer von ihnen war und es schaffte, eine Einberufung sogar zu Zeiten des Vietnamkrieges zu vermeiden. Die Kriegsheimkehrer und ihre Betreuung ist sicherlich ein wichtiges Thema in den USA, aber es verwundert schon, dass es eines von

---

338 Vitali, Ali: Donald Trump Gets Specific on Veteran's Affairs Policy Reform Plan – 31.10.2015 – Stand: 27.11.2015 http://www.nbc-news.com/politics/2016-election/donald-trump-gets-specific-veter-ans-affairs-policy-reform-plan-n455111 (Übersetzung der Autorin)

nur sechs zentralen Themen im politischen Grundsatz-
programm eines Präsidentschaftskandidaten ist.

Die Waffenlobby wiederum bringt Donald Trump mit einem weiteren Punkt seines politischen Programms auf
seine Seite und kann hier wohl fleißig Stimmen sam-
meln. An den „Second Amendment Rights" – dem Waffengesetz der Vereinigten Staaten von Amerika gibt
es aus Sicht des Immobilienunternehmers nichts zu
rütteln. Der Originaltext des seit dem Beschluss durch
den Kongress am 15. Dezember 1791 unveränderten
Artikels lautet: „A well regulated Militia, being neces-
sary to the security of a free State, the right of the
people to keep and bear Arms, shall not be infringed."
Übersetzt bedeutet das: „Da eine wohlgeordnete Miliz
für die Sicherheit eines freien Staates notwendig ist,
darf das Recht des Volkes, Waffen zu besitzen und zu
tragen, nicht beeinträchtigt werden."[339] Die grausamen
Anschläge von Paris am 13. November 2015, denen
130 Menschen zum Opfer fielen, nahm Donald Trump
wie erwähnt zum Anlass, noch liberalere Waffengesetze zu fordern, damit sich die Bürger besser schützen
können. Dass in jedem Jahr Zehntausende von Amerikanern durch Schusswaffen ums Leben kommen –
bei kriminellen Überfällen, aber auch durch tragische

---

339 Wikipedia: 2. Zusatzartikel zur Verfassung der Vereinigten Staaten
   – Stand: 27.11.2015 https://de.wikipedia.org/wiki/2._Zusatzartikel_
   zur_Verfassung_der_Vereinigten_Staaten

Unfälle im Haushalt –, scheint Donald Trump bei seiner Argumentation völlig zu vergessen. Für den Unternehmer gibt es bis heute absolut keinen Grund, die bestehenden Waffengesetze zu verschärfen. In seinem Wahlkampfprogramm heißt es daher auch: „Uns selbst zu schützen, ist letztlich unsere persönliche Aufgabe." Und er fügt hinzu: „Deshalb bin ich selbst Waffenbesitzer und habe eine Erlaubnis, auch eine verborgene Waffe zu tragen, aus demselben Grund haben Millionen von Amerikanern ebenfalls eine solche Erlaubnis. Das ist nur gesunder Menschenverstand."[340] Hier in Europa haben wir vielleicht eine andere Vorstellung von gesundem Menschenverstand, wenn es um den Besitz von Waffen geht. Mich persönlich würde es jedenfalls nicht beruhigen, wenn jeder eine Schusswaffe tragen dürfte.

Besonders viel Aufsehen erregt aber Donald Trumps Position zur Immigration sowie seine zahlreichen Aussagen zu illegalen Einwanderern und Flüchtlingen. Die Medien im In- und Ausland kritisieren den Multi-Milliardär zum Teil sehr scharf dafür. „Trump hetzt wie ein Faschist" lautet der Titel eines Artikels auf der Website der „Zeit" und im Artikel werden Zeilen aus der US-Zeitschrift „The Week" zitiert. Trump sei ein „Mussolini im

340 Wergin, Clemens: US-Republikaner – Was steckt hinter Donald Trumps bizarren Parolen? – 01.12.2015 – Stand: 02.12.2015 http://www.welt.de/politik/ausland/article149479509/Was-steckt-hinter-Donald-Trumps-bizarren-Parolen.html

Anfangsstadium, der eine wachsende faschistische Bewegung nährt"[341], heißt es. Außerdem wird berichtet, dass sogar die sonst etwas zurückhaltendere „New York Times" den Unternehmer als einen „rassistischen Lügner" beschreibt. Und dass „es gefährlich sei, einen Demagogen nicht zur Rechenschaft zu ziehen".[342] Anlass zu diesen scharfen Formulierungen gaben unter anderen Trumps Pläne zum Umgang mit Muslimen in den USA. Der US-Präsidentschaftskandidat nahm die Anschläge von Paris zum Aufhänger für eine allgemeine Kampagne gegen die muslimische Bevölkerung in den Vereinigten Staaten. Nachdem mexikanische Einwanderer zu Beginn seines Wahlkampfes als Feindbild herhalten mussten, schwenkte Donald Trump übergangslos um. Nach den Anschlägen am 11. September 2001 auf das World Trade Center in New York und dem Pentagon in Washington sind viele amerikanische Bürger immer noch tief verunsichert und verängstigt. Muslime als Bedrohung für die USA darzustellen, stößt daher bei vielen Menschen auf offene Ohren.

Donald Trump versucht, diese Situation mit haarsträubenden Behauptungen gnadenlos für seinen

---

341 Moll, Sebastian: Donald Trump hetzt wie ein Faschist – 27.11.2015
– Stand: 27.11.2015 http://www.zeit.de/politik/ausland/2015-11/
usa-wahlen-donald-trump-faschismus
342 Moll, Sebastian: Donald Trump hetzt wie ein Faschist – 27.11.2015
– Stand: 27.11.2015 http://www.zeit.de/politik/ausland/2015-11/
usa-wahlen-donald-trump-faschismus

Wahlkampf auszuschlachten. Auf einer Kundgebung im US-Bundesstaat Alabama im November 2015 sagte Trump: „Ich habe gesehen, wie das World Trade Center zusammenbrach." Später fügte er hinzu: „Und ich habe in Jersey City, in New Jersey, Tausende und Abertausende Menschen beim Jubeln beobachtet." Und damit auch wirklich niemand daran zweifeln kann, wen Donald Trump beim Jubeln beobachtet haben will, erklärte er gleich am nächsten Tag in einem Interview des Sendern ABC: „Da haben Leute auf der anderen Seite von New Jersey gejubelt – dort, wo es eine große arabische Bevölkerungsgruppe gibt. Sie haben gejauchzt, als das World Trade Center runterkam."[343] Auf wiederholte Nachfrage erklärte Trump bei dem Interview mit „ABC News", dass er die Szenen jubelnder Menschen selbst im TV gesehen habe. Die Polizei in New Jersey dementierte die Aussage.

Die Medien widersprachen dem Immobilienunternehmer ebenfalls, aber Donald Trump blieb unerschütterlich bei seiner Meinung. Und dann setzte er dem Ganzen die Krone auf und überschritt eine weitere Grenze. Als Grundlage für seine Behauptung hatte Donald Trump einen Artikel des Reporters Serge

---

343 Spiegel Online: US-Präsidentschaftsbewerber – Trump wirft Migranten Jubel am 11. September vor – 23.11.2015 – Stand: 27.11.2015 http://www.spiegel.de/politik/ausland/usa-donald-trump-wirft-migranten-jubel-am-11-september-vor-a-1064069.html

Kovaleski verwendet, der damals – im Jahr 2001 – in der „Washington Post" erschienen war. „Darin schrieb Kovaleski, in Jersey City, einer arabischen Hochburg nahe New York, hätten ‚Sicherheitsbehörden mehrere Menschen festgenommen und verhört, die angeblich gesehen worden waren, wie sie nach den Angriffen gefeiert hätten, während sie der Zerstörung auf der anderen Seite des Flusses zuschauten'", heißt es in einem Bericht auf der Website von „Die Welt".[344] Serge Kovaleski, der an einer angeborenen Gelenkversteifung, einer sogenannten Arthogryposis, leidet, kommentierte Trumps Aussage bei CNN. Er erinnere sich nicht daran, dass „irgendjemand von Tausenden oder auch Hunderten gesprochen hätte, die gefeiert hätten", wie Trump behauptet hatte.[345]

Und was machte Donald Trump, der Mann, der die Vereinigten Staaten in aller Welt vertreten und repräsentieren möchte, nach der Erklärung von Kovaleski? Bei einer Wahlkampfveranstaltung bewegte Trump seine Hände und Arme, wie ein Mensch, der an Arthogryposis

---

344 Wergin, Clemens: Behinderten beleidigt – Dieser Trump überschreitet jede rote Linie – 27.11.2015 – Stand: 27.11.2015 http://www.welt.de/politik/ausland/article149313104/Dieser-Trump-ueberschreitet-jede-rote-Linie.html
345 Wergin, Clemens: Behinderten beleidigt – Dieser Trump überschreitet jede rote Linie – 27.11.2015 – Stand: 27.11.2015 http://www.welt.de/politik/ausland/article149313104/Dieser-Trump-ueberschreitet-jede-rote-Linie.html

erkrankt ist. „Sie sollten ihn sich mal ansehen", sagte Trump und wiederholte danach die Äußerungen des mittlerweile für die „New York Times" tätigen Journalisten: „Ich weiß nicht, was ich gesagt habe. Ich erinnere mich nicht. Vielleicht ist es das, was ich gesagt habe." Dabei verzog Trump sein Gesicht und verstellte seine Stimme. „Wir denken, es ist abscheulich, dass er sich über das Erscheinungsbild eines unserer Reporter lustig macht", sagte eine Sprecherin der „New York Times".[346] Trump dementierte, dass er sich mit seinen Bewegungen und seiner Sprache über Kovaleski habe lustig machen wollen, und behauptete, den Journalisten gar nicht zu kennen. Doch das ist nicht ganz richtig. Als Reporter der „New York Daily News" hatte Kovaleski seit den späten 1980er Jahren über Trumps Geschäfte geschrieben und sich zu verschiedenen Anlässen mehrmals mit dem Unternehmer persönlich getroffen. „Kovaleski selbst sagte dazu, das Traurige sei, ‚angesichts seiner Vorgeschichte hat es mich überhaupt nicht irritiert oder überrascht, dass Donald Trump so etwas Armseliges machen würde'."[347] Da bleibt doch

---

346 n-tv: Behauptungen über 9/11 – Donald Trump imitiert behinderten Reporter – 26.11.2015 – Stand: 27.11.2015 http://www.n-tv.de/politik/Donald-Trump-imitiert-behinderten-Reporter-article16438711.html

347 n-tv: Behauptungen über 9/11 – Donald Trump imitiert behinderten Reporter – 26.11.2015 – Stand: 27.11.2015 http://www.n-tv.de/politik/Donald-Trump-imitiert-behinderten-Reporter-article16438711.html

nur noch die Frage, wovor schreckt Donald Trump eigentlich überhaupt zurück? Wen würde er nicht beleidigen, wenn er sich einen persönlichen Erfolg davon verspricht? Wieder steht der unbeteiligte Zuschauer ungläubig da und versteht nicht, warum dieser undiplomatische und unverschämte Präsidentschaftsbewerber die Umfragen zu den Republikanern immer noch anführt.

Denn die Behauptungen, dass zahlreiche Muslime gejubelt hätten, als die Twin Towers des World Trade Centers zusammenfielen, war nur der Beginn von Trumps Hetzkampagne. Nachdem der Islamische Staat (IS) sich zu den furchtbaren Anschlägen in Paris bekannt hatte, veröffentlichte Trump im November 2015 ein paar sehr fragwürdige Ideen. Er fand den von Journalisten ins Spiel gebrachten Vorschlag, alle Muslime in den USA in einer Datenbank zu registrieren, eine gute Idee. „Ich würde das mit Sicherheit implementieren", sagte der Unternehmer beim Fernsehsender NBC. „Alle Muslime sollten verpflichtet sein, sich in einer solchen Datenbank zu registrieren. Dies sei auf jeden Fall machbar, wenn die USA ordentlich gemanagt würden." Trump lehnte es allerdings ab, die Frage zu beantworten, welche Konsequenzen es hätte, wenn ein Amerikaner muslimischen Glaubens sich nicht registrieren lassen würde, berichtete „Die Welt" auf ihrer Website.[348] Von dem Autor Shane Croucher kam daraufhin der zynische Vorschlag, dass man die Muslime ja mit einem Halbmond-Annäher kennzeichnen könne.[349]

Die Äußerungen von Donald Trump gegen Muslime sowie gegen den behinderten Journalisten Kovaleski blieben nicht ohne Konsequenzen für den Immobilienunternehmer. Zum ersten Mal seit er sich im Juli 2015 an die Spitze des republikanischen Bewerberfelds gesetzt hatte, ging es für ihn in den Umfrageergebnissen deutlich bergab. Laut Meinungsforschungsinstitut Ipsos sprachen sich zu diesem Zeitpunkt – also Ende November 2015 – nur noch 31% der Republikaner für Donald Trump als ihren Wunschkandidaten für die US-Präsidentschaftswahl im November 2016 aus. Bei der Erhebung in der Vorwoche konnte Trump noch 12% mehr Zustimmung einfahren. Auf der Website des „Spiegel" findet sich folgende Vermutung bezüglich des dramatischen Rückgangs der allgemeinen Zustimmung: „Mit seinen Äußerungen über Muslime könnte Trump sich vergaloppiert haben. Kritiker verglichen

---

348 Die Welt: In einer Datenbank – Trump will alle Muslime in den USA registrieren – 20.11.2015 – Stand: 28.11.2015 http://www.welt.de/ politik/ausland/article149067771/Trump-will-alle-Muslime-in-den-USA-registrieren.html
349 Krizak, Rebecca: Flüchtlinge – Ein Halbmondzeichen für jeden Moslem – 20.11.2015 – Stand: 28.11.2015 http://www.zeit.de/ politik/2015-11/usa-republikaner-fluechtlinge-syrien-terror

die Idee einer Datenbank für Muslime mit der Regis-
trierung der Juden durch die Nationalsozialisten. Die
Kritik einzelner muslimischer Bürger, die zeigen, was
sie für Amerika leisten, dürfte Trump auch deshalb treffen, weil er sich gerne als Unterstützer der Streit- und
Sicherheitskräfte ausgibt."[350] Trump nahm Ende November 2015 aber weiterhin die erste Stelle bei den
republikanischen Bewerbern ein. Vielleicht lag das daran, dass sein Verfolger, der ehemalige Hirnchirurg Ben
Carson, nach einem Vergleich syrischer Migranten mit
tollwütigen Hunden ebenfalls an Zustimmung verloren
hatte.[351]

Dass Donald Trump syrische Flüchtlinge auch nicht gerade mit offenen Armen empfangen würde, ist schon
seit Beginn seines Wahlkampfes bekannt. Die nach den
Anschlägen von Paris wieder verstärkt aufgeflammten
Terrorängste nutzte er geschickt, um gegen Flüchtlinge zu wettern. Bei einem Wahlkampftermin in Texas im
November 2015 behauptete Trump, dass der amtierende Präsident Obama 250.000 muslimische Flüchtlinge

350 Spiegel Online: Nach umstrittenen Äußerungen über Muslime:
   Trump verliert bei Republikanern an Unterstützung – 28.11.2015
   – Stand: 28.11.2015 http://www.spiegel.de/politik/ausland/don-
   ald-trump-verliert-bei-republikaner-umfrage-a-1065022.html
351 Spiegel Online: US-Präsidentschaftsbewerber: Carson vergleicht
   Flüchtlinge mit „tollwütigen Hunden" – 19.11.2015 http://www.
   spiegel.de/politik/ausland/ben-carson-us-republikaner-ver-
   gleicht-fluechtlinge-mit-tollwuetigen-hunden-a-1063726.html

ins Land holen wolle. Tatsächlich waren es 10.000. „Es wäre ein „Sicherheitsrisiko" Syrer oder Iraker ins Land zu lassen", so Trump.[352] In einem Interview bei „Morning Joe", einer werktäglichen Morgentalkshow beim Fernsehsender MSNBC, verkündete der Immobilien-Tycoon zudem, dass er als Präsident ernsthaft erwägen würde, einige Moscheen zu schließen. Seine Begründung für diesen brutalen Eingriff in die Religionsfreiheit ist, dass „einige der Ideen und einiges von dem Hass – dem absoluten Hass – aus diesen Bereichen kommt."[353] Auf die Frage von Moderator Mika Brzezinski, ob das Schließen von Moscheen nicht noch mehr Hass hervorrufen würde, hatte Trump eine sehr polemische Antwort parat: „There´s already hatred, the hatred is incredible; it´s embedded. It´s embedded. The hatred ist beyond belief. The hatred is greater than anybody understands. And it´s already there. It´s not like, what, you think that they think we´re great people? It´s already there. It´s a very, very sad situation

---

352 Kolb, Matthias: Reaktion auf Terror in Paris – Nicht mal Moscheen sind tabu – 18.11.2015 – Stand: 28.11.2015 http://www.sueddeutsche.de/politik/reaktion-auf-terror-in-paris-viele-amerikaner-denken-so-1.2742364

353 Johnson, Jenna: Donald Trumpf would „strongly consider" closing some mosques in the United States – 16.11.2015 – Stand: 28.11.2015 https://www.washingtonpost.com/news/post-politics/wp/2015/11/16/donald-trump-would-strongly-consider-closing-some-mosques-in-the-united-states/?wpmm=1&wpisrc=nl_daily202

[...] "[354] Der Unternehmer macht hier seine Meinung unmissverständlich klar. Egal, wie die Politik auch reagiert, der Hass existiert schon, ist größer als man es sich vorstellen kann. Trump versteht sehr gut, wie er seinen Mitbürgern Angst machen kann. Und wie so häufig verwendet er kurze und einfache Sätze. Wörter, die ihm wichtig sind, wiederholt er wie ein Mantra. Dem Zuhörer prägen sich diese Schlüsselwörter ein. So fällt es häufig gar nicht auf, dass Trumps Aussagen gar nicht zutreffen bzw. dass Trump Fragen gar nicht eindeutig beantwortet. Ein weiteres Beispiel für Trumps Vorurteile und Pauschalisierungen sind seine Aussagen zu den syrischen Migranten. In einem interessanten Artikel auf der Website von n-tv sind einige davon zusammengefasst: „Wenn ich mir diese Migration anschaue und diese Menschenschlangen, dann sehe ich all diese sehr stark aussehenden Männer [...] und ich sehe sehr wenige Frauen, ich sehe wenige Kinder", sagte Donald Trump in einem Interview des Senders ABC.[355] „Dies könnte das größte Trojanische Pferd aller Zeiten sein, schauen Sie sich die

---

354 Johnson, Jenna: Donald Trumpf would „strongly consider" closing some mosques in the United States – 16.11.2015 – Stand: 28.11.2015 https://www.washingtonpost.com/news/post-politics/wp/2015/11/16/donald-trump-would-strongly-consider-closing-some-mosques-in-the-united-states/?wpmm=1&wpisrc=nl_daily202
355 n-tv: Rückgriff auf alte Foltermethoden – Trump fordert Waterboarding – 22.11.2015 – Stand: 28.11.2015 http://www.n-tv.de/politik/Trump-fordert-Waterboarding-article16408256.html

Migration genau an", erklärte der Präsidentschafts-kandidat weiterhin.[356]

Und an George Stephanopoulos, den Gastgeber der ABC-Talkshow „This Week With George Stephanopou-los", gerichtet, sprach Donald Trump: „Da geht etwas Merkwürdiges vor sich. Und wenn man sieht, was in Europa passiert ist, eine Menge schlechter Dinge passieren in Europa. [...] Frag einfach die Leute, die in Deutschland leben." Dann erzählte der Unternehmer außerdem noch, dass er im Kampf gegen den Terror gerne wieder „harschere" Verhörmethoden einführen würde. Im Falle eines Wahlsieges möchte er beispielsweise das sogenannte Waterboarding wieder zulassen. Waterboarding ist eine Foltermethode, bei der ein Ertränken simuliert wird. Nach den Anschlägen vom 11. September 2001 war diese Praktik in den geheimen CIA-Gefängnissen ausgeübt worden, um Geständnisse von Terrorverdächtigen zu bekommen. Barack Obama hatte das Waterboarding sowie einige andere Foltermethoden verboten. Donald Trump erklärte dem Fernsehsender ABC jedoch: „Waterboarding ist peanuts verglichen mit dem, was sie mit uns machen."[357]

---

356 Euronews: Flüchtlingsdebatte in den USA: „Dies könnte das größte Trojanische Pferd aller Zeiten sein" – 19.11.2015 – Stand: 02.11.2015 http://de.euronews.com/2015/11/19/fluechtlingsde-batte-in-usa-dies-koennte-das-groesste-trojanische-pferd-aller/
357 n-tv: Rückgriff auf alte Foltermethoden – Trump fordert Waterboarding – 22.11.2015 – Stand: 28.11.2015 http://www.n-tv.de/politik/Trump-fordert-Waterboarding-article16408256.html

Doch nicht erst seit den Anschlägen in Paris hat Donald Trump Ideen, wie er mit Terroristen umgehen will. Bereits im August 2015 tönte er, dass er im Kampf gegen den IS eine „narrensichere Methode" habe. Er will ihnen „das Öl wegnehmen". Dazu möchte er Truppenverbände in die Region schicken.[358] Und auf der Website von CNN wird berichtet, dass Trump zur Schwächung des IS die irakischen Ölfelder wie die Hölle bombadieren wolle. „You take away their (ISIS's) wealth, that you go and knock the hell out of the oil, take back the oil", soll der republikanische Präsidentschaftskandidat gesagt haben.[359] Furore machte Trump zudem mit seinen Aussagen zu den gestürzten bzw. getöteten ehemaligen Machthabern in Libyen und dem Irak. Nach Ansicht des Unternehmers sind der Sturz bzw. die Tötung vom libyschen Staatschef Muammar al-Gaddafi und des irakischen Staatspräsidenten Saddam Hussein ein Grund für die gegenwärtige Instabilität der beiden Länder. Heute sei es in den Ländern viel schlimmer, als es unter der Herrschaft der Diktatoren jemals war, erklärte Trump in einer Fernsehsendung auf CNN. „Auf die

---

358 Medick, Veit/ Pitzke, Marc: Das Programm des Republikaners: Trumps Welt – 21.08.2015 – Stand: 28.11.2015 http://www.spiegel.de/politik/ausland/donald-trump-so-saehen-die-usa-unter-praesident-trump-aus-a-1048913.html
359 Diamond, Jeremy: Military analysts: Donald Trump´s plan to bomp Iraq´s oil fields not a good one – 18.08.2015 – Stand: 28.11.2015 http://edition.cnn.com/2015/07/10/politics/donald-trump-fact-check-bomb-oil-fields-iraq/

Frage, ob die Welt ein besserer Ort wäre, wenn Saddam Hussein und Muammar al-Gaddafi noch an der Macht wären, antwortete der Geschäftsmannt: ‚zu hundert Prozent‘." Seine außenpolitischen Strategien brachte Trump in dem Interview folgendermaßen auf den Punkt: „Wir leben in mittelalterlichen Zeiten. Wir leben in einer unglaublich gefährlichen und schrecklichen Welt [...] Die Trump-Doktrin ist einfach: Sie bedeutet Stärke. Niemand wird sich mit uns anlegen. Unser Militär wird gestärkt werden."[360]

Bei weiteren Wahlkampfveranstaltungen gab Donald Trump einen tieferen Einblick in seine außenpolitischen Pläne. So würde er im Gegensatz zu Barack Obama ein sehr gutes Verhältnis zu Wladimir Putin haben.[361] Außerdem kann der Unternehmer dem kürzlich vereinbarten Atomdeal mit dem Iran nicht viel abgewinnen. Es ist ein schlechte Vereinbarung, die „zu einem nuklearen Holocaust" führen wird, ausgehandelt vom

---

360 Die Welt: Donald Trump – Mit Saddam Hussein wäre die Welt ein besserer Ort – 26.10.2015 – Stand: 28.11.2015 http://www.welt.de/politik/ausland/article148065619/Mit-Saddam-Hussein-waere-die-Welt-ein-besserer-Ort.html
361 n-tv: Donald Trump spricht über Putin – Jeb Bush ruft zu Atom-Deal-Blockade auf – 12.08.2015 – Stand: 28.11.2015 http://www.n-tv.de/politik/Jeb-Bush-ruft-zu-Atom-Deal-Blockade-auf-article15701121.html

„inkompetenten" Außenminister John Kerry. [362]

Für den Umweltschutz scheint sich Donald Trump nicht besonders zu interessieren. Nachdem Papst Franziskus sich im September vor dem US-Kongress besorgt über den Klimawandel ausgesprochen und zum Kampf gegen die Erderwärmung aufgerufen hatte, wurde der Multi-Milliardär zu diesem Thema befragt. „Ich glaube nicht an den Klimawandel", war Trumps Reaktion beim Sender CNN. Und weiter erklärte der Unternehmer: „Ich denke, saubere Luft ist ein drängendes Problem. Jeder will saubere Luft und sauberes Wasser [...] Das ist sehr wichtig für mich. Und ich habe schon viele Umweltauszeichnungen gewonnen." Dann fügte er jedoch hinzu, dass der Klimawandel und die damit verbundenen Wetterextreme natürliche Phänomene seien. „Wetter ändert sich nun mal. Es gibt Stürme und Regen und es gibt schöne Tage." Es sei nicht richtig, Unternehmen in den USA mit Auflagen zum Klimaschutz zu belegen und sie so zu „gefährden". Im Übrigen tue auch China „nichts", um den Ausstoß von Treibhausgasen zu

---

362 Pengelly, Martin: Donald Trump talks policy: Iran deal will lead to nuclear holocaust´ – 16.08.2015 – Stand: 02.12.2015 http://www.theguardian.com/us-news/2015/aug/16/donald-trump-policy-iran-abortion-immigrants

reduzieren, meinte Donald Trump laut n-tv.[363]

Anfang März 2016 fügte Donald Trump seinem Wahl-programm noch einen weiteren wichtigen Punkt hinzu. Nachdem er die Obamacare genannte Gesundheitsre-form des amtierenden Präsidenten immer wieder scharf kritisiert hatte, stellte Trump seine eigene Position zu diesem Thema vor. Auf seiner offiziellen Website prä-sentierte er seine Vorschläge zur Healthcare Reform und erklärt in einem 7-Punkte-Plan, wie er Obamacare im Falle seiner Wahl zum US-Präsidenten ersetzen wird. So möchte Trump beispielsweise ermöglichen, dass die Krankenversicherungen auch über Staatsgrenzen hinweg verkauft werden können oder die Kosten für die Versicherungen komplett von der Steuer abgesetzt werden können.[364]

Ansonsten sieht es aus, als hätte Trump sehr wenig konkrete Pläne. Seine Erfahrung als Immobilienunter-nehmer scheint seiner Meinung nach ausreichend zu sein, um sich als Wirtschaftsexperte zu empfehlen bzw. die innenpolitischen Fragen abdecken zu können. So

---

363 n-tv: "Ich glaube nicht an die Erderwärmung" – Trump kritisi-ert Papst für Warung – 25.09.2015 – Stand: 28.11.2015 http:// www.n-tv.de/ticker/Trump-kritisiert-Papst-fuer-Warnung-arti-cle16011366.html
364 Diamond, Jeremy: Donald Trump releases health care reform plan – 03.03.2016 – (Übersetzung der Autorin) http://edition.cnn. com/2016/03/02/politics/donald-trump-health-care-plan/

bleiben einerseits Zweifel, ob Donald Trump tatsächlich damit rechnet, dass er der neue US-Präsident werden könnte. Andererseits – warum sollte er sich sonst diesmal – nach mehreren Anläufen – tatsächlich so stark im Wahlkampf engagieren? Sollte es etwa nur eine Marketingkampagne sein, um sich und seine Marke wieder verstärkt in den Fokus der Öffentlichkeit zu rücken? Wäre das wirklich eine Option für einen Mann, der unbedingt gewinnen will, dem es nie reicht, Zweiter zu sein?

Vielleicht hilft Donald Trump da seine persönliche Grundeinstellung weiter. „Seien Sie optimistisch, aber rechnen Sie immer mit dem Schlimmsten" heißt ein Kapitel in seinem Buch „Wie man reich wird". Der republikanische Präsidentschaftskandidat erklärt in dem Kapitel: „Manchmal frage ich mich, ob ich eine neue, große Herausforderung annehmen sollte. Ein erheblicher Verlust ist immer möglich. Kann ich damit umgehen, wenn es nicht klappt? Werde ich mich später fragen: Warum habe ich das bloß getan? Was habe ich mir dabei gedacht? Ich bin tatsächlich ein vorsichtiger Mensch, wobei Vorsicht etwas ganz anderes ist als Pessimismus. Nennen Sie es positives Denken, das ich ständig anhand der Realität überprüfe."[365] Vielleicht ist Trump also doch darauf vorbereitet, dass die

---

365 Trump, Donald J./ McIver, Meredith: Wie man reich wird – Ansichten und Einsichten eines Multimilliardärs (2004)

Politexperten Recht behalten und er im Kampf um das Weißen Haus chancenlos ist. Dann hat der Unternehmer sicherlich schon einen Plan B in der Tasche und die derzeitige Kampagne ist nur ein kleiner Baustein auf dem Weg zu seinem eigentlichen Ziel. Viele seiner Projekte hat Trump sehr langfristig geplant. Ich bin auf jeden Fall gespannt und werde nach meiner ausgiebigen Recherche auch den weiteren Weg von Donald Trump sehr aufmerksam und interessiert verfolgen. Und bei meinem nächsten Besuch in New York – den es hoffentlich geben wird, denn diese Stadt ist einfach umwerfend, aufregend und einzigartig – werde ich ihn im Trump Tower besuchen. Also, ich werde zumindest mal in seinem Foyer stehen und vielleicht sogar winkend die Rolltreppe herunterfahren und wissend lächeln. Denn den Besitzer kenne ich jetzt schon ziemlich gut ...

12. Donald dreht richtig auf

Seitdem Donald Trump im Juni 2015 in den Wahlkampf um das Präsidentenamt eingestiegen ist, vergeht kaum ein Tag, an dem die Medien nicht über den
Multi-Milliardär und seine Ideen berichten. Seine zum
Teil skurrilen aber auch empörenden Vorschläge und
Verbalattacken gegen illegale Einwanderer und Flüchtlinge wurden in den letzten Kapiteln schon ausführlich
dargestellt. Trumps Hetzkampagnen fanden vor allem
bei älteren weißen Männern Zustimmung und bescher-
ten ihm dem Spitzenplatz unter den republikanischen
Präsidentschaftsbewerbern. Die Politexperten hatten
weder damit gerechnet, dass Trump so hohe Werte
erzielen würde, noch dass er sich so lange im Rennen halten könnte. Man hatte ihn und seine Kandidatur
zunächst einfach nicht ernst genommen. Im Laufe der
Zeit wurden Trumps Aussagen zunehmend fremden-
feindlich und bewegten sich immer weiter in die rechte
Ecke. Man ging davon aus, dass Donald Trump wegen
diesem Verhalten wieder in der Versenkung verschwin-
den würde.

Doch dann veränderte ein schrecklicher Amoklauf mitten in den USA die politische Stimmung und die Gedanken vieler Bürger. Am 2. Dezember 2015 stürmten zwei

bewaffnete Personen die Weihnachtsfeier einer Sozialeinrichtung in der kalifornischen Stadt San Bernardino. Rund 100 Menschen hatten sich dort versammelt – 14 davon verloren bei dem Angriff ihr Leben, weitere 21 Personen wurden verletzt. Bei der anschließenden Verfolgungsjagd erschoss die Polizei die beiden Täter – ein US-amerikanischer Bürger mit pakistanischer Abstammung namens Syed Farook und dessen Ehefrau Tashfeen Malik. Die weiteren Ermittlungen ergaben, dass es sich bei dem Anschlag um einen Terrorakt gehandelt hatte. Medienberichten zufolge soll Malik über Facebook dem IS die Treue geschworen haben, während ihr Ehemann direkten Kontakt zu islamistischen Extremisten gehabt haben soll. Beweise, dass der Anschlag von einer größeren Organisation geplant worden war, gebe es jedoch bisher nicht, erklärte das FBI.[366] Die Attentäter selber hätten die Tat jedoch sehr wohl geplant. Kurz vor dem Anschlag hatte Syed Farook einen Kredit in Höhe von 28.500 Dollar aufgenommen. Man vermutete, dass dieses Geld teilweise für den Kauf von Waffen verwendet worden war. In der Wohnung des Paares fand man ein ganzes Waffenarsenal, dazu gehörte neben 5.000 Schuss Munition auch Material zum

---

366 Die Welt: San Bernardino – Hier reisen die Attentäter in die USA ein – 08.12.2015 – 08.12.2015 http://www.welt.de/politik/ausland/article149749393/Hier-reisen-die-Attentaeter-in-die-USA-ein.html

Bau von Bomben.[367] Das führte zu der Annahme, dass die beiden Attentäter noch weitere Anschläge geplant hatten. Der Terrorakt von San Bernardino war der größte islamistische Anschlag in den Vereinigten Staaten seit dem 11. September 2001. Er riss alte Wunden auf, schürte große Ängste und rief die unterschiedlichsten Reaktionen hervor.

Präsident Obama verurteilte den Anschlag scharf und bezeichnete den IS als eine Bande von „Schlägern und Killern" sowie als „Kult des Todes". Donald Trump ging das nicht weit genug und er twitterte, dass Obama weiterhin nicht eingestehen will, „dass wir im Krieg sind mit den islamischen Terroristen". Der amtierende Präsident hatte ausdrücklich davor gewarnt, „dass dieser Kampf definiert wird als ein Krieg zwischen Amerika und dem Islam." Seiner Meinung nach handele es ich bei den IS-Terroristen „nur um eine ‚sehr kleine Gruppe' innerhalb der eine Milliarde Muslime weltweit sowie der Millionen ‚patriotischer Muslime' in den USA."[368] Donald Trump forderte dagegen in einer Presseerklärung

---

367 Frankfurter Allgemeine Zeitung: Massenmord in San Bernardino – Der Anschlag war offenbar langfristig geplant – 09.12.2015 – Stand: 09.12.2015 http://www.faz.net/aktuell/politik/kampf-gegen-den-terror/massenmord-in-san-bernardino-der-anschlag-war-offenbar-langfristig-geplant-13956425.html

368 Graw, Ansgar: Einreiseverbot für Muslime – Trump „klingt mehr wie der Führer eines Lynchmobs" – 08.12.2015 http://www.welt.de/politik/ausland/article149734001/Trump-klingt-mehr-wie-der-Fuehrer-eines-Lynchmobs.html

ein Einreiseverbot für Muslime in die USA. Er verlangte eine „vollständige und komplette Schließung" der Grenzen für Muslime, „bis die Vertreter unseres Landes herausfinden können, was vor sich geht." Zur Rechtfertigung seiner Forderung verwies Trump auf eine Umfrage, die angeblich im Frühsommer 2015 unter 600 Menschen durchgeführt worden sein soll. Dabei habe man „in breiten Teilen der muslimischen Bevölkerung" einen „großen Hass auf Amerikaner" festgestellt.[369]

Die Reaktion auf diese Aussagen war erwartungsgemäß gewaltig. Die Presse echauffierte sich über Donald Trump und seine pauschalen Verurteilungen. Viele Politiker meldeten sich empört zu Wort und die übrigen republikanischen Präsidentschaftsbewerber distanzierten sich von den Äußerungen des Unternehmers. Trump hatte es wieder einmal erreicht – er stand im Mittelpunkt der Aufmerksamkeit. Das Statement von Präsident Obama ging im Medienrummel um die Person des führenden republikanischen Bewerbers einfach unter. Der US-Präsident hatte sich bis dahin weitgehend aus dem Wahlkampf um seine Nachfolge herausgehalten. Dann reagierte jedoch sein Sprecher Josh Ernest und meinte, dass sich Donald Trump mit seinen Aussagen für das

369 Spiegel Online: Republikanischer Präsidentschaftsbewerber: Trump fordert Einreiseverbot für Muslime – 07.12.2015 http://www. spiegel.de/politik/ausland/usa-donald-trump-fordert-einreiseverbot-fuer-muslime-a-1066563.html

Präsidentenamt disqualifiziere. Er nannte den Immobilienmogul einen „Marktschreier" mit „falschem Haar". „Trumps Äußerungen sind vergiftet und beleidigend" und „Trumps Kampagne gehört schon lange auf den Müllhaufen der Geschichte", wetterte Ernest. Trumps Kommentare über Muslime seien eine Gefahr für die Vereinigten Staaten und ihre nationale Sicherheit.[370]

Hillary Clinton erklärte in einer Fernsehdebatte, dass Donald Trump dabei sei, der „beste Rekrutierer" des IS zu werden. Die Extremisten würden die anti-muslimischen Reden des Unternehmers in ihren Rekrutierungsvideos zeigen, meinte die führende Präsidentschaftsbewerberin der Demokraten.[371] Trump fühlte sich von Clinton natürlich persönlich angegriffen und reagierte mit Schlägen unter die Gürtellinie. Dabei kramte er unter anderem wieder die alte Geschichte von Ex-Präsident Bill Clinton und der ehemaligen Praktikantin Monica Lewinsky hervor.[372]

Die Ereignisse in der Silvesternacht 2015 in Köln waren

370 Spiegel Online: Kritik von Obamas Sprecher – „Trumps Kampagne gehört auf den Müllhaufen der Geschichte" – 08.12.2015 http://www.spiegel.de/politik/ausland/donald-trump-weisses-haus-kritisiert-angriffe-auf-muslime-a-1066768.htm
371 Die Welt: Clinton kürt Trump zum „besten Rekrutierer des IS" – 20.12.2015 http://www.welt.de/politik/ausland/article150156132/Clinton-kuert-Trump-zum-besten-Rekrutierer-des-IS.html
372 Gass, Nick: Trump ties Hillary Clinton to Lewinsky, Weiner, Cosby in latest attack – 07.01.2016 http://www.politico.com/story/2016/01/trump-hillary-clinton-monica-lewinsky-anthony-weiner-217457

für Donald Trump übrigens auch wieder ein Anlass, sich öffentlich über die Flüchtlingspolitik von Angela Merkel auszulassen. Sie sei naiv, warf er der Bundeskanzlerin vor.[373] Mit dieser Einstellung stand der Unternehmer nicht alleine da. Die sexuellen Übergriffe von Männern, die vorwiegend aus Nordafrika stammen und als Flüchtlinge nach Deutschland gekommen waren, veränderten auch die Stimmung in unserem Land. Auch Menschen, die Flüchtlinge zuvor mit offenen Armen aufgenommen und unterstützt hatten, waren plötzlich verunsichert. „Deutschland erlebt massive Angriffe auf seine Bevölkerung durch Flüchtlinge, die ins Land gelassen wurden. Die Silvesternacht war eine Katastrophe. Denk nach!", twitterte Donald Trump.[374] Die Übergriffe in Köln wurden nicht von irgendwelchen extremen IS-Kämpfern begangen. Ganz „normale" Männer, die nach eigenen Aussagen Schutz und Zuflucht in Deutschland gesucht hatten, respektierten die hiesigen Regeln und Gesetze nicht und behandelten Frauen wie Freiwild. In der Bevölkerung sorgte das in den Medien als „Sex-Mob" bezeichnete Verhalten für großes

---

373 Jäger, Thomas: Trump wirft Merkel Naivität vor – Nach den Übergriffen in Köln: USA sehen Deutschlands Stabilität in Gefahr – 12.01.2016 http://www.focus.de/politik/experten/jaeger/nach-den-uebergriffen-in-koeln-trump-wirft-merkel-naivitaet-vor-usa-zeichnen-horrorszenario-fuer-deutschland_id_5203152.html

374 Der Tagesspiegel: Nach den Übergriffen in Köln – Donald Trump pöbelt gegen Flüchtlinge in Deutschland – 06.01.2016 http://www.tagesspiegel.de/politik/nach-den-uebergriffen-in-koeln-donald-trump-poebelt-gegen-fluechtlinge-in-deutschland/12800556.html

Entsetzen, Fassungslosigkeit und Wut. Das politische Klima verändert sich und fremdenfeindliche Äußerungen von Menschen wie Donald Trump finden auch bei uns immer mehr Zustimmung und führen zu erschreckenden Wahlergebnissen.

Trump nutzt solche Ereignisse für sich und seine Kampagne aus. Ihm scheint jedes Mittel recht zu sein, um seine Umfragewerte zu steigern. Konkurrenten, die ihm gefährlich werden könnten, versucht er erbarmungslos aus dem Rennen zu werfen. Im Januar 2016 hatte sich beispielsweise Ted Cruz als stärkster Verfolger im Feld der republikanischen Kandidaten etabliert. Für Donald Trump war das der Anlass, die Legitimation von Cruz öffentlich in Frage zu stellen. Schon bei Barack Obama hatte Trump behauptete, dass dieser zu Unrecht US-Präsident sei, da er nicht in Amerika geboren worden war. Genau dieses Argument benutzte der Unternehmer dann auch in der Auseinandersetzung mit seinem Konkurrenten Cruz. Ted Cruz wurde nämlich 1970 als Sohn eines kubanischen Vaters und einer amerikanischen Mutter in Kanada geboren. In der amerikanischen Verfassung heißt es, dass für das Amt des Präsidenten nur „a natural born citizen" gewählt werden könne. Die Juristen sind sich bis heute nicht sicher, was genau das bedeutet. Muss der Kandidat tatsächlich auf dem Boden der USA geboren sein oder ist es ausreichend, wenn ein Elternteil Amerikaner ist?[375] Donald Trump sorgte auf jeden Fall dafür, dass die Wähler über dieses Problem nachdenken. „Das musst du [Cruz] die Gerichte klären lassen. Über deinem Kopf schwebt ein riesiges Fragezeichen. Falls ich dich als Vizepräsidenten nehme, überziehen uns die Demokraten sofort mit einer Klage, sodass wir nicht loslegen können", äußerte sich Trump bei einer Fernsehdebatte Mitte Januar 2016 und sorgte damit für Unruhe.[376]

Und so wird der Immobilienunternehmer auch weiterhin jede Gelegenheit nutzen, seine Gegenkandidaten schlecht zu machen und sich selbst ins rechte Licht zu rücken. Die Bürger scheinen dankbar für einen Mann zu sein, der ihnen Sicherheit und Stärke verspricht. Und so bröckelte auch der Widerstand der Parteigrößen der Republikaner gegenüber Trump. „Von der Witzfigur zum Hoffnungsträger? Mehr und mehr setzt sich die Auffassung durch, Donald Trump als Kandidat sei kaum noch zu verhindern. Sein größter Widersacher verliert Rückhalt in den eigenen Reihen", so beginnt ein Artikel, der Ende Januar 2016 auf der Website der

---

375 Volmer, Hubertus: Born in the USA? Eben nicht – Das Problem, das Cruz nicht los wird – 14.01.2016 http://www.n-tv.de/politik/Das-Problem-das-Cruz-nicht-los-wird-article16768416.html

376 Web.de: Donald Trump gegen Ted Cruz – Die Schlammschlacht um die Herkunft – 15.01.2016 http://www.rp-online.de/politik/ausland/us-wahlen/donald-trump-versus-ted-cruz-die-schlammschlacht-um-die-herkunft-aid-1.5695180

renommierten „Frankfurter Allgemeine Zeitung" erschien. Donald Trumps Chancen, für die Republikaner ins Rennen um die Präsidentschaft zu gehen, steigen offenbar. Viele Parteigrößen sind zu der Einsicht gelangt, dass Trump ihr aussichtsreichster Kandidat sei.[377]

Und so kristallisiert sich doch langsam aber sicher heraus, dass Donald Trump tatsächlich angetreten ist, um zu gewinnen. Die Vorwahlen in Iowa am 1. Februar 2016 sollten der erste Meilenstein auf dem Weg ins Weiße Haus sein. Die letzte Fernsehdebatte kurz vor der Abstimmung sagte der Unternehmer jedoch ab. Der Kabelsender FOX News hatte Megyn Kelly als eine der Moderatorinnen für den Abend bestimmt. Doch schon bei einer Fernsehdebatte im Sommer 2015 waren Trump und Kelly aneinander geraten – Kelly hatte den Neu-Politiker mit seinen frauenfeindlichen Aussagen konfrontiert. „Megyn Kelly ist sehr voreingenommen gegen mich", beschwerte sich Trump. „Glauben Sie wirklich, dass sie in einer Debatte fair sein kann?"[378] Die Fernsehdebatte am 28. Januar 2016 fand also ohne Donald Trump statt und bot damit den anderen

---

377 Frankfurter Allgemeine Zeitung: Kandidatur der Republikaner – Parteigrößen stellen sich hinter Trump – 22.01.2016 http://www. faz.net/aktuell/politik/wahl-in-amerika/kandidatur-der-republikaner-parteigroessen-stellen-sich-hinter-trump-14027878.html
378 Rehfeld, Nina: Vor TV-Duell bei Fox News – Putin und Ayatollah gegen Trump – 27.01.2016 http://www.faz.net/aktuell/feuilleton/medien/trump-sagt-fernsehdebatte-auf-fox-news-ab-14036398.html

republikanischen Kandidaten Raum, sich den Zuschauern zu präsentieren. Doch während sich Cruz, Rubio und Co. vier Tage vor der Wahl in Iowa den Fragen der Journalisten stellten, organisierte der beleidigte Trump eine andere Veranstaltung. Er sammelte Geld für die Veteranen. „An unbelievable night in Iowa with our great Veterans! We raised $6,000,000.00 while the politicians talked!", twitterte er dazu.[379] Der Unternehmer sammelte also jede Menge Geld für die Veteranen, während die anderen Kandidaten nur geredet hatten. Die Presse war sich jedoch einig: Trumps Abwesenheit tat der Diskussionsrunde gut, denn jetzt kamen auch die anderen Bewerber zu Wort und trauten sich, ihre Meinung offen zu äußern. Wichtige Themen wurden kontrovers diskutiert und die Zuschauer konnten sich ohne den dominanten Trump ein besseres Bild von den anderen Kandidaten machen. Doch unterhaltsamer ist eine solche Debatte, wenn Trump dabei ist – da waren sich die Medienvertreter und das Publikum ziemlich einig.[380]

Mit großer Spannung wurde dann der Caucus in Iowa am 1. Februar 2016 erwartet. Der Caucus ist eine Art Versammlung, bei der sich die Parteimitglieder

---

379 Twitter: @realDonaldTrump – 29.01.2016
380 Medick, Veit: TV-Debatte der Republikaner – Ohne Trump, mit Anspruch – 29.01.2016 http://www.spiegel.de/politik/ausland/usa-wahlkampf-tv-debatte-ohne-donald-trump-a-1074552.html

auf Ortsebene treffen, über die Kandidaten diskutieren und anschließend abstimmen. Iowa ist einer der US-Bundesstaaten, in denen dieses Verfahren zur Kandidatenkür genutzt wird. Und auch wenn der kleine Staat nur 30 von 1.237 Delegierten bei der Wahl des republikanischen Präsidentschaftskandidaten stellen darf, steht diese erste Entscheidung immer im Fokus der Öffentlichkeit. Als Favorit ging Ted Cruz in dem Agrarstaat im Mittleren Westen ins Rennen. Und wie erwartet ging er auch als Sieger aus der Abstimmung hervor. Donald Trump wurde geschlagen von einem bekennenden Waffennarr, Abtreibungs- und Homo-Ehe-Gegner. Als Präsident würde Cruz Gespräche mit dem Iran oder Kuba ablehnen, den islamistischen Terrorismus wegbomben und Obamas Gesundheitsversicherung verbieten. Und die Bibel kommt bei dem Sohn eines Predigers vor der Politik.[381] Im konservativen und religiösen Iowa waren das sicher ausschlaggebende Pluspunkte. Beruhigend ist es jedoch nicht unbedingt, wenn ein Rechtspopulist von einem Mann besiegt wird, der noch weiter rechts steht. Ganz knapp hinter Donald Trump lag aber auch schon Marco Rubio, der damit zunächst auch weiter im Rennen um den Posten des republikanischen Präsidentschaftskandidaten war.

---

381 Medick, Veit: Republikaner-Vorwahl in Iowa – Auch das noch – 02.02.2016 http://www.spiegel.de/politik/ausland/iowa-ted-cruz-gewinnt-die-republikaner-haben-ein-problem-a-1075178.html

Aber egal, was man von Ted Cruz auch halten mag, der selbsternannte Siegertyp Donald Trump verlor. „Wenn ich Präsident bin, werden wir so viel gewinnen, dass euch vom Gewinnen ganz langweilig werden wird", hatte er vor der Abstimmung in Iowa großspurig verkündet. Nach der Entscheidung blieb ihm aber nichts anderes übrig, als seine Niederlage einzugestehen. Es ehre ihn, dass er auf dem zweiten Platz gelandet sei, verkündete der Unternehmer. „Zum Start seiner Kampagne habe man ihm davon abgeraten, in Iowa anzutreten, weil er es nicht unter die ersten zehn schaffen würde, erklärte Trump. Er werde nun die nächste Vorwahl in New Hampshire gewinnen, sich die Nominierung als Präsidentschaftskandidat der Republikaner und letztlich den Einzug ins Weiße Haus sichern."[382] Trump gab definitiv nicht gleich auf, und der Sieg von Cruz war keine Niederlage für ihn. Er glaubte weiterhin daran, dass er letztendlich als Sieger vom Platz gehen würde. So ist er eben, der Donald Trump. Die Insider-Website politico.com befragte nach der Niederlage in Iowa drei Trump-Biografen zu diesem Thema. Auf der Homepage der „Süddeutschen Zeitung" sind die Antworten der Kenner zu finden. „Wenn man immer wieder einen Sieg für sich beansprucht, dann wird das Realität", sagte Harry Hurt, Autor von „Lost Tycoon". „Er schafft

---

382 Zeit Online: US-Vorwahlen – Ted Cruz schlägt Donald Trump in
    Iowa – 02.02.2016 http://www.zeit.de/politik/ausland/2016-02/
    cruz-schlaegt-trump-in-iowa

sich seine eigene Wirklichkeit", ergänzte Wayne Barrett („Trump: The Deals and the Downfall"). Und Michael D'Antonio, dessen Buch „Never Enough" 2015 erschien, sagte: „Es ist bewundernswert, dass Trump sich anhand von Erfolgen definiert, die andere als Niederlagen ansehen. Sein Leben lang hat er nichts anderes gemacht."[383]

Der Weg ins Weiße Haus ist auf jeden Fall so spannend wie schon lange nicht mehr. Donald Trump und sein unkonventioneller Wahlkampf leisten dabei einen entscheidenden Beitrag.

---

383 Kolb, Matthias: US-Vorwahl – Niemals verlieren – wie Trump seine Niederalge umdeuten wird – 02.02.2016 http://www.sueddeutsche.de/politik/us-vorwahl-niemals-verlieren-wie-trump-seine-niederlage-umdeuten-wird-1.2845267

Und noch ein kleiner Nachtrag

Auch nach Abgabe des Manuskripts ließ mich Donald Trump nicht los. Wie sollte er auch? Nachdem der Vorwahlkampf richtig angelaufen war, überschlugen sich die Nachrichten über den Unternehmer. Sogar Papst Franziskus schaltete sich in die Diskussion um den Kandidaten ein. Ein Mann, der eine Mauer bauen wolle, um Menschen fernzuhalten, sei kein Christ, erklärte der Papst zum Abschluss seiner Mexiko-Reise. Trump ließ sich von dieser Aussage jedoch keineswegs einschüchtern – er bezeichnete sie sogar als „infam". Sobald der IS den Vatikan angreife, würde sich der Papst noch wünschen, dass Donald Trump Präsident sei, konterte er stattdessen.[384]

Durch die Presse ging anschließend auch noch Donald Trumps Weigerung, sich offiziell vom Ku-Klux-Klan zu distanzieren. Der Unternehmer behauptete, dass er über die rassistische Organisation nichts wisse und sie daher nicht verurteilen könne. Einem Bericht der britischen „Daily Mail" zufolge soll Trumps Vater Fred allerdings Mitglied des Ku-Klux-Klans

---

384 Medick, Veit/ Melles, Roland: Kritik von Papst Franziskus: Ein Segen für Trump – 19.02.2016 http://www.spiegel.de/politik/ausland/donald-trump-nach-papst-kritik-ein-segen-fuer-den-kandidaten-a-1078207.html

gewesen sein. Donald Trump bezeichnete diese Vorwürfe als unwahr.[385]

Geschadet haben dem ehrgeizigen Multi-Milliardär die negativen Schlagzeilen scheinbar nicht. Den Super-Tuesday am 1. März 2016 – der Tag an dem in zwölf US-Bundesstaaten die Stimmen abgegeben wurden – konnte Donald Trump für sich entscheiden. In sieben Staaten hatte er die Nase vorn. Darauf hätte im Sommer 2015 wohl kaum jemand gewettet.

Donald Trump setzte seinen Siegeszug fort und räumte in einigen weiteren Bundesstaaten ab. Am 23. März 2016 Uhr konnte der Unternehmer bereits 738 Deligierte auf seinem Konto verbuchen. Ted Cruz als zu diesem Zeitpunkt Zweitplatzierter hatte 423 Stimmen.[386] 1237 Stimmen benötigt man für die Nominierung bei den Republikanern.

Die terroristischen Anschläge auf den Flughafen und eine Metrostation in Brüssel am 22. März 2016 hatte Donald Trump genutzt, um seine drastischen

---

385 Der Tagesspiegel: Rassismus in den USA – Donald Trump will den Ku-Klux-Klan nicht verurteilen – 29.02.2016 http://www.tagesspiegel.de/politik/rassismus-in-den-usa-donald-trump-will-ku-klux-klan-nicht-verurteilen/13031600.html
386 Focus Online: US-Wahlen 2016: Termine und Ergebnisse im Überblick – 23.03.2016 http://www.focus.de/politik/ausland/us-wahlen-2016-termine-und-ergebnisse-im-ueberblick_id_5255503.html

Forderungen zu wiederholen. „Muslime sollen nicht mehr in die USA einreisen dürfen und Foltermethoden wie Waterboarding wieder verwendet werden", verlangt der Präsidentschaftskandidat bereits seit dem Anschlag in San Bernadino. Via Twitter wies der Präsidentschaftskandidat darauf hin, dass er schon lange vor dem islamischen Terror gewarnt habe. Im Interview mit dem Fernsehsender Fox News erklärte Trump: „Solche Dinge passieren immer häufiger. Es wird nicht besser werden." Weiter hieß es: „Alle müssten smarter werden, um auf die Terrorgefahr zu reagieren - und dies müsse schnell geschehen."[387] Den potentiellen Wählern suggeriert Trump damit, dass er die Gefahr erkennt und auch Lösungen anbieten kann. Ein Angebot, das sicher viele verängstigte Bürger unreflektiert annehmen werden. So viele Menschen sind durch den Terror verunsichert und haben Angst. Da kommt ein starker Mann, der behauptet, dass er die Probleme bewältigen kann, wie gerufen.

Donald Trump verkauft sich gut. Sicherlich geht er davon aus, dass sich ein großer Teil der potenziellen Wähler nicht die Mühe machen wird, alle seine Aussagen auf ihren Wahrheitsgehalt zu überprüfen. Dass er sich schon im Wahlkampf nicht an seine Versprechen

---

387 Kolb, Matthias: Donald Trump will mit Folter auf Brüsseler Anschläge reagieren – 22.03.2016 http://www.sueddeutsche.de/politik/us-reaktionen-donald-trump-will-mit-folter-auf-bruesseler-anschlaege-reagieren-1.2919870

hält, ist daher scheinbar für viele Bürger gar kein Problem. Noch im September 2015 hatte er dem republikanischen Präsidentschaftskandidaten seine volle Unterstützung zugesagt – ganz egal wie die Vorwahlen ausgehen würden. Ende März 2016, in einem Gespräch beim Fernsehsender CNN fühlte sich Trump jedoch nicht mehr an seine Aussage gebunden. Er stehe nicht mehr hinter seinem Versprechen aus dem vergangenen Jahr, erklärte er. Ich wurde sehr unfair behandelt", ließ er sich über seine Konkurrenten aus und begründete damit seine neue Strategie.[388]

Doch die Zahl der bekennenden Trump-Gegner scheint zu wachsen. So heißt es, dass der offene Brief des berühmten New Yorker Fotografen Brandon Stanton, den dieser Anfang März an Donald Trump gerichtet hat, wohl der am meisten geteilte Post auf Facebook sei. Bereits nach einer Woche soll der Post mehr als eine Millionen Mal geteilt und mehr als doppelt so viele „Gefällt-mir-Klicks" bekommen haben. Stanton hatte im Jahr 2010 den Blog „Humans of New York" gestartet und dort seitdem Einwohner der Stadt interviewt und mit Fotos und Zitaten seinen zahlreichen Followern

---

388 Spiegel Online: Versprechen zurückgezogen: Trump will keinen anderen Republikaner unterstützen – 30.03.2016 http://www.spiegel. de/politik/ausland/usa-donald-trump-will-keinen-anderen-republikaner-unterstuetzen-a-1084588.html

vorgestellt.[389] „Der Hasserfüllte sind Sie", und „Sie sind ein Mann, der im Streben nach persönlicher Macht Vorurteile und Gewalt gefördert hat", heißt es in Stantons Brief an Donald Trump. Weiter schreibt er, dass Trump auf Twitter rassistische Bilder und rassistische Lügen verbreite sowie zu Gewalt anstifte. Er habe Folter und den Mord an Angehörigen von Terroristen befürwortet, Flüchtlinge mit „Schlangen" verglichen und erklärt, dass der „Islam uns hasst". Der Fotograf wies auch darauf hin, dass er sonst versuche, nicht politisch zu sein. Doch Trumps Verhalten im Wahlkampf ging ihm jetzt wohl doch zu weit. „Mir ist klar geworden, dass es keine politische Entscheidung ist, Ihnen entgegenzutreten. Es ist eine moralische", betont er in seinem Brief."[390]

---

389 Rheinische Post Online: "Humans of New York": Offener Brief an Donald Trump wird zum Facebook-Hit – 17.03.2016 http://www. rp-online.de/politik/ausland/humans-of-new-york-offener-brief-an-donald-trump-wird-zum-facebook-hit-aid-1.5843496

390 Frankfurter Allgemeine Zeitung: Eine Million Mal geteilt: Brief an Trump bricht Rekorde bei Facebook – 17.03.2016 http://www.faz. net/aktuell/politik/wahl-in-amerika/brandon-stantons-brief-an-donald-trump-bricht-facebook-rekord-14131588.html#/elections

13. Donald und ich

Im Laufe meiner Recherchen zu diesem Buch lernte ich Donald Trump, den Mann, der die USA wieder großartig machen möchte, wie ich finde recht gut kennen. Leider trafen wir uns nie persönlich, schüttelten uns nie die Hände, sprachen nie bei einem Gläschen Wein über seine politischen Ambitionen und seine unternehmerischen Pläne. Aber ich weiß mittlerweile, dass er das sowieso nie täte, selbst wenn wir uns gegenüberstehen würden. Also, ich meine das Händeschütteln. Aus Angst vor Bakterien verzichtet Donald Trump – wie schon beschrieben – lieber auf diesen üblichen Austausch von Höflichkeiten. Als Präsident der Vereinigten Staaten dürfte das bestimmt recht schwer umzusetzen sein.

Und das Gläschen Wein würde natürlich auch wegfallen – Donald Trump trinkt keinen Alkohol. Und außerdem bin ich mir sicher, dass ihm mein Gesicht nicht gefallen würde, ich bin ja nicht mehr so jung ... Trotzdem wäre es bestimmt sehr interessant gewesen, den Unternehmer einmal in seinem Trump Tower zu besuchen. Neugierig wäre ich schon, wie es in seinem Büro und natürlich auch in seinem riesigen Penthouse so aussieht. Die Fotos, die ich im Internet entdecken konnte, geben schon einen kleinen Vorgeschmack auf das, was mich dort erwarten würde. Doch in der Realität ist alles bestimmt noch viel größer, pompöser und eindrucksvoller.

Aber in Zeiten, in denen Informationen innerhalb von Millisekunden durch das World Wide Web verbreitet werden, kann man sich auch aus der Entfernung ein Bild machen. Natürlich ist dieses Bild gefiltert, trotzdem lässt sich aus vielen Einzelteilen ein Puzzle zusammenstellen. Unzählige Quellen und – damit verbunden – viele verschiedene Meinungen, Einstellungen und Interpretationen ließen in mir eine Vorstellung von dem Immobilien-Tycoon, Präsidentschaftskandidaten, Selbstdarsteller und Menschen Donald Trump entstehen. Komplettiert wird dieses Bild durch Aussagen von Trump selbst aus seinen zahlreichen Büchern sowie seinen Beiträgen aus Fernsehdebatten und Interviews. Nicht zu vergessen seine offizielle Website, auf der er sein politisches Programm vorstellt, sowie sein häufig genutzter Twitter-Account, mit dem er Ende März 2016 schon deutlich mehr als 7 Millionen Follower mit Informationen über sich und seine Weltanschauung versorgt. Nachdem Donald Trump seine Kandidatur bekannt gegeben hatte, überschlugen sich die Medien. Fast täglich gab es neue Schlagzeilen über den Unternehmer, der wie seine Tochter Ivanka erklärte, sagt, was er denkt und sich dabei mehr als einmal politisch unkorrekt benahm.

Es war für mich eine sehr aufregende und spannende Suche nach Informationen, die mir zeigen sollten, wer dieser überaus erfolgreiche aber auch sehr polarisierende Bewerber um die Position des republikanischen Präsidentschaftskandidaten eigentlich ist. Von einer Information sprang ich zur nächsten und entdeckte immer wieder neue interessante Beiträge.

Ehrlich gesagt, bin ich – nachdem ich die ganzen Informationen sammelte und las – durchaus beeindruckt von Donald Trump. Ich bewundere ihn für einige seiner Ideen und Visionen ebenso wie für seinen Ehrgeiz und die Hartnäckigkeit, diese zu realisieren. Ich bewundere ihn für die Weitsicht, die er manchmal an den Tag legt, und seine Fähigkeit, gute Geschäfte zu erkennen und auch umzusetzen. Ich bewundere ihn für sein Selbstbewusstsein und den uneingeschränkten Glauben an sich selbst und sein Können. Ich bewundere ihn für die Kunst, sich selbst darzustellen und zu vermarkten.

Donald Trump hat eine Menge aus seinem Leben gemacht. Auch wenn der Start nicht schlecht gewesen war und Vater Fred einen soliden Grundstock für seine Unternehmen gelegt hatte, gelang es dem Präsidentschaftsbewerber, noch eine ganz andere Dimension zu erreichen. Bis heute residiert Trump mit seiner Familie mitten in Manhattan – in einem gigantischen Penthouse mit Blick auf die berühmte Fifth Avenue und den Central Park. Er konnte sich viele Träume und Wünsche aus eigener Kraft erfüllen. Donald Trump ist überall auf der ganzen Welt bekannt und eine umsatzstarke Marke.

Doch bei meinen Recherchen ist mir aufgefallen, dass etwas sehr Wichtiges fehlt. Vielleicht täuscht mich der Eindruck oder es dringt davon einfach nichts nach außen. Vielleicht ist Donald Trump ganz anders, als es die Medien und er selbst vermitteln. Aber was mir bei Donald Trump wirklich fehlt, ist die Menschlichkeit – einfach ein bisschen Empathie.

Gerade weil Politiker in Führungspositionen Tag für Tag schwere Entscheidungen treffen müssen, die das Leben von vielen Menschen beeinflussen, ist das doch eine unglaublich wichtige Eigenschaft. Neben der Intelligenz, Zusammenhänge zu begreifen oder sie sich von den richtigen Beratern erklären zu lassen, sowie der Stärke, Krisen zu meistern, gehören doch auch diplomatisches Fingerspitzengefühl und eben Menschlichkeit zu den Fähigkeiten, die ein Spitzenpolitiker mitbringen sollte. Ein Mensch, der zum Präsidenten der Vereinigten Staaten von Amerika gewählt werden möchte, sollte diese Voraussetzungen auf jeden Fall erfüllen. Doch bei Donald Trump habe ich davon bei meinen Recherchen wenig entdecken können.

Donald Trump möchte eine Mauer gegen illegale Einwanderer bauen, er will grausame Foltermethoden wie das unter Barack Obama verbotene Waterboarding wieder einführen, er will alle Muslime registrieren lassen und ihnen die Einreise in die USA verweigern, er diskriminiert Frauen, weil sie nicht seinem Schönheitsideal entsprechen ... Es sind viele Details, die mich daran zweifeln lassen, dass Donald Trump ein Land führen und vertreten sollte.

Über seinen Charakter kann ich nicht wirklich urteilen, da ich Donald Trump – leider – nicht persönlich kenne. Aber in seinen eigenen Büchern offenbart der Unternehmer, Immobilien-Tycoon, Reality-Star und US-Präsidentschaftskandidat eine Menge über sich und wie er die Welt sieht.

Ein Beispiel gefällig? In Trumps Buch „Nicht kleckern, klotzen!" gibt es ein Kapitel, mit dem Titel „Rache". „Ich übe immer Vergeltung", so beginnt dieses Kapitel. Donald Trump erzählt von einer Beamtin, die er in den 1980er Jahren angeworben hatte. Die Frau bekam bis dahin einen geringen Lohn und hatte keine Aufstiegsmöglichkeiten. Aber der Unternehmer glaubte an sie und bot ihr einen tollen Job bei der Trump Organization an. Sie wurde Expertin im Immobilienbereich und verdiente gut.[391] Bis zu dieser Stelle klingt es nach einer ganz normalen Geschäftsbeziehung bzw. Arbeitsverhältnis. Doch dann fährt Donald Trump mit seiner Geschichte fort und erzählt, dass er in der schweren Zeit Anfang der 1990er Jahre die Hilfe der Frau benötigt hätte. „Ich bat sie, einen sehr guten Freund von ihr anzurufen, der in einer großen Bank eine mächtige Position bekleidete und der getan hätte, worum sie ihn gebeten hätte. Sie sagte: ‚Donald, das kann ich nicht machen. Ich hatte sie aus einer Beamtensackgasse herausgeholt. Ich hatte sie ermutigt. Ich war ihr Mentor gewesen. Ich hatte etwas aus ihr gemacht, und jetzt sagte sie, sie könnte das nicht machen. Ich entließ sie und sie gründete ihr eigenes Unternehmen. Ich erfuhr später, dass ihr Unternehmen Bankrott gemacht hatte. Ich freute mich ernsthaft, als ich das erfuhr."[392]

---

391 Trump, Donald/ Zanker, Bill: Nicht kleckern, klotzen! – Der Wegweiser zum Erfolg – aus der Feder eines Milliardärs (2008) – S. 169
392 Trump, Donald/ Zanker, Bill: Nicht kleckern, klotzen! – Der Wegweiser zum Erfolg – aus der Feder eines Milliardärs (2008) – S. 169

Im weiteren Verlauf des Buches fallen dann noch Sätze wie: „Im Laufe der Jahre wurde ich von vielen Menschen gefragt, ob ich sie [die ehemalige Mitarbeiterin] empfehlen könnte. Da gebe ich stets eine schlechte Beurteilung für sie ab. Ich kann diese Illoyalität nicht verwinden." Oder: „Diese Frau war sehr illoyal; ich habe sie mir aus dem Weg geschafft, damit sie ein unglückliches Leben hat."[393] Für mich klingt das nach einem trotzigen Kind und nicht nach einem Mann, der die USA führen und repräsentieren will. Man darf nicht vergessen, die Mitarbeiterin weigert sich nur, aus ihren persönlichen Beziehungen zu einem Banker Vorteile für ihren Chef zu ziehen. Und das ist nur eines der Beispiele für Donald Trumps Reaktionen auf vermeintliche Illoyalität oder Undankbarkeit. Das Kapitel „Rache" in „Nicht kleckern, klotzen!" schließt mit einer kleinen Zusammenfassung der wichtigsten Punkte zu diesem Thema:

„Wenn Ihnen jemand Unrecht tut, machen sie ihn fertig, denn das gibt Ihnen ein gutes Gefühl und andere Menschen sehen, dass Sie das tun. Ich liebe das."

„Wenn jemand Sie öffentlich angreift, schlagen Sie immer zurück."

---

393 Trump, Donald/ Zanker, Bill: Nicht kleckern, klotzen! – Der Wegweiser zum Erfolg – aus der Feder eines Milliardärs (2008) – S. 170

„Zielen Sie auf die Halsschlagader, damit die Menschen, die ihnen zusehen, Ihnen nicht mehr an den Karren fahren wollen."[394]

Wenn das die wahre Einstellung des Mannes ist, der in der Zukunft die Hand am Atomknopf haben könnte – ich weiß, das klingt jetzt sehr dramatisch –, dann macht mir das ehrlich gesagt Angst. Mächtige und machtbesessene Menschen mit einem aufgeblasenen Ego, denen die Fähigkeit fehlt, mit Empathie zwischen Wichtigem und Unwichtigem zu differenzieren, sind nicht ungefährlich. Kann ein Mann, der wegen Kleinigkeiten zutiefst beleidigt ist und Rache übt, das Zeug dazu haben, ein Land wie die USA zu führen und in der Welt zu vertreten?

Donald Trump ist absolut davon überzeugt, dass er die perfekte Besetzung für das Amt des Präsidenten der Vereinigten Staaten von Amerika ist. Und er glaubt, dass die Amerikaner hinter ihm stehen. „Ich könnte mitten auf der Fifth Avenue stehen und jemanden erschießen, und ich würde keine Wähler verlieren", sagte der ambitionierte Neu-Politiker bei einem Auftritt im

---

394 Trump, Donald/ Zanker, Bill: Nicht kleckern, klotzen! – Der Wegweiser zum Erfolg – aus der Feder eines Milliardärs (2008) – S. 187

christlichen Dordt College in der Stadt Sioux Center in Iowa.[395] Und auch wenn dieser Kommentar natürlich maßlos übertrieben ist, liegt er doch ziemlich schwer im Magen. Denn die Vergangenheit zeigt, dass sich Donald Trump eine ganze Menge Eskapaden erlauben kann. Ein immer größer werdender Anteil amerikanischer Bürger kann sich trotzdem – oder gerade deswegen – damit anfreunden, dass es in Zukunft vielleicht heißt: Hier kommt US-Präsident Donald Trump.

Und auch wenn mein Buchprojekt jetzt – mitten im Vorwahlkampf – endet, werde ich weiterhin verfolgen, wie sich die Donald-Trump-Story entwickelt. Ich bin sehr gespannt auf die Überraschungen, für die Donald Trump noch sorgen wird. Ich bin mir absolut sicher: Es bleibt mit Sicherheit spannend und unterhaltsam.

---

395 Süddeutsche Zeitung: Trump: „Meine Fans stehen zu mir - auch wenn ich jemanden erschieße" – 24.01.2015 http://www.sueddeutsche.de/politik/us-republikaner-trump-meine-fans-stehen-zu-mir-auch-wenn-ich-jemanden-erschiesse-1.2832825

Literaturverzeichnis

D´Antonio, Michael: Donald Trump and the Pursuit of Success: Never Enough. Thomas Dunn Books 2015

Trump, Donald J./ Schwartz, Tony: Die Kunst des Erfolges – Heyne Verlag – 1988 (Originalausgabe: The Art of the Deal – Random House – 1987)

Trump, Donald J./ McIver, Meredith: Wie man reich wird – Ansichten und Einsichten eines Multimilliardärs – FinanzBuch Verlag – 4. unveränderte Auflage – 2015 (Originalausgabe: Trump: How to get rich – Random House 2004)

Trump, Donald/ Zanker, Bill: Nicht kleckern, klotzen! – Der Wegweiser zum Erfolg aus der Feder eines Milliardärs – Börsenmedien AG – 2008 (Originalausgabe: Think Big and Kick Ass in Business and Life – Harper Collins Publishers 2007)

Trump, Donald: Gib niemals auf! – Wie ich meine größten Herausforderungen in meine größten Triumphe verwandelte – Redline Wirtschaft, FinanzBuch Verlag GmbH – 2008 (Originalausgabe: Never Give Up – John Wiley & Sons 2008)

Über die Autorin

Sabine Meyer lebt mit ihrer Familie am Niederrhein.
Sie arbeitet als freie Autorin und Journalistin, zu ihren
Fachgebieten gehören Wirtschaft und Politik. Seit einer
Reise in die USA ist sie fasziniert von der Popularität
und Beliebtheit Donald Trumps, trotz aller Skandale
und Widersprüche.

Abbildungsverzeichnis

S. 11: Trump Tower, New York © Martin Dürrschnabel
/ LSDSL
S. 62: Trump und Melania © Marc Nozell
S. 215: Trump Tower, Chicago © Matthew Robey
S. 234: Trump am Flieger © Gage Skidmore
S. 362: Donald Trump © Gage Skidmore

Torsten Metzger

DIE
BUSH
★—DYNASTIE—

Die Gier nach Macht und Geld

cbX

DIE WELT IST EINE BÖRSE

MARKUS GÜRNE
MIT CHRISTOPH EYDT

Warum Sie sich in der
Weltpolitik auskennen
müssen, um Ihr Vermögen
aufzubauen

cbx

ARD